KB245713

미래는 없다

미래는 없다

김성배 지음

이담 Books

서문

급변하는 현재를 살면서 다가올 미래를 말하는 것은 몽상가이거나 점술가 혹은 종교적 예언자일 것이다. 현시점에서 우리의 평범한 능력으로 미래를 예측하고 이야기하는 것은 오만이며 불민한 소치일 수 있다. 이렇듯 미래란 과거와 현재만을 가지고 예측할 수 없는 미지의 영역이다. 인과의 세계에서 최초의 점에서 시작한 과거를 가지고 현재를 거쳐 확장되어가는 미래를 예측한다는 것은 오히려 빗나가는 것이 정상일 것이다. 다만, 타산지석으로 미래의 발전을 희망하며, 앞서나간 선진국이 어떻게 하여 우리보다 발전된 문명과 과학기술 및 사상의 우월성을 갖게 되었는가를 되짚어볼 필요가 있다. 그래야 미래에 대해 보다 정확한 예측을 할 수 있으며, 그것에 비추어 미래의 보다 나은 삶을 추구할 수 있을 것이다.

다가올 미래가 현재보다 발전의 영역이라면 돌이킬 수 없는 과거가 기준이 되어야 한다. 그리고 진행형의 현재와 과거의 연장선상에서 다가올 미래의 잣대를 세워야 한다. 그래야 보다 나은 미래가 보장될 수 있다. 그렇기 때문에 과거와 현재에 나타난 여러 가지 시행착오들을 하나하나 분석해봐야 한다. 그리고 그것을 기준으로 보다 나은 미래를 도출하도록 노력해야 할 것이다. 그렇지 않으면 우리에게는 미래가 없다.

우리는 반만년의 역사를 가진 민족이다. 그래서 그 반만년이라는 역사 속에 키워진 철학과 민족정신에 근간을 두고 미래를 이루어 나가야 한다. 현재의 삶의 형태가 미래지향적이 아닐 경우 과감히 버려야 하며, 더 나아가 미래에 맞는 새로운 역사·철학관을 세워야 한다.

경제 및 정치, 사회에 대하여 문외한인 사람이 이 글을 쓰게 된 것은 지금 우리가 불확실한 현실에 안주해서 나무를 보되 숲은 못 보는 편협한 시각으로 살아가고 있기 때문이다. 그래서 보다 나은 미래를 위해 현실을 판단하는 사고의 관점을 좀 더 넓혀 보자는 것이 목적이다. 우리가 처한 현실이 과거와 미래의 연결고리에 있다는 것을 인식하고 장차 다가올 미래의 한국사회는 어떠한 방향으로 나아가야 할 것인지 모색하여야 한다. 그리고 사회철학 부재의 현실에 새로운 관점을 정립하기 위해 또다시 되집어 보아야 한다.

세계는 현재보다 더 나은 삶을 위해 달리고 있다. 그런데 우리는 그 가운데에서 현실에만 안주하려고 한다. 이렇듯 미래에 대한 비전 없이 정지해 있다면 이는 명백한 퇴보이다. 그로 인해 생긴 격차는 시간이 갈수록 더욱 커져 우리를 세계적 흐름에서 뒤처지게 할 것이다.

한동안, 우리는 유사 이래 처음으로 자타가 인정해서 인접국인 중국보다 발전되었다는 평가를 받았다. 그러나 지금의 우리 사회 흐름은 미래보다 과거에 집착해 안주하려고 하고 있어 멍석을 깔아준 우리 선조들의 노고에 부응하지 못하고 처신을 잘못하고 있다. 그래서 장차 중국보다 나은 한국이라는 말은 다시 들을 수 없게 될지도 모른다.

2012. 1. 서울에서

김성배

CONTENTS

CHAPTER
01

과 거

1. 경제개발과 관료

우리는 1960년대부터 경제개발 계획을 세워 본격적인 국가의 재건을 시작하였다. 이것은 그 이전의 6·25사변으로 전 국토가 황폐화된 것을 딛고 일어난 것이다. 그 이후부터 경제적 발전을 시작했으며 이러한 발전을 가속시키기 위해 연거푸 경제개발 5개년 계획을 세웠다. 그리고 지속적이고 착실한 추진으로 장족의 경제적 발전을 이루게 된 것이다.

이러한 노력은 그 이전에 일본이 제2차 세계대전으로 초토화된 국가를 재건하기 위해 힘쓴 것과 같다. 그들이 경제·사회적인 상태를 현재와 같이 본 괘도에 올려놓을 수 있었던 것은 1950~1953년의 한국전쟁을 통해서이다. 그 당시 일본은 자국 내의 수출상품들을 본격적으로 군사물자로 전환시켜 당시 전쟁 중에 있는 한국에 팔아서 경제적으로 큰 수익을 얻었다. 그것을 과학기술분야에 재투자하여 새로이 선진과학기술국으로 재도약하게 되었던 것이다. 한국의 경우는 같은 기간에 전 국토가 전쟁으로 인해 황폐화되었다. 그래서 국가재건을 위해서 미국 등 우방국의 경제적 원조를 받을 수밖에 없었던 것이다. 그 후, 쿠데타로 집권한 박정희 군사정권 시절에는 국가의 전 역량을 결집하여 경제개발을 추진하였다. 그리고 총력을 기울여 국가발전을 위해 힘쓴 결과, 현재의 한국경제가 G20에 가입될 정도로 성장한 것이다.

지금 우리는 경제개발 주도자로 그 당시의 엘리트 관료들을 지목한다. 그러나 그들의 역할이 중요하게 부각되었으나 실제적으로는 그렇지 못하였다. 우리에게는 일본에게 한국전쟁 역할과 같이 월남전이라는 경제도약의 호재가 있었다. 그 당시 월남에 파병된 파월장병의 용병에 대한 인건비가 그러하다. 그들의 인건비를 미국으로부터 직접 받아 고속도로 등의 사회기반 시설을 확충하였다. 그리고 그 당시 국내에서 생산된 조악한 국산품을 전쟁 중인 월남에 수출하여 파월장병의 군수물자로 사용하였다. 그렇게 함으로써 수출산업의 발달을 획책할 수 있었다.

그리고 월남전의 호재가 끝나는 1970년대 중반 이후에는 오일달러로 부자가 된 중동 석유생산국가의 건설에 참여할 수 있게 되었다. 그래서 중동건설에서 오는 특수를 누릴 수 있었다. 그 결과 중동으로부터의 수많은 오일달러가 국내로 유입되어 경제발전에 박차를 가할 수 있었던 것이다. 또한 중동특수 과정에서 우리의 산업체계는 노동집약적 산업에서 기술집약적 산업으로 전환이 가능해졌으며 국력배양의 근간인 중화학공업을 육성할 수 있는 자본여력을 갖게 되었다.

이러한 일련의 과정을 살펴보면 현재의 국가경제발전에 기여한 사람들로는 월남전 때에는 월남참전용사들의 공로가 으뜸이었다. 그리고 중동특수일 때는 중동의 열사 밑에서 열심히 일해 국가발전에 기여한 근로자가 최고의 공로자였다. 오히려 이 당시의 엘리트 관료라는 사람들은 국내에서 각종 산업규제 및 자신들의 이익 챙기기에만 급급하였다. 그리고 강남개발 및 부동산 투기 등의 조작으로 치부하였다. 그래서 외국에서 열심히 일해 국내로 달러를 벌어 오는 사람에게 귀국 후 좌절만 주었던 것도 우리는 익히 잘 알고 있다.

그 당시 군사정권은 정권의 유지를 위하고, 기득보수 계층은 자기이익보존을 위해 민주화에 대한 탄압을 자행하였다. 더불어 많은 사람들이 해외에서 벌어 오는 돈의 상당수를 기만적 정책조정을 통해 정권과 야합되어 형성된 재벌들과 나누어 가졌다.

그로 인해 우리 사회 내에는 계층 간의 빈부격차가 생긴 것이다. 이러한 엘리트 관료의 역할은 지금 중국을 보면 잘 알 수 있다. 중국의 공산당원은 관료로서 경제사회적 발전의 혜택만을 누리고 있다. 이와 같이 우리의 관료 또한 과거 경제발전 진행과정에서 맡았던 역할이 유사하다. 다만 시기적인 차이가 있을 뿐이다. 그 당시 관료집단은 자신들의 이기심 충족을 위해 활동하였으며 경제발전에 대한 실제적인 기여는 그다지 크지 못했다.

그러므로 실제로 우리가 현재와 같이 경제발전을 누릴 수 있는 것은 경제발전에 직간접적으로 뛰고 노력한 파월장병 및 중동근로자와 산업의 역군으로 노동생산에 열과 성을 다해 국가발전에 이바지한 근로자들의 공로가 으뜸이다. 따라서 이러한 경제발전의 공로를 그 시절에 재산만을 챙긴 이기적 관료들의 공으로 돌려 폄하시켜서는 안 된다.

2. 개발독재의 명과 암

　우리는 유구한 역사와 전통을 가진 민족이다. 그러나 반도의 특성 상 대륙과 해양의 연결통로로 외부로부터의 침략을 피할 수 없는 지 정학적 위치에 있다. 유럽에서는 반도국가인 로마가 우리와 유사한 지정학적 조건을 이겨내고 세계적 지배국가가 되었다. 그렇지만 우리 가 사뭇 다른 역사적 상황에 처할 수밖에 없었던 것은 주변 강대국인 중국의 존재 때문이다. 그들의 강함이 우리를 상대적으로 약소국화시 켜 직간접적인 압제를 해왔기 때문이다. 이렇듯 중국에 대한 종속의 역사가 우리의 고대역사의 대부분을 차지하고 있다. 그러나 우리는 해방 이후 혼란기를 거치면서 국가가 재정비되고 발전되었다. 그리고 그 과정에서 경제개발 계획추진이라는 새로운 국면을 맞게 되었다.

　이로 인해 우리 역사상 처음으로 우리에게 강대국의 콤플렉스가 되었던 중국을 비로소 추월하게 되었다. 전쟁 후 더 이상 아무것도 잃을 것이 없었던 시절, 군사정권의 강력한 통제력하에 국민 모두가 합심하였다. 그래서 각자의 노력과 창의력으로 국가의 부강을 만들었 기 때문에 우리는 경제발전을 이룰 수 있었던 것이다. 이러한 국가발 전을 전제로 한 개발독재는 인권과 민주라는 사회적 명제를 희생하 고 이루어진 것이다. 그렇기 때문에 결국에는 국민적 저항에 부딪쳐 서 와해되었던 것이다. 그러나 독재 속에도 미덕이 있으니 그것은 국 민에게 강요한 절제와 검약이다. 그로 인해 우리는 역사 이래 가장 윤택한 삶을 보장받았다. 그렇지만 이제 와서는 그 반대급부로 절제 와 검약의 정신은 사라져 버렸다. 그리고 우리 사회는 과소비와 향락 적 분위기에 멍들어가고 있으며 갈수록 그 정도가 심화되고 있다.

'가랑비에 속옷 젖는지 모른다'는 말이 있다. 자기도 모르게 빠져들어 헤어나지 못하는 상황에 처해짐을 일컫는 말이다. 결국 최악의 상황에 가야 비로소 현실을 인식하게 된다. 그리고 그때 되돌리기에는 이미 늦었다는 뜻이다. 앞으로 다가올 우리 한국의 장래는 희망적이지 못하다. 지금과 같이 절약과 검약의 미덕보다 과소비와 향락에 빠져 생활하다가는 최악의 상황에 처하게 될지도 모른다.

그동안 개발을 위해 독재가 자행되었으며 그 결과 개발독재가 국가의 더 나은 경제발전의 초석이 되었던 것이다. 이것은 밝은 일면이 되지만 일사불란한 개발계획 진행을 위해 국민의 자유를 구속하고 통제한 것은 또 다른 어두운 면이라 할 것이다.

중국 근대화의 아버지인 등소평은 '검은 고양이든 흰 고양이든 쥐를 잘 잡는 고양이야말로 진정 필요한 고양이'라고 했듯이 결국 경제의 발전과 국부의 축적을 잘해온 과거 군사정권이야말로 어쩌면 우리에게 더 필요한 악일지도 모르겠다.

3. 독재권력과 권력세습

우리의 역사를 살펴보면 초기의 고구려, 백제, 신라의 삼국시대부터 집권세력은 국가의 흥망성쇠와 관계없이 상당수가 권력세습의 형태로 계속 유지되어 왔던 것을 알 수 있다. 가야, 고구려, 백제가 신라에 멸망한 후 각각의 귀족 및 호족계층 상당수가 통일신라에 새로운 귀족계층으로 자리를 잡았다. 그리고 신라가 고려에 멸망 후에도 또한 신라의 호족세력 상당수가 고려의 집권세력으로 남아 그 명맥을 유지하였다. 그러던 과정에서도 고려 중·후기에는 오히려 호족세력이 왕권보다 강한 권력을 장악하기도 했다. 또한 고려가 멸망하고 조선이 개국하였을 때에도 개국공신 또는 집권세력 대부분이 고려의 호족 및 귀족에서 넘어온 계층으로 이루어졌다. 그리고 그들이 조선시대의 양반사대부 계층으로 권력세습을 계속해온 것이다. 일제로부터 해방 이후 또한 이승만 정권의 집권 후에도 마찬가지이다. 일제에 부역하거나 권력에 근접해 있던 사람들이 또다시 권력을 세습하며 지금에까지 이르게 된 것이다. 각 시대에도 권력계층의 일부는 하위계층에서 여러 가지 방법으로 공급되어 왔으나 그 수는 미약하다. 그리고 대다수의 권력계층은 마치 권력의 동아줄과 같이 연결되어 그 주도적 흐름은 각 국가의 흥망성세에는 전혀 관계없이 이어져 왔다. 부모가 정치인이면 그 후광에 의해 자식도 정치인이 되고, 또한 그러한 아류들이 모여 세습된 집권세력을 형성한 것이다. 또한 그들은 세습화된 권력을 유지하기 위해 무슨 짓이라도 하고 있다. 그리고 이러한 국가권력의 계급적 구도가 민주주의라는 미명하에서도 계속 이어오고 있는 것이다.

독재권력은 외적으로 드러난 정체성 때문에 국민의 저항을 받아 세습이 안 될 것으로 여겨진다. 그렇지만 어느 정도 국민의 기억이 흐려지면 과거에 대한 향수에 의해 되살아난다. 그리고 그 결과 새로운 권력세습화가 되는 것을 우리는 과거를 통해 보아왔다.

4. 재벌과 부의 세습

전 세계적으로 기업지배의 형식이 재벌이라고 일컫는 형태를 갖고 있는 나라는 한국과 일본뿐이다. 이것은 한국의 경제체계의 일부는 일본을 본떠 만들었기 때문에 생긴 현상이다. 그러나 우리의 경우는 과거 군사정권 시절에 국가경제의 발전과정에 필요했기 때문에 성립이 된 것이다. 그 당시 군사정권은 국민적 총화와 기업의 자본집중을 요구하며 일사불란한 기업지배 체계를 유지할 목적으로 재벌체계를 도입하였던 것이다. 그 결과 재벌체계가 지금 한국의 대기업집단의 형태로 남게 된 것이다.

재벌의 현주소는 존재의 의미에서 여러 가지 긍정적인 면도 있다. 그러나 대기업과 중소기업 간의 자본격차를 심화시키고 있으며 사회적으로는 빈부격차를 키우는 원인이 되고 있다. 그리고 재벌의 지속적인 존속을 위해 상호출자를 통해 기업집중을 획책하고 있다. 그래서 각각에 소속된 노동자와 기타 노동자들 간의 임금격차를 크게 하였고 그 결과 기업 간 사회적 빈부격차를 심화시키고 있는 실태이다. 또한 재벌기업의 과다한 이익추구는 고용의 한계를 너무 축소시켜 실제의 실업률을 증가시키고 있다. 이때의 고용증대는 중소기업에 의해 유지되는 데 반해서 재벌지배 형태의 경제구조에서는 고용이 최소화하고 최적화된다. 그렇기 때문에 외환위기와 같은 경제적 위기때에 구조조정에 의해 대량실업이 발생될 수밖에 없다.

이러한 재벌형성 과정에서 모 씨의 조선소 설립에 대한 일화를 살펴볼 수 있다. 그가 조선소를 만들기 전에 계획도면만 가지고 영국에서 선박건조 주문을 받아왔다고 자랑하고 있다. 그러나 이에 대한 이면을 살펴보면 다르다. 영국의 선박 발주자들이 모 씨를 믿고 선박을 발주했겠는가? 그것은 그 당시 국가가 보증을 해주었기 때문이다. 그리고 조선소를 지을 돈도 차관으로 얻게 해주는 등등의 갖은 혜택이 오늘날 모 재벌이 있도록 한 것이다. 또한 여타의 다른 재벌들의 기업형성 과정도 그와 유사한 방법으로 형성되었다. 그 당시 정부의 입장에서는 국가발전의 경제적 혜택을 누군가에게 나누어 주어져야 하며 맡겨야 할 입장이었기 때문이다. 그래서 그 대상자로 재벌이 선택된 것이다. 어차피 사회주의 국가가 아닌 바에야 국가의 부가 나뉘어져야 한다면 통제가 쉽고 말 잘 듣는 사람들을 선택하여 맡기듯 혜택을 주었던 것이다.

즉, 현재의 재벌은 기업 창업주의 능력보다는 국가의 혜택이 우선이었다. 그리고 국가의 대리인으로서 개발독재 국가의 책임경영인으로 각종 혜택과 지원을 통해 이루어진 것이다. 그 후, 박정희 대통령이 죽고 나서 무주공산이 된 기업들은 지금과 같이 재벌의 지배형태로 남게 된 것이다. 그리고 당시에 대리경영하고 있던 사람들이 마치 자신의 능력에 의해 재벌을 형성한 것처럼 족벌체계를 강화하여 개인 기업화시켰던 것이다.

현재의 재벌은 과거 군사정권 때 대리경영 형태로 유지되었던 기업이다. 그리고 이러한 국민기업에서 개인족벌의 기업으로 변해간 것이다. 그래서 앞으로는 점진적으로 재벌의 공공성을 강화하여야 하며 다시 국민기업으로 전환될 수 있는 조치가 필요하다.

'법 앞에서는 모든 사람이 평등하다'고 한다. 그러나 평등의 정도는 계층에 따라 다를 수밖에 없다. 왜냐하면 법 자체가 각 계층의 권리를 보장해주는 형태로 만들어져 있기 때문이다. 그리고 권리보장이라는 개념이 이미 계층 간의 불평등을 내포하고 있는 것이다. 특히, 일부 계층은 법으로부터 배타적 기득권을 부여받고 있으며, 그들은 자신에게 주어진 기득권을 유지하기 위해서 수단과 방법을 가리지 않고 행동하고 있다. 또한 이들은 부의 세습을 위해서 온갖 편법을 자행하고 있으며 이들과 결탁한 권력 및 법 또한 세습을 보장해주고 있는 실정이다.

역시 재벌과 같은 부류에서 고려되어야 할 것으로 공기업이 있다. 공기업은 말 그대로 공공성을 목적으로 세워진 기업이다. 대부분의 기업은 기업 자체의 이익을 위해 활동한다. 그러나 공기업의 경우는 기업 자체의 이익보다는 공공의 이익을 위해 구성된 법인이다. 특히, 기업의 이익과 공공의 이익이 상충될 경우는 공공의 이익을 우선으로 하여야 한다. 그럼에도 불구하고 오히려 공공성을 담보로 법으로부터 독점적 배타적 권한을 부여받아 그 구성원 및 공기업 자체의 이익을 위해 공공에게 손해를 끼치고 있다. 더욱이 요즈음은 공공연히 직장세습까지 하고 있어 또 다른 사회적 병폐현상을 조성하고 있다.

5. 사회 기득권층의 역할

법치국가에서는 법의 평등성을 이야기한다. 그러나 법 자체는 태생적 불평등을 내포하고 있다. 이것은 법의 제정 및 폐지자들이 사회 기득권층으로 자리 잡고 있어 어떠한 법을 만들어도 자신들에게 불리한 법은 만들지 않기 때문이다. 그래서 결국 기득권층 외에는 이익이 될 수 없는 법이 양산되는 것이다. 이 때문에 모든 사람은 어떠한 수단과 방법을 동원해서라도 기득권을 차지하려는 투쟁을 벌이는 것이다. 이러한 투쟁결과 승리한 사람은 또 다른 기득권층이 되어 사회적·법적 혜택을 받게 된다. 그리고 그것을 계속 유지하려고 기타 계층에는 폐쇄적이고 배타적 행위를 하게 되는 것이다.

'고귀할수록 자신의 사회적 책임을 다하라'는 말과 같이 사회 기득권층은 자신에게 부여된 기득권에 대한 사회적 혜택을 생각하여 겸손하고 자중하여야 한다.

개인적으로 부여된 기득권이 자신의 노력과 실력으로 이루어지는 것은 확실하다. 그러나 그 또한 사회구성원의 합의에 의해 인정되고 얻어지는 것으로 이는 일종의 혜택이다. 다시 말하면, 기득권에 의한 혜택 수혜자는 권한만큼의 사회적 의무를 진다는 의미이다. 일반인들과 달리 법률적 혜택을 받는 분야별 전문가나 정치인, 연예인, 공무원 등은 사회적 책임의식을 갖추어야 한다. 그리고 자신보다도 혜택을 받지 못하는 기타의 사회구성원들에게 고르게 혜택을 줄 수 있는 마음가짐이 필요하다. 그러나 지금의 기득권층들은 자신들만의 이익을 위하여 전력을 다하고 있다. 그래서 자신의 기득권 유지를 위해서는 무슨 짓도 서슴지 않고 행하기 때문에 사회집단 및 계층 간의 갈등이 생기는 것이다. 그 때문에 계층 상호 간이 적대적으로 되어 버리는 것이다.

자신만이 옳다는 가치기준을 가지고 자신만을 위해서 행동을 취하는 것은 옳지 못하다. 그러한 마음가짐은 상생을 위하여 상호 간에 유지되어야 할 사회 기본원칙을 무너트린다. 그렇기 때문에 협의를 통해 보다 나은 결과를 만들어 줄 상호 간 신뢰를 상실하게 만든다. 그래서 어떠한 일도 원만하게 처리될 수 없는 요령부득의 임기응변식 사회적 가치가 형성되게 된다. 이러한 임기응변적 사회가치는 결국 한국사회를 갈등 속에 빠트려 발전 지향적 국가 형성의 걸림돌이 된다. 그래서 결국에는 기존의 기득권층도 역시 자신들이 파놓은 함정에 빠져 '부메랑' 격의 영향으로 피해자가 될 수밖에 없다. 그러므로 사회 기득권층으로서의 사회적 역할은 자신보다 사회를 위해 희생하고 기여함을 모색하여야 한다. 그리고 자신의 잘못된 행동의 결과가 사회에 큰 악영향을 끼칠 수 있다는 것을 명심하여야 한다.

6. 정권의 개혁

개혁이란 말 그대로 바꾸고 혁신시킨다는 뜻이다. 기존의 보수세력에 대한 기득권을 포기시키는 것이다. 그리고 새로운 질서 속에 보다 국민 대중에게 자유를 부여하고, 민주적 차원에서 이익이 될 수 있는 사회를 구현한다는 좋은 의미를 가지고 있다. 그러나 개혁은 그가지고 있는 의미만큼 적용하기 여하에 따라 새로운 기득권층을 양산하기 위한 방편으로 이용될 수 있다. 이 때문에 언어적 사용에 철저한 검증이 필요하다.

개혁의 의미에서는 '나를 위한 남들의 개혁'보다는 '남들을 위한 자신의 개혁'이 필요하다. 그러나 실제에 있어서는 자신의 이익을 위해 남의 허물을 찾는 것이다. 그리고 그것을 이용해 자신과 자신의 패거리를 새로운 기득권층으로 이끌려는 의도를 가지게 된다. 이 때문에 '나를 위한 남들의 개혁'이 개혁이라는 명분에 우선시되어 왔다. 그 결과 개혁의 소중한 의미는 사라져 버리고 새로운 세력을 만들기 위한 권력 투쟁적 행태로 자리매김하였다. 그래서 개혁주도 세력이 또 다른 기득권층으로 자리 잡게 되는 변화 없는 악순환이 되어 왔다.

진정한 개혁은 자신을 버리고 국민 전체를 위한 개혁이 되어야 한다. 이러한 개혁을 위해서는 우선 자신의 주변 사람부터 토사구팽(兎死狗烹)하여야 한다. 그래서 주변의 누구도 개혁을 통한 이익을 취하지 못하게 하여야 한다. 더 나아가 기존세력을 몰아낸다는 명분에서 새로운 기득권층이 형성되지 못하게 하여야 한다.

'수신제가치국평천하(修身齊家治國平天下)'에서와 같이 자신과 주변이 권력의 탐욕으로부터 정리되지 못하면 치국과 평천하는 공염불이 될 수밖에 없다. 우리는 이것을 과거의 여러 정권이 개혁의 명분을 이용하여 정권을 계속 유지해 가려고 획책하였다는 것을 통해 잘 알고 있다.

또한 자신을 위해 남을 개혁하는 개혁방식 때문에 모두 실패한 것을 경험을 통해 익히 알고 있다.

7. 외환위기의 해결

1997년 외환위기 이후 우리는 IMF에 의해 국가경제가 통제받았다. 그러나 그 당시 우리는 IMF로부터 돈을 빌렸고, 2년 후 빌린 돈을 되갚았다. 그리고 우리는 IMF로부터 벗어났다고 좋아들 했다. 그러나 과연 IMF로 빌린 돈은 무엇을 위해서 빌린 것인지 생각해보자. 빌린 돈은 그것을 담보로 외평채를 발행하여 수천억 불을 빌리기 위한 연간이자 돈이다.

즉, 그것을 종자돈으로 하여 원금에 대한 이자를 확보해줌으로써 더욱 많은 돈을 빌릴 수 있었다. 그래서 더 빌린 돈으로 IMF로부터 빌린 돈을 되갚았다. 이것은 개인적으로 볼 때 한 개의 신용카드를 이용하여 얼마의 현금을 인출받고, 그것을 이용하여 여러 개의 다른 카드를 발급받는 것이다. 그리고 추가 발급받은 여러 개의 카드를 이용해서 돈을 빌려 원금을 갚는 형식과 별다른 것이 없다. 마치 개인이 신용카드 여러 장을 발급받아서 돌려막기하는 행태와 별반 다를 것이 없다. 이것은 개인에게 있어서 지불능력이 취약해지면 결국 개인파산으로 가는 것과 같다. 이렇듯이 국가의 외채를 빌리는 행태도 이와 동일한 경우이다. 그리고 오래되지 않아 갚을 능력이 약해지면 국가도 모라토리엄 상태가 될 수밖에 없는 것이다. 과거 박정희 대통령 시절에는 외채의 대부분이 차관 형태로 들어와 중공업 육성을 위해 쓰였다. 그리고 그것으로 국가 경제성장을 이루었다. 이 당시에는 성장에 따른 이익금으로 차관의 원금과 이자를 갚아나갔다. 그래서 국가발전의 지속성을 유지하는 데는 큰 문제가 없었던 것이다. 그러나 외환위기 이후의 우리가 빌린 외채는 산업발전을 위한 자금이 아니다. 단지 금융위기 상황에서 현실을 모면하기 위한 공적자금으로 빌렸다. 그렇기 때문에 장차 세계정세에 따라 산업경제가 취약해지면 문제가 될 수밖에 없다. 빚에 대한 부담이 커지고 지불능력이 취약해지면 외채의 해결 가능성이 낮아질 수밖에 없다. 그리고 외채의 빌리는 형식 또한 5년 거치 20~25년 상환이다. 그러므로 사실 돈을 빌린 후 상당기간은 전혀 이자부담도 없어 마음껏 남용될 수밖에 없다. 그러나 앞으로 수년 안에 수천억 달러가 되는 외채의 해결방법이 나타나야 한다. 그렇지만 현시점에서는 전혀 해결방법이 모색되지 않고 있다. 그리고 단지 빌린 돈의 일부가 국가의 외환 보유고로 준비되어 있을 뿐이다. 장차 단계적으로 외채를 갚아야 할 상황에서는 해결할 방법이 없는 것이다. 현재 이익을 내야 할 우리나라의 산업실태를 보면 더 큰 문제가 아닐 수 없다. 우리의 대다수 중요한 산업들이 중국의 발전에 의해 잠식되어 가고 있다. 특히 전자, 자동차, 철강, 선박 등의 우리의 주요산업이 앞으로 5년에서 10년 정도면 중국에 도전을 받아 상황이 약화될 것으로 예측된다. 그런데도 준비가 철저하게 되지 않는 것은 그 후에 과연 어떠한 산업으로 돈을 벌어 외채를 갚아 나갈 것인지 의문이다. 그래서 어떻게 나라의 경제독립을 유지할 수 있는지 심히 걱정스럽다. IMF에서 빌린 돈을 해결했다지만 결국 훨씬 더 많은 돈을 빌려 나가고 있는 것이다. 그리고 형식적으로 갚는다는 절차를 취했을 뿐 개인으로 보면 카드깡에 지나지 않는 행위이다. 그래서 그 결과는 명약관화(明若觀火)한 것이다.

공적자금으로 운영된 돈은 상당수가 밑 빠진 독에 물 붓기 형태로 사라졌다. 그리고 이 사람 저 사람에게 유용되어 빈부격차만 심화시키고 결국 국민적 부담으로만 남았다. 그러나 국민 대다수는 아직까지도 빌린 돈을 바로 갚아야 할 큰 부담이 없으므로 방만하게 생각하고 있다. 그래서 유럽의 재정위기와 같이 앞으로 다가올 빌린 돈을 갚아야 할 때의 혹독함은 의식하지 못하고 있다. 더욱이 정치 권력자는 인기영합을 위한 포퓰리즘으로 외채에 대한 자신의 책임만을 모면하려 하고 있다. 그리고 그 결과적 책임은 자신의 집권기간만을 피하여 다음 정권으로 떠넘기는 식의 행태를 보여 주고 있다.

외환위기 후 미국은 IMF를 통해 우리에게 돈을 빌려 주었다. 그 때문에 우리는 IMF가 요구한 대로 은행의 BIS비율을 8% 이상으로 키웠다. 이것으로 미국, 일본 등 선진자본국은 자신들이 갖고 있는 낮은 금리의 투자 및 투기자금을 우리 은행들에게 빌려 주었다. 더불어 은행들은 국민을 상대로 이자놀이를 하였다. 이렇게 반강제적으로 떠안게 된 은행의 잉여자금 대부분은 국민들을 대상으로 소매금융의 대출자금으로 이용되었다. 그리고 소매금융은 주택자금 융자 등의 비생산적인 대출로 전환되어 대부분의 국민을 빚더미에 올라앉게 만들었다. 이러한 비생산적 대출은 다량의 부동자금을 발생시켜, 부동산 및 증권 투기의 유발원인이 되었다. 특히 부동산 투기는 불필요한 소비성 건축행위만 촉발시켜 사방에 재축·재건축·재개발이 남발되었다. 그래서 우리는 남의 나라에서 빌린 돈을 갚을 생각은 안 하고 탕진하게 되는 결과를 낳았다.

우리가 알게 모르게 소진한 외채는 지금 갚지 않으면 우리의 후손들이 갚아야 한다. 그렇게 되면 우리는 후손에게 얼굴을 못 드는 부끄러운 선조가 될 것이다. 또한 그것 때문에 자자손손 후손만대까지 미국·일본 등의 채권국에 쉽게 수탈되는 국가가 될 수밖에 없을 것이다.

'하루 한 끼를 먹을지언정 남의 종으로 들어가지 않는 것'이 우리 선조의 신조였다. '겉보리 서 말이라도 처갓집 신세를 안 진다'는 말 또한 우리는 자주 사용해 왔다. 이것은 남에게 신세 져서 그 때문에 종속 또는 종이 되기 싫다는 우리의 기본적 마음자세이다. 그러나 국가정책의 무계획성과 정책입안자의 무신념으로 인해 결국 경제종속이 극단적으로 심해져 가고 있다. 이로 인해 국민적 사고가 매사의 일을 처리할 때 일의 결과가 어떻게 될지언정 우선 먹고 보자는 식으로 변하게 만들었다. 그리고 각종 일처리에 대해서도 대충대충 넘어가는 풍조를 심어 주었다. 더욱이 이러한 마음가짐은 앞으로 닥쳐올 또 다른 어려운 시기에 국민들에게 더 큰 고통을 안겨줄 것이다. 이제는 우리 국민들이 외환위기 초기에 보여 주었던 절제와 근검을 다시 보여 주지 않을 것이다. 이것은 장차 국가 백년대계에 최대의 해악으로 남을 수밖에 없을 것이다. 우리 스스로 경제독립 국가로 남으려면 과거 외환위기 때의 영국과 같이 장시간에 걸쳐 우리 능력으로 서서히 해결해야 했다. 다시 말해서 자신의 산업을 육성, 발전시키고 근면과 절제를 통해 오랜 기간 참고 인내하여 해결해야 했다. 그러나 우리는 현재의 잘나가는 몇몇 산업과 국민을 담보로 외채를 빌려 임시변통식으로 해결하였다. 그리고 그것을 기회로 외국의 투기자금들은 국내에 쉽게 들어와 그전에 외채로 빌린 돈을 유린하고 있는 것이다.

무디스 및 S&P의 신용등급 상승은 일면 투자적격 여부를 통해 외국돈이 쉽게 들어올 수 있다는 점도 있다. 그렇지만 우리가 일본보다 신용등급이 높다는 점에 대해서는 숙고해 보아야 한다. 즉, 신용등급이 높다는 것은 우리의 신용문제를 떠나서 외국투기 자금의 국내유입과 투기 후 이익을 챙기기 쉽다는 뜻이다. 단순히 신용이 좋다는 뜻만은 아니다. 이것을 되짚어 보면 결국 우리가 일본보다 투기자금에 대해 방어능력이 없다는 뜻이다. 우리나라에 투자하는 자금은 대부분 투기성 자금이다. 이들은 우리에게는 전혀 도움이 되지 않는다. 다만 증권시장의 증권조작 및 부동산 투기 등으로 우리의 돈을 착취하고 있는 것이다. 우리가 빌리거나 벌어들인 외화의 상당수를 이자조차 제대로 갚기 전에 갈취하여 자국으로 빼돌리고 있는 것이다.

8. 고정환율제도

고정환율제도는 우리가 금융개방 이전에 실시했던 환율제도이다. 이것은 자국의 화폐를 달러와 같은 기준 화폐와 비교하여 정해지는 교환율을 일정한 값으로 고정시켜 사용하는 제도를 말한다. 다시 말해서 고정환율은 해당 국가의 화폐를 달러와 비교하여 그 가치를 일정비율로 정하는 것이다. 이러한 고정환율은 화폐의 가치가 일정하기 때문에 국가 간 무역거래 시에 발생할 수 있는 환리스크를 줄일 수 있다. 더불어 환차익이 없기 때문에 외국 자본의 환투기 가능성이 적어진다. 그리고 국가의 환율이 안정적이어서 국제무역과 투자가 활발해진다. 이 때문에 투기적인 단기자본의 이동이 적어 국제적인 환투기를 막을 수 있다. 다만 환차익을 노린 외부 투기자금이 들어오지 않기 때문에 유동성이 약해져서 자국의 환율방어를 위해서는 다량의 외환보유가 필수적이다.

또한 고정환율제도의 큰 장점은 환율을 국가가 통제하여 투기자본에 대한 방어가 쉽고 무역을 통한 흑자를 내기 좋다. 그래서 중국 등은 미국의 압력에도 굴하지 않고 고정환율제도를 유지하고 있는 것이다.

9. 북한의 핵보유

북한의 핵무기 보유문제는 어제오늘의 일이 아니다. 미국이 식량원조나 경수로의 혜택을 주려고 했던 것도 북한이 핵을 보유하지 못하도록 하는 조치의 일환으로 시행된 것이다. 그 목적은 실제적으로 핵확산 억제책이다. 북한이 핵을 보유하면 자연스럽게 일본이 핵을 보유하게 된다. 그리고 일본, 중국, 러시아, 북한의 핵보유국 사이에 끼어 있는 한국 또한 자동적으로 핵을 보유하게 될 권한이 생기는 것이다. 즉, 동북아의 각국들이 북핵을 기점으로 모두 핵무장을 할 수 있는 조건이 성립된다. 그렇기 때문에 결국 한국에 주둔시킨 주한미군을 통해 동북아의 통제권을 행사해온 미국은 자신의 권리를 상실할 수밖에 없다. 그로 인해 이 지역에서 미국의 영향력이 감소될 수밖에 없으므로 어떻게 해서든지 북한의 핵보유를 막으려는 것이다. 물론 일본의 핵무장은 또 다른 군사강국이 동북아에 형성되는 것이다. 그렇게 되면 실제 세계의 4대 강국이 동북아에서 서로의 세력균형을 이루며 상호 견제하게 되는 것이다. 그 과정에서 이제까지 미국이 한반도에 주둔시킨 일개군단 정도의 병력으로 동북아를 마음껏 전횡하던 영향력을 잃게 되는 것이다. 그래서 북한의 핵은 세계 최강의 군사력을 갖고 있다고 자부하던 미국의 위상에 심각한 손상을 줄 수 있다.

일본의 군사력 증강은 일본의 세계적 영향력을 증가시켜 채권국으로서의 역량이 미국보다 더 커지게 된다. 그렇게 되면 미국주도형의 경제영향력도 약화될 수밖에 없다.

그로 인해 과거의 1990년대 미국의 경제적 어려움이 재발되어 경제적인 문제뿐 아니라 미국의 세계 주도적 역할 또한 심각한 손실을 볼 수밖에 없다. 이러한 취지에서 북핵은 미국의 위상을 직접 손상시킬 수 있는 아킬레스건이다.

이제까지 미국은 한국의 남북 대치상황을 이용, 적은 비용으로 동북아의 군사적 우위를 점해왔다. 그러나 동북아의 핵이 확산되면 미국은 자국의 방위를 태평양 전역으로 확대해야 될 상황에 봉착된다. 그것으로 인해 국방비의 부담이 엄청나게 증가될 수밖에 없다.

우리의 외환위기 원인 중 하나는 과거 김영삼 대통령이 자주국방을 위해 300km 이상의 장거리미사일을 개발하겠다는 것을 미국에 통보함으로써 야기되었다고 한다. 그 때문에 미국의 괘씸죄에 걸려 미국은 그 당시 한국에 침투해 있던 헤지펀드를 이용하여 한국경제를 직접 손상시켰다. 그 결과 외환위기라는 한국사상 초유의 경제적 곤란을 받게 된 것이다. 물론, 그 후에도 우리가 독자적으로 미사일을 개발하려는 시도는 있었으나, 그때마다 미국의 대응이 어떠했는가 여부를 확인해보면 미국의 의도가 자명해진다. 우리의 미사일은 미국의 입장에서 보면 동북아의 미국 주도권에 균형을 깨는 역할을 할 수 있다. 그 때문에 미국은 미국이 주도하는 현재의 힘의 균형을 가능하면 영존시키기 위해서라도, 우리에게 경제적 타격을 주어 종속 경제화를 시킬 수밖에 없었다. 그리고 우리의 지도자들은 미국에 굴복할 수밖에 없었던 것이다.

우리는 6·25사변 때 재래식 무기에 의한 전쟁을 치렀다. 그리고 그로 인해 수백만의 민간인이 죽었다. 어쩌면 핵을 통한 전쟁일지라도 재래식 무기사용에 의한 장기전보다 국가적, 국민적 손실이 더 적을 수 있다. 또한 핵 자체의 엄청난 파괴력에 대한 인간의 인식 때문에 서로 간의 사용상에 억제가 된다.

북한이 보유한 장거리 대륙 간 탄도탄인 대포동미사일 등과 같은 경우는 인접한 남한보다 멀리 떨어진 나라가 대상이 된다. 즉 일본이나 미국이 대상이 되는 근교 원공의 지략에 맞는 미사일로 여겨진다. 어차피 남한의 경우 중국, 러시아의 핵 공격 범위에 있기 때문에 북한이 추가적으로 핵개발을 한다. 하여도 크게 달라질 것이 없을 것이다.

오히려 우리 또한 핵보유국으로 자리매김할 수 있는 처지이기 때문에 이번 기회에 우리는 핵보유에 대해 재고를 해봐야 한다. 그리고 미사일 개발을 추진하여 미래에 대한 대비를 할 단계에 이르지 않았는지 판단할 필요가 있다. 세계는 계속 모든 과학분야에서 발달하고 있다. 하물며 원자력분야에서도 마찬가지일 것이다.

역사 속에서 보면 석기시대에서 청동기로 넘어갈 때 인류는 인접 문명에 자극을 받아 보다 나은 무기를 개발하려고 노력하였다. 그리고 결국 시간이 지난 후에는 모두 청동기를 사용하게 된 것이다. 이와 같이 핵무기 사용을 억지로 금지하는 것은 자신은 청동기 무기를 사용하고 남들은 석기를 사용해서 무기를 만들게 한다는 것과 같다. 과거에도 청동기의 무기 소유자가 석기문명을 노예화시켰듯이 핵의 보유 여부가 군사적 주종관계를 만든다. 점을 감안하지 않으면 안 된다. 지금의 핵확산 금지는 금지라는 미명 아래 누구는 영원한 힘의 노예로서의 역할을 다하라는 뜻 외에는 아무것도 아닌 것이다.

쌍방 간의 전쟁의 억제는 동등한 무기를 지녔을 때 일어나는 것이다. 한쪽이 일방적으로 강한 무기를 갖게 되면 동등한 싸움보다는 종속관계가 될 수밖에 없다. 우리는 지금 미국의 경제적 종속뿐 아니라 군사적 종속이 되어 있는 상태이다. 이는 일제가 우리를 강점했을 때에도 동일한 상태였다. 그 당시는 종속상태가 겉으로 드러나, 우리의 처지가 독립을 잃은 식민국으로 국민 대다수가 인식할 수 있었다. 그러나 지금은 전혀 느끼지 못하게 경제와 군사적으로 고도의 기술적 관리를 당하는 식민국가가 된 것이다.

과거 우리의 여중생 사망에 대한 촛불시위에 대해서 미국의 정치인들은 서슴지 않고 공갈을 하였다. 그러나 동일한 일이 일본의 오키나와에서 일어났을 때에는 일본에게는 절절매며 상당 부분 양보를 하고 타협을 하였다. 이것으로 보아 우리의 경우는 미국의 경제, 군사적 위협에 굴복하여 하나의 종속국가로 취급받는 것이다. 그리고 때에 따라서는 쉽게 공갈협박을 받는 입장밖에 안 되는 것이다.

10. 일본 경제의 교훈

일본은 과거 1980년대에 자국의 화폐를 달러에 대해 변동환율제로 전환하였다. 그리고 그에 따른 공황유발심리에 대처하기 위해 국가가 정책적으로 국민경제의 활성화를 꾀하였다. 그래서 그것을 위해 국가가 경기부양책을 쓰기 시작했으며 이에 엄청난 자금을 쏟아 부었다. 그 결과 증권 및 부동산 가격은 천정부지로 상승했고, 금융기관은 추가 잉여자금 발생으로 인해 투자처가 필요했다. 그때문에 은행은 불안정한 산업자금보다는 받기 쉽고 안정된 개인 주택담보 등 소매금융에 의한 투기자금에 대출을 주력하게 되었다. 그 후, 증권과 부동산 시장의 경색화로 결국 수많은 은행 및 증권회사가 도산하게 되었다.

이는 우리에게 있어서 외환위기 이후 위기 해결방안으로 쓴 정책과 유사하다. 우리는 엄청난 돈을 외채로 빌려 와서 일본이 과거에 했던 것처럼 증시부양 및 내수 경기부양에 힘을 써 똑같은 방법으로 해결하려 했다. 다시 말해서 개인대출을 일삼아 잉여자금이 부동산 투기로 자금화하도록 방조하였다. 그로 인해 부동산 가격이 급격하게 상승했다. 여기까지는 우리도 일본의 시장개입과 동일하게 처신했다. 그리고 그에 따른 결과 또한 동일하기 때문에 앞으로의 한국은 외채 상환에 문제가 생길 수밖에 없다. 부동산 가격하락에 따른 부실대출 등으로 인해 일본이 겪는 불경기보다 훨씬 심각하고 혹독한 시련을 겪게 될 것으로 보인다. 일본같이 자기 자본이 충분한 채권국으로서도 현재와 같은 불황의 늪에 빠져 있는데, 우리는 채무국으로서 동일한 정책을 펴서 일본이 겪는 불황보다 훨씬 심한 불황을 겪게 될지도 모른다. 그래서 종당에는 어떻게 할 수 없는 방향으로 경제가 이끌려 가지 않을까 심히 우려된다.

일본도 과거에 국민경제의 활성화를 위해 국가가 개입하였고, 더불어 일시적인 호황을 유도해냈다. 그러나 그로 인해 지금은 더 심한 경기침체와 불황의 늪으로 빠지게 되었다.

그렇지만 그들은 아직도 자신들이 처한 불황의 원인이 자체의 정책적 오류에 있다고 생각하지 않는다. 오히려 그것보다는 빌려준 대외적인 불량채권에 있다고 판단하고 있다. 그래서 자신의 '조폭적 해결' 능력을 키우기 위한 군사대국화전략을 획책하고 있다. 이에 대해 미국은 북한의 핵무장이 일본에게 요구되는 군사대국화를 촉발시킬 것으로 보고 어떻게든지 막으려 하고 있는 것이다. 즉, 일본은 엄청난 국방예산비 증가에 따른 경제적 손실을 감수하고라도 군사대국화를 획책하고 있다. 이것은 미국 자신만이 세계 유일의 초강대국가로서 강한 군사력을 가진 범세계적인 경찰국가로 남으려고 하는 것에 방해가 된다고 생각하는 것으로 보인다. 지금 미국은 자신의 이익을 위해서는 무슨 행동이라도 하는 기득권적 국가로 지향해가고 있다. 그리고 상당기간 불황의 혹독함을 겪은 일본 또한 같은 방향으로 나아가고 있다.

이러한 점에서 우리는 주변의 일본, 중국을 손쉽게 오판하지 말고 우리 자체의 내실을 기해야 한다. 그리고 대국화되는 중국과 경제대국인 일본을 경계하여 우리 자체의 산업 및 경제력과 국민저축에 의한 자기 자본력을 키워야 한다.

11. 공공기업의 집단이기

자본주의 민주국가에서도 국민경제와 공공의 이익에 큰 영향을 줄 수 있는 기업이 있으며 이것을 공공기업이라고 한다. 이러한 공공기업은 사유화되지 않고 공기업으로 남아 사회에 기여하게 된다. 즉, 공공요금의 특성을 갖는 전기료, 방송통신, 시청료와 교통요금 등의 국민생활에 직접적 영향을 주는 기업들은 국가가 직접 통제하여 공공요금으로 그 조정을 규제하고 있다. 그리고 그 결과가 국민의 생활에 영향을 적게 미치도록 하는 것이다. 그러나 이것은 시장원리보다는 국가개입에 의한 조절적 특성이 강하다.

더불어 이러한 공기업에 기득권적 권리를 부여함으로써 국가의 통제가 더 어렵다. 오히려 자체 노조의 경향에 따라 강제통제가 불가능하기 때문에 그들만의 이기주의로 발전하였다. 그래서 많은 공공기업이 개별노조의 이익추구형 기업이 되었다. 이러한 내면적 이율배반 때문에 공기업이 국민들에게 이익을 주기보다는 자신의 이익창출에 힘쓰게 되는 불합리성을 갖게 된 것이다.

원칙적으로 공기업은 국가와 국민의 세금을 담보로 외채나 차관 등을 통하여 설립된 기업이다. 그러므로 그 모든 이익은 국민에게 돌려야 한다. 즉, 지금과 같이 해당 기업의 임직원들을 위한 기업 경영 형태가 되어서는 안 된다는 뜻이다.

따라서 공기업이 독점적 혜택을 받으면서 개인기업과 같이 자신들의 이익만을 위해 운영된다는 것은 잘못된 것이다. 이러한 운영방식이 공기업에 일반화된다는 것은 사기업의 경우보다도 더욱더 큰 피해를 사회에 끼칠 수 있다. 그렇기에 공공기업의 집단이기는 경계되거나 제도적으로 막아야 할 필요가 있다.

집단의 이기적 이익 추구형태가 국민에 의해 부여된 공적 기득권을 이용할 경우에는 더욱 그렇다. 그렇기 때문에 공적 기능이 약화된 공기업은 과감히 사기업화시켜야 한다.

더불어 대부분 공기업의 사장이나 임원은 대통령이 임명권을 가지고 있어 문제가 있다. 왜냐하면 공기업의 임원이 선거에 도움을 준 사람에게 논공행상의 자리 마련으로 변질되어 낙하산식으로 임명하는 것이 관례가 되어 있기 때문이다. 이 때문에 비전문가에 의한 공기업의 경영은 부실화될 수밖에 없으며 부실에 따른 손실은 국민에게 떠넘겨질 수밖에 없다.

12. 저금리화로 인한 폐해

외환위기 이전에는 고금리정책에 의해 은행의 문턱이 높다는 표현을 즐겨 썼다. 그러나 외환위기 이후, 공적자금이라는 명목하에 외채를 빌려다가 위기를 해결하고자 금리를 계속 낮추어 저금리정책으로 전환시켰다. 그래서 은행과 금융권은 오히려 자신의 사업성을 위해 소매금융에 치중하였다. 그리고 주택담보 등의 대출사업에 치중하게 되었으며 그로 인하여 지금은 국민 대다수가 은행에 대출로 인한 채무를 지게 되었다.

외환위기 이전에는 소비가 미덕이라는 잘못된 정책을 남발하였다. 그리고 내수활성화란 명목으로 과소비를 유도했다. 그래서 우리들은 자신이 보유하고 있는 자산 등에 대하여 절제 없이 함부로 써서 결국 경제적 위기를 자초하였다. 그런데도 외환위기 이후에는 무조건적 경제회생을 위해 외국돈을 빌려다 소비를 조장하려고 카드를 남발하였다. 그 때문에 상당수의 국민들이 신용불량자로 전락하게 되었다. 또한 불필요한 주택담보대출로 인해 부동산 투기가 조장되어 국민의 대다수가 은행 채무자화 되었다. 즉, 외환위기 이전에는 사회 전체가 소비 만연으로 국내자산을 무계획적으로 소진한 것이다. 이것은 내 뜰에 있는 닭(국내자본)을 계획성 없이 직접 잡아먹는 것이 된다. 닭을 잘 키워서 달걀을 낳게 하고 필요한 만큼의 달걀을 소비하는 합리적 소비가 되지 못 했다. 다시 말해서 재생산이 가능한 달걀을 통해 영양 공급원으로 삼은 것이 아니고 직접 닭을 잡아먹어 버린 것이다.

그리고 그 이후에도 정신을 못 차리고 남의 닭(외채)을 빌려다 잡아먹는 형태의 소비경제체계를 유지하고 있다. 이것은 장차 큰 문제가 아닐 수 없다. 그러다가 결국 빌려온 남의 닭도 다 잡아먹는 경우는 어떻게 될 것인지 생각해 보아야 한다. 그때 우리는 자기 자본조차 없는 경제빈국으로 전락할 수밖에 없을 것이다.

저소득층의 사람들이 경제적으로 부유해지는 방법은 저축과 근면성에 의해 착실히 자산을 불려 나가는 방법밖에는 없다. 그것이야말로 투기 등의 방법으로 사회구조에 나쁜 영향을 끼치지 않고 부유해지는 최선의 길이다. 그러나 지금은 국가의 저금리정책으로 인해 저축의 실익이 없는 상태이다. 그렇기 때문에 부동산 투기, 증권투기, 도박이나 사행심을 조장하는 경마, 로또 등에 의해 일확천금을 노릴 수밖에 없게 되었다. 그래서 우리는 국민저축에 의한 자기 자본이 줄어들게 되어 외채의 의존도가 더욱 커져가고 있다. 이 때문에 저축 등의 건전한 방법에 의해 형성된 중산층은 저절로 무너지게 된 것이다. 다시 말해서 저금리가 중산층의 몰락의 원인이 되어 빈익빈 부익부에 의한 상하계층 간의 빈부격차는 더욱 심화되어 가고 있는 것이다.

사행심에 의해 일확천금할 기회가 있으면 누구도 힘들여 일하지 않을 것이다. 그리고 힘들여 일하지 않는 국민으로 이루어진 국가사회는 세계경쟁 속에 살아남을 수 없다.

인플레이션에 못 미치는 저금리라는 것은 저축의 효용성이 없어지는 것이며, 우리가 소유하고 있는 현금자산은 시간이 갈수록 마이너스가 된다는 뜻이다.

그래서 그날 벌어 그날 먹고사는 저소득층은 더욱 빈곤해질 수밖에 없다. 마치 뱁새가 황새 쫓아가듯 경제적으로 부강한 선진국의 저금리정책을 답습하는 것은 잘못이다. 이미 선진국에서 보아왔듯이 저금리정책이 빈부의 격차를 급속도로 심화시키고 있기 때문에 우리도 동일하게 되는 것을 막을 수 없다.

현금과 재산을 많이 소유한 기득권층은 저금리의 혜택을 쉽게 볼 수 있다. 즉, 외채로 빌려온 저금리자금을 이용해 부동산 투기나 증권투기로 자산을 불릴 수 있는 호기를 맞게 된 것이다. 그러나 재산이 없는 빈곤층은 어불성설(語不成說) 대출도 불가능하고 오히려 카드사용에 의해 쉽게 신용불량자가 되어 사회 극빈자가 된다. 더욱이 국가적 차원에서의 신용불량자 구제책이 원칙도 없이 진행되어, 도덕적 해이를 가져왔다. 그리고 그로 인해 사회적 병폐현상을 유발하게 된 것이다.

은행이나 금융기관에서는 어차피 그들의 이익이 예대상계 마진으로 결정되어 있어, 저금리상태에서도 이익은 변화가 없다. 그 비율 그대로 유지되기 때문에 손해 볼 것이 없는 것이다. 오히려 저금리에서는 쉽게 돈을 빌리려는 사람이 많아 돈놀이는 수지맞게 되어 있다.

그래서 금융산업만 활성화될 수밖에 없다. 이러한 이유 때문에 누구도 힘들게 일하려고 하지 않는다. 그 때문에 우리의 후생들이 돈을 벌기 어려운 이공계분야를 선택하지 않는 것이다. 이러한 여러 가지 병폐현상의 주원인은 남의 나랏돈을 빌려와 금융기관으로 하여금 저금리로 돈놀이를 하게 한 것 때문이다. 그 결과 대다수의 국민을 빚쟁이로 만들고 빈부격차를 심화시키고 있는 것이다. 이러한 모든 잘못된 사회적 현상은 저금리정책에서 시작된 것이다.

13. 노동운동과 학생운동

우리는 경제개발 과정에서 국민의 손과 발이 되어 우리가 잘 먹고 잘사는 국가가 되도록 노력한 수많은 근로자의 노고를 잊지 않는다. 그들은 통제국가 속에서 적은 임금에도 불구하고 보다 잘살기 위해 참고 인내하며 노력해 왔다. 이렇듯 지금의 우리나라를 만들어놓은 것은 자랑스러운 우리의 노동 역군들이었다. 그들이 있었기에 지금의 우리가 있을 수 있었다. 유사 이래 오랜 국가적인 가난에서 헤어날 수 있는 기회를 만든 것도 그들의 공일 것이다.

그 시절의 대학생들 또한 상아탑에서 자신에게 부여된 혜택에만 연연하지 않았다. 오히려 통제적인 국가권력에 대항하여 목숨을 걸고 투쟁하였다. 그 시절의 노동운동이나 학생운동은 그 운동 자체의 결과가 자신들만의 영화를 위한 것이 아니었다. 자신을 버림으로써 사회의 발전에 밑거름이 되는 대승적인 차원에서 하였던 것이다. 학생들의 독재체제에 대한 반대운동은 민주화를 위한 국민의 열망을 대변한 것이다. 그리고 저임금 근로자들의 노동운동은 노동자의 인권 및 인간의 최저생활에 필요한 조건을 제시하기 위한 것이었다. 그래서 노동운동을 통해 점차 삶의 질을 향상시켜 나가도록 노력했던 것이다. 그러나 민주화가 이루어진 이후에도 계속 반복된 노동운동은 이와는 다르게 변질되었다. 자신들도 모르게 매너리즘에 빠져 의식화되고 습관화되어 노사 간의 갈등대립만 심화시켰다. 그래서 그 결과 노동자의 근로의식이 감퇴되고 고용자의 투자의욕이 상실하게 되는 이중침체의 악순환이 계속되고 있다.

학생운동의 시초는 독재정부에 대한 저항의식으로 시작되었다. 그리고 그 목표가 자신의 영달보다는 사회와 국가의 보다 나은 삶의 질과 민주화였다. 그래서 그 과정을 통해 많은 애국열사들이 순국하게 되었고, 이러한 자기희생적 행동이 결국 오늘의 민주화를 이루게 된 것이다. 그러나 지금의 대학생들은 이미 자신의 이념적 구심점을 잃고 있다. 자신만을 위해 쉽고 편안하게 살려는 의식만이 팽배해져 있으며 사회적 의식도 약해져 있다. 그래서 부모나 국가로부터 혜택만 받으려는 포퓰리즘적 사고만 키워진 것 같다. 또한 과거 민주화운동에 참여했던 학생들은 지금에 와서는 새로운 권력주체가 되었다. 그리고 그들도 앞서의 권력계층과 같이 독선적이고 배타적인 세력으로 변질되었다.

이렇듯 노동운동이나 학생운동의 변질은 사회변화에 기인한 바도 있다. 그러나 이는 개인주의적 사고와 이기적 생활방식에서 나온 것이다. 지금의 노동운동 및 압력단체와 시위집단 및 유사그룹의 반사회적 성향 모두가 소속집단 및 자신의 이기심 충족의 관점에서 추진되는 것이다.

고용자가 사업가라면 임금이 월등한 대기업 근로자와 화이트칼라의 언론기관, 은행원, 교수, 교사, 공무원, 공기업 사원들은 힘이 있는 집단이다. 그들을 노동자라고 보기에는 오히려 중간기득권 계층에 가깝다. 이에 반해 실제적으로 노동자라고 할 수 있는 중소기업, 개인기업의 근로자는 조직력이나 결속력 및 인원의 부족으로 자신의 요구사항 관철도 어려운 실정이다. 다시 말하면 노동분야가 노동운동이 필요한 실제 노동자보다 화이트칼라들에 의해 좌지우지되고 있다. 그리고 실제 노동자는 소외되어가는 '악화가 양화를 구축하는' 식의 노동운동으로 변화되었다. 더불어 자신과 집단의 이기심을 충족하기 위해 극단적으로 활동하는 노동운동으로 변질되었다.

14. 증시 개방과 자본자유화

우리는 1992년부터 자본자유화를 통해 외국 자본이 유입될 수 있도록 증시를 개방하였다. 증시개방을 통해 증시가 활성화되고 외국의 자본이 국내로 손쉽게 들어올 수 있도록 된 것이다. 그래서 선진국의 합리적이고 선진화된 투자기법 및 투자 결정방법 등을 배울 수 있어 증시의 질적 발전을 꾀할 수 있었다. 그러나 증시의 특성상 정상적인 투자보다는 시세차익을 노린 투기 자본유입으로 주식별 주가변동 폭이 커졌다. 그리고 그 당시 국내증시를 이끌어 가는 기관투자들이 안정적 수익을 기대하기 어렵기 때문에 주가조작 등의 방법으로 건전한 투자자들을 울리는 경우가 비일비재하였다. 주식회사가 자본을 모으는 방법은 주식을 통해 이루어지므로 주가가 높아지는 것은 좋은 것이다. 그리고 주가가 높아져야 하는 것은 회사주주의 이익을 위해 당연한 것이다. 그렇기 때문에 증시의 작전세력이 주가조작을 하는 것을 묵인 방조하게 된다. 그리고 그로 인해 증시정보에 취약한 소액 투자자들이 조작된 주가에 동조하여 결국에는 큰 손해를 당하는 투기판이 되는 것이다.

이러한 여러 가지 증시의 해악에 대하여 아무리 법적 규제를 강화하여도 소용이 없다. 주가조작 등의 증시질서를 해치는 행위의 적발은 모든 피해의 결과가 나타난 후의 사후약방문(死後藥方文)과 같이 처리가 되기 때문이다. 그래서 주가조작 등을 사전에 방지할 수 있는 강력한 제도적 장치가 만들어지지 않는다면 주식은 투자보다 투기가 될 수밖에 없다.

자본시장 개방이 외국 자본의 자유로운 유출입을 보장했기 때문에 국내의 취약한 자본력으로 그들의 증권 투기판을 막기에는 역부족이다. 특히, 우리처럼 외채를 많이 빌려서 갚지도 않고 단지 보유하고 있는 나라는 국제투기자금의 좋은 먹잇감이 될 수밖에 없다. 그래서 지금도 미국 등의 선진국 투기세력에게 해마다 수십조 원 이상을 갈취당하고 있는 상황이다. 또한 증시를 통한 투자는 외국 자본이 기업에 직접 투자하는 것이 아니다. 다시 말해서 한전이나 포철 등의 우량기업을 사서 혁신된 경영 및 구조조정 등의 사업을 위한 노력으로 이익을 내고 그것으로 합리적 이득을 취하는 것이 아니다. 단지 증시를 통해 기업에 간접적으로 투자하여 자본증식을 할 필요가 없이 증시부양에 의해 투기적 이득을 취하고 있는 것이 문제이다. 또한 그렇게 획득한 자금은 이동도 손쉽기 때문에 외국 자본이 건전한 투자보다는 투기를 선택하여 우리의 증시를 유린하고 있는 것이다.

자본자유화는 돈 있는 자의 투기로 인한 횡포를 막지 못한다. 오히려 투기를 방조하기 때문에 우리 스스로를 위한 국가자본의 형성에는 지극히 불리하다. 특히 국민적 소비성향이 커져 저축률이 감소하는 현재와 같은 경우는 더욱 불리하다. 결국 국가의 주요기업 소유자가 M&A 등을 통해 외국 자본으로 넘어가 우리 국민에게 실제적으로 도움이 되는 기업은 살아남을 수 없게 된다. 또한 이러한 것들은 명목상의 한국기업이지 내면적 소유자는 일본, 유럽, 미국 등으로 되어 있다. 그래서 우리가 알게 모르게 그들은 거머리처럼 우리 국민의 고혈을 빨아 치부하고 있다. 그리고 그 이익을 자기 국가로 보내 자기 국민을 살찌우므로 우리는 영원히 경제적 종속국가가 될 수밖에 없는 것이다.

또한 외국 자본은 단기성 투기자금이 대다수이다. 그러므로 우리나라와 같이 외국 자본규제에 대한 맹점이 많은 나라에서는 짧은 기간에 증권투기 조장에 의한 이득과 배당이익을 챙기기 쉽다. 그러므로 외국투기세력들은 실제적 설비투자나 중장기적 기업발전 계획 및 추진에는 무관심할 수밖에 없다. 더욱이 앞으로 시간이 지날수록 우리의 산업설비가 노후화되고 나면 산업발전에 대한 원동력을 잃게 될 것이다. 그래서 설비에 대한 계속적인 투자가 이루어지지 않을 경우 장차 우리 산업은 큰 해악을 받을 수밖에 없다.

15. 부동산 투기

우리나라의 근대화 과정에서 가장 끈질기게 유지해온 사회의 병폐현상은 부동산 투기이다. 투기라고 하면 노력 없이 사는 자들이 법의 맹점을 이용하여 불로소득을 취하는 행위를 말한다. 다시 말해서 불로소득을 키우기 위해 서로 부화뇌동(附和雷同)하여 사회적 집단행동으로 경제의 거품을 일으키고 그렇게 하여 그 이득을 취해 혜택을 받는 행위를 투기라고 하겠다.

우리는 자신의 재산을 유지하거나 불리기 위하여 예금, 증권, 부동산의 3가지 방법을 이용한다. 특히, 이러한 3가지 재산분산 방법은 각각이 서로 다른 특성을 갖고 있다. 그렇기 때문에 그 특성에 따라 높은 수익성이 보장되는 안전한 곳에 분산투자를 하게 된다. 그중 부동산은 안전성과 수익성이 보장되나 환금성이 불리하다. 왜냐하면 부동산은 주택 및 조세 정책의 변화에 따라 직접 영향을 받으며 가격도 오르내림이 심하여 상황 여하에 따라 일확천금도 기대할 수 있기 때문이다.

그래서 부동산은 꾸준히 불로소득의 원조 투기로서 자리매김해왔다.

이러한 부동산 투기는 생산활동을 통해 이익을 추구하지 않는다. 허위 개발정보나 개발 가능성에 대한 사전정보를 이용하여 사고팔고 양도차액만을 취하려는 목적으로 부동산을 보유한다. 그렇기 때문에 이러한 투기행위가 사회에 큰 악영향을 미칠 수밖에 없다. 그 이유는 부동산 가격이 투기로 인해 가격상승이 되고 그에 따라 실수요자에게 구매의 어려움을 준다. 그리고 불필요한 가격상승을 유도하여 그 결과에 대한 피해는 국민들에게 전가시킨다.

또한 국가적차원에서 사회 간접시설 및 공공시설의 설치가 필요할 때는 사업단가의 상승으로 국민들의 조세부담이 커지게 된다. 그래서 부동산 투기는 이중삼중으로 국민의 고혈을 빨아먹는 반사회적 행위이다.

더욱이 사회적으로 볼 때도 불로소득으로 치부한 졸부들이 나타나 그들의 무절제한 행동이 건전한 근로의욕을 저해시킨다. 그래서 사회 계층 간의 국민적 위화감을 키워놓는다.

특히, 공적자금 투입 이후 우리나라의 부동산 투기는 그 중심점에 은행과 같은 금융기관이 개입되어 있다. 그들이 직간접적으로 부동산 투기를 부추기고 선량한 국민을 대상으로 돈놀이를 하기 때문에 더 큰 문제점가 있다고 하겠다. 외환위기와 자본자유화 이후, 우리나라 금융기관의 대다수는 외국투기자본에 넘어갔다. 이러한 투기자본들은 자신들의 이윤을 극대화하기 위해 우리 사회의 발전에 필요한 기업금융보다는 주택담보대출과 전세대출과 같은 소매금융에 치중하도록 하여 투기를 조장하고 확대해 가고 있다.

그리고 멋모르는 국민들이 손쉽게 대출받아 산 부동산의 가격이 뛰었다고 좋아하도록 착각하게 하여 철저한 착취 고리를 만들고 있다.

외국 자본은 그 특성상 우리의 발전을 위해 들어오는 것이 아니다. 오히려 치고 빠지는 식의 단기이익을 획책한다. 그렇기 때문에 증권투기와 부동산 투기를 부추겨 거품경기를 조성하고 그 이득을 취해 국외로 빠져나간다.

그래서 부동산 투기로 인한 주택 및 토지가격의 상승은 더 이상 방조해서는 안 될 망국적 사회현상인 것을 직시하여야 한다.

16. 지역감정

우리의 지역감정은 지역차별에서 근원을 둘 수 있다. 과거 역대정권들이 지역성을 강조하고 그것을 통해 지역주민의 호응을 얻어 집권하였다. 그 집권과정에서 자신의 출신지역에 의도적으로 개발혜택을 집중하였다. 그래서 상대지역이 차별을 느끼게 하고 상대적인 박탈감을 심어 주었기 때문에 지역감정은 더욱 배타적·적대적이 될 수밖에 없었다. 또한 이러한 지역개발은 지역 간의 경제적 격차를 심화시켜 국가 전체의 균형발전에도 도움이 되지 않았다. 이러한 경제적 격차는 과거 정권 속에 형성된 재벌들의 출신지가 대체적으로 경상도에 편재되어 있는 것을 보아도 쉽게 알 수 있다. 이것은 집권자의 출신지에 따라 지역적 편중현상에 의해 나타난 결과라고 할 수 있다.

이렇듯 개발지역의 편재는 고성장지역과 저성장지역을 형성하여 지역 간의 격차를 심화시켰다. 그래서 저성장지역 사람들로 하여금 정권에 대한 불신감과 고성장지역에 대한 배타적 지역감정을 유발한 것이다.

결국 지역감정은 저성장지역 사람들이 자신이 연고하고 있는 지역 내의 사람들과는 끈끈한 연대감을 갖고, 비연고지역에 대해서는 편견과 배타적 의식을 갖는 상황으로 변하게 되었다. 이러한 지역감정은 집권자의 정치적 의도에서 자신의 지역출신자를 고위직에 대거 임용하여 권력의 전면에 포진하기 때문이다. 그렇기에 그것을 보는 타 지역사람들은 자신들이 역차별을 받고 있다고 느끼며 이러한 과정에서 기존의 지역감정도 해결이 되지 못하고 더욱 나빠지는 것이다.

17. 산업화에서 민주화로

우리 사회는 산업화의 과정을 통해 억제되었던 민주화를 오랜 투쟁 끝에 이루었다. 과거 군사정권은 잘살아보겠다는 우리 사회의 오랜 열망을 산업화를 통해 이루어냈다.

우리의 산업화는 국가 차원에서 지속적으로 추진한 경제개발을 통해 초기산업화 단계인 노동집약적 산업에서 기술집약적 산업으로 전환되었다. 그러나 그동안 보다 나은 산업화를 이루기 위해 민주주의는 유보되었다.

그리고 고도의 산업화가 진행되면서 점진적으로 생활이 나아지고 경제적인 여유가 생기게 되었다. 어느 정도 경제적 여유가 생기고 산업화가 제 괘도에 오르자 국민들은 보다 나은 삶의 질을 요구하게 되었고 그것이 민주화의 열망으로 변화된 것이다.

그러나 우리 사회의 민주화는 그냥 온 것이 아니다. 산업화를 추진하여 성공한 군사정권은 이제까지 맛 들여온 자신들의 권력을 유지하기 위해 국민의 민주화 요구를 무시하고 탄압하였다. 그 때문에 국민의 민주화를 위한 저항이 반복적으로 이어져 결국에는 군사정권의 붕괴로 민주화를 이루어냈다.

그러나 이렇듯 어렵게 이룬 민주화도 결국 도가 지나쳐 자유방임적인 사회의식을 키워 선진화로 나아갈 우리의 사회를 무기력하게 만들어 미래사회에 암운을 드리우게 하였다.

현 재

1. 정치

1) 정치개혁과 권력

개혁이란 매너리즘에 빠진 사회의 보수 기득계층에 대한 반발로 일어난다. 그래서 개혁은 새로운 변화를 위해 나가는 또 다른 출발이라고 말할 수 있다. 즉, 개혁은 앞으로 다가올 변화에 따른 혁신의 개념을 내포하고 있는 것이다. 혁신이란 과거의 모든 관행 및 사회의 구조적 병리현상을 제거하고 새로운 체계하에서 보다 나은 미래를 위해 나아가는 것이다.

이러한 점에서 혁신 또는 개혁은 과거의 잘못을 도려내는 아픔 및 자기희생의 바탕에서 이루어져야 한다. 그래서 개혁의 진행은 상당한 고통을 수반할 수밖에 없다. 그럼에도 불구하고 수고나 인내의 마음가짐 없이 사람만 바꾸는 것은 개혁이 아니다. 그리고 자신에게 유리한 상태를 유지하려는 행위로는 절대 개혁이 될 수 없다. 이는 개혁을 빙자한 또 다른 보수적인 패거리를 만들려는 술책이다. 이렇게 형식에 치우친 개혁으로는 사회에 더 큰 해를 끼칠 수밖에 없을 것이다.

개혁의 시작은 이전의 기득권과 현재의 보수적으로 유리한 조건도 포기하여야 한다. 그러나 개혁하고자 하는 계층의 의도는 남들은 개혁해야 하고 자신은 현실에 안주해야 하는 이분법적 개혁 마인드를 갖고 있다. 그렇기 때문에 개혁다운 개혁이 되지 않고 단순히 아전인수(我田引水) 격인 미봉책으로 끝나고 만다. 그래서 개혁으로 시작하여 보수로 회귀하는 형식적 행위 외에는 이루어지지 않는 것이다.

개혁의 실행은 모든 사람에게 절대적으로 개혁의 필요성이 공감되어야 한다. 남들은 고치라고 강요하면서 자신에 대하여는 관대하게 처신하는 것은 개혁이 아니다. 더불어 개혁과정에서 발생하는 고통을 감수할 마음이 없다면 그 개혁은 말뿐인 개혁이다. 그래서 그에 대한 실행 자체도 신뢰가 되지 않는 절름발이 개혁이 될 수밖에 없다.

이러한 형태의 개혁은 자신과 자신 주변의 몇몇을 위해 전체를 희생시키는 '나쁜'이라는 이기적 결과밖에 나타나지 않는다. 개혁은 사회의 구성원이 서로를 도와 상생할 수 있는 측면에서 진행되어야 한다. 그렇게 하기 위해서는 자신과 주변부터 희생이 시작되어야 한다. 개혁의 목적이 우리 사회의 지속적인 발전이라면 사회 전체가 공감할 수 있는 개혁이 되어야 한다. 더불어 단순히 자신의 권력을 계속 유지하려는 목적에서 진행되어서는 안 된다. 이 때문에 자의적 투쟁의 일환으로 개혁 운운하는 것은 또 다른 보수의 얼굴 바꿈밖에는 안 되는 것이다.

새로운 사회를 위해서 하는 개혁이라면, 첫째, 개혁의 주도자가 모든 것을 희생해야 하며, 둘째, 자신의 주변 패거리를 정리하여 더 이상 패거리들에게 이권을 주지 말아야 한다. 그리고 토사구팽을 하여 그 이익이 사회 대다수 국민에게 돌아가도록 하여야 하며, 셋째, 자신의 권력 유지를 위한 눈가림식의 개혁이 아니고 실제적인 개혁이 되도록 이기심이 개입되어서는 안 된다.

더 이상 우리에게 개혁을 빙자하여 또 다른 보수 기득권층을 만들려는 음흉한 술책을 쓴다면 좌시해서는 안 된다. 그러한 개혁은 과거 이조시대의 당파싸움에서 보아왔듯이 집권당파에게 이익은 있겠지만 사회 및 국가를 위해서는 절대 도움이 안 된다는 것을 우리는 경험해 왔다.

'나쁜'이란 것은 자신만을 위한, 자신에 의한, 자신뿐이라는 독선적 사고방식에서 나온다. 더불어 이것은 자신의 욕심을 외부에 표출할 때 나타나는 이기심의 발로인 것이다. 그렇기 때문에 '나쁜'이라는 생각을 갖고 행동하는 사람을 '나쁜 사람'이라고 지칭한다.

특히, 국가 차원에서 좋은 지도자가 되려면 '나쁜' 혹은 '내 패거리(당)뿐'이라는 사고를 버려야 한다. 이것이 전제되지 않으면 개혁이나 혁신 모두 공염불일 뿐이다. 그리고 이것은 상호 이기적 집단 간에서 자신을 위한 투쟁만을 유발하여 더 나쁜 폐해만을 줄 뿐이다.

즉, 개혁 또는 혁신이라는 전제하에서의 행위는 사회적으로 '진실에 대하여 적당히 얼렁뚱땅' 넘어가서는 안 된다. 정치 정략적 술책에 의한 개혁은 기만을 내포하고 있기 때문에 그 결과 또한 새로운 기득권층을 만드는 역할 이상은 아무것도 안 된다. 그래서 국민과 사회에 도움이 될 수 없다. 진정한 국민과 사회를 위하는 개혁이라면 대승적 견지에서 자신과 패거리의 이익을 버려야 한다. 그리고 당리당략적 차원을 넘어서 국가와 국민만을 위한 진솔한 마음에서의 권력사용이 필요하다.

2) 정치의 안정

지금 한국은 무엇이든 빌미가 되면 변화 또는 개혁이라는 명목하에 반부패 및 정치적 변화를 시도하고 있다. 이념적으로나 논리적으로는 맞는 듯 여겨진다. 그러나 개혁이라는 의미는 결국 새로운 집권세력이 등장한다는 이야기이다. 만일 그 새로운 집권세력이 민중 속에서 뿌리를 두고 새로이 태어났으면 모르지만, 기존 정치세력 속에 그 뿌리를 두고 있다면 또다시 쉽게 보수화한다. 그리고 자신의 패거리를 양산하여 집권의 능력을 향상시키기 위한 변화와 개혁을 추진한다.

과거의 역사를 보면, 한 왕조가 멸망하여 새로운 왕조가 출현하면 그로 인해 개혁이 진행되어도 개혁 주도자의 면면은 대다수가 전 왕조의 집권층으로 구성되어 있다. 그래서 그들은 전 정권의 연장선에서 자신의 반대세력을 제거한다. 그리고 자신들끼리의 권력투쟁을 벌이며 정치적 주도권을 잡는다. 그런 후에는 주도권을 잡은 자가 다시 보수화되고 상당기간이 지나야 보수 안정화되는 변증법적 변화를 보여 왔다.

마치 변화나 개혁이 되어야만 국민의 생활이 보다 나아진다는 허울 좋은 미명이 진실인 것처럼 부각되고 있다. 그리고 국민들은 그것에 기만되어 분별력을 잃게 된다. 이러한 무분별은 개혁 보수 간의 투쟁을 유발하여 국가를 더욱더 정치·경제적으로 어려운 지경으로 몰아간다. 이것은 우리가 앞서의 '온고이지신(溫故而知新)'에 의한 교훈을 쉽게 잊기 때문이다.

일본의 경우를 보면, 때마다 집권세력의 부패와 사건 등이 돌출되어 나오지만 국민들은 무감각해지고 그 덕분에 보수정객들이 계속 집권해오고 있다. 이것은 그들이 보수지향적인 정치경향을 갖고 과격한 변화를 추구하지 않는 국민적 성향에 기인한다. 그리고 정치적 변화에도 결코 개혁이라는 명칭을 사용하지 않기 때문이다. 보수라는 것은 기득권 세력을 인정한다는 의미가 아니다. 단지 기존의 정치체계 틀 아래에서 점진적 변화를 갖는다는 의미이다. 그리고 큰 변화와 정치적 충격을 주지 않는 범위 내에서 개선 및 보수해 나간다는 뜻이다. 이것은 발전지향적인 점진적 개혁이기 때문에 정치적 안정을 추구할 수 있는 것이다. 이러한 점에서 큰 변화 없이 조화를 이루는 일본은 정치적인 면에서 크게 성공하고 있는 것이다.

지금의 우리 한국은 과거 이탈리아에서와 같이 국가기관이 주도하여 반부패 척결을 진행하고 있지만, 그 결과는 신통치 못하다. 왜냐하면 이기적이고 미숙한 정치집단에 의해 주도되기 때문에 또 다른 정치적 불안정만 키우고 있는 것이다. 이러한 허울 좋은 반부패 운동은 국민에게 신뢰를 주지 못한다. 그래서 오히려 부패에 대한 내성만 키워 더욱 나쁜 정치·사회적 환경을 만들고 있다. 개혁의 방향이 주도권을 잡고자 하는 일부 세력에 의해 주도되고 있는 한 절대 그것은 올바른 개혁이 될 수 없다. 그것은 개혁주도 세력의 권력유지 및 독점하려는 의도의 폐해를 피할 수 없는 것이다. 그렇기 때문에 그 결과에 대해서는 회의적이 될 수밖에 없다.

한국이 미래사회로 발전지향적이 되려면, 우선 무엇보다도 정치적 안정이 필요하다. 이러한 정치적 안정은 상호 균형 잡힌 권력체계하에서만 이루어진다. 그리고 권력 상호 간의 견제와 균형은 독재 및 부의 독점을 막을 수 있는 것이기에 절대적으로 필요한 것이다. 아무리 개혁을 한다 해도 정치적 안정이 되지 않으면 사회 전체로 보아

혼란만 생길 뿐이다.

이러한 점은 과거 제1차 세계대전 후 독일의 경우를 보면 잘 알 수 있다. 독일이 패전국의 어수선한 상태로 있을 때, 국가개혁을 기치로 나치즘을 주도한 히틀러의 농간에 독일국민들은 쉽게 넘어갔다. 그래서 결국 제2차 세계대전을 일으켰고 또다시 패전하여 국가 자체가 더욱더 어려운 상황에 빠진 것을 비추어 보면 알 수 있다.

국가와 민족을 위하겠다는 정치인의 상당수는 정치적 활동과정에서 당리당략과 자신만을 위해서 노력하기 때문에 문제이다. 그들의 잘못된 판단은 국민에게 그 피해가 직접 돌아온다. 또한 허울 좋은 개혁은 마치 자신은 깨끗하고 남은 더럽다는 추악한 논법아래에서 진행되는 것이기에 더욱 경계해야 한다.

정치적 안정이 없이는 경제발전이 불가능하다. 그래서 지금과 같이 불안정한 정치형태로는 동북아에서 주도적인 국가가 되기 어려울 것이다. 왜냐하면 우리와 같이 경쟁하는 일본, 중국, 대만에 비하여 정치적으로 불안하기 때문이다. 그리고 그것에 의해 불필요한 시간낭비가 발생되며 그에 따른 경제적 손실이 크기 때문이다.

더불어 우리와 같이 외채를 빌려 경제종속이 되어 있는 국가는 사회발전에 써야 될 돈이 외채이자로 지불되어야 하는 것이 큰 문제이다. 그리고 저금리로 인한 저축감소로 자기 자본조차 취약하기 때문에 정치적 불안정에 의한 영향이 더 크다. 지금과 같이 불필요한 정치투쟁으로 인한 국력소모를 줄이지 않는다. 일본을 따라잡기는커녕 중국에도 쉽게 추월당할 것이다.

3) 선동정치

'부화뇌동'이라는 표현이 있다. '남이 장에 간다고 하니까 거름지게 지고 따라 나선다'는 식의 사회참여 방법을 일컫는 표현이다.

군중심리에 의해 움직이는 집단행위는 외연적으로 보아서 마치 국민 전체가 조직적이고 일치단합된 것처럼 보인다. 그러나 그것은 우리 한 사람 한 사람이 쉽게 선동되어 자기 주관 없이 동조하여 집단행동을 취한 결과일 수고 있다. 이러한 행동은 88 서울올림픽 기간 중에 보여준 성숙된 국민의식과 기간을 지나자 원위치로 돌아온 것에서 엿볼수 있었다. 마치 선진국의 국민처럼 보였던 각종 참여행사들이 88 서울올림픽 이후에는 실종된 것이다. 이것은 남에게 보여 주기 위한 주관성 없는 형식적 행동일 뿐이며 국민의식 차원에서 지속력을 갖고 계속 추진해 나가는 것이 아니다.

이렇듯 지속력이 없는 행동은 냄비근성에서 나온 것이기 때문에 일부 목적을 갖는 사람들의 선동에 의해 쉽게 유도되고 있다. 그리고 그러한 행사에 참여한 많은 사람들은 자신의 행동이 어떠한 결과를 가져오는지에 대한 판단을 하지 못한 채 분별력이 결여된 행동들을 하고 있다.

우리가 참여하는 국가정책이나 사회, 문화적인 행사들은 국가와 국민의 협의에 의한 거버넌스라는 정치형태이어야 한다. 그러나 우리의 경우는 정치를 통해 일부 계층의 사람들이 집단을 구성하여 극렬 행동과 선동을 하는 것이다. 그리고 그들에 의해서 일방적으로 추진되기 때문에 사회적 담론도 형성하지 못한다. 이것은 사회적 갈등과 반목만 일으켜 결코 우리의 장래에 도움이 되지 못하고 오히려 큰 해를 끼치는 집단행동들로 변질될 수밖에 없다.

2002년 한일 월드컵 기간에도 국민들이 붉은 악마라는 기치 아래 모두 일치 단합된 행동을 보여 주었다. 그리고 외환위기 때는 금 모으기 등의 국민적 단합을 보여 주었다. 그러나 이것도 사실 누구나 쉽게 할 수 있는 행동이다. 노는 기분으로 모여서 응원하는 것은 누구인들 못하겠는가? 만약 열심히 일하는 장소에서 일치 단합된 행동이 요구되었다면 제대로 모여서 열심히 일을 하지 않았을 것이다. 만약에 진정으로 단합된 국민정신이 갖추워져 있다면 모두들 언제라도 단합을 위해서 시청 앞이나 전국도시 광장에서 모여 일을 했을 것이다. 그리고 금 모으기가 자신이 소유한 금을 국가에 헌납해야 한다는 것이라면 얼마나 많은 사람이 국가의 위기를 해결하기 위해 참여했을 것인가? 이 모든 것을 간과하고 마치 일치 단합된 국민적 흐름을 보여 준 것처럼 이야기한다. 이는 쉽게 부화뇌동하고 쉽게 들끓는 냄비근성을 가진 국민성을 보여 준 것이다. 그래서 잘 단합된 국민성을 이야기하는 우리의 평가는 착각일 수도 있다.

의도적인 선동정치에 정치색 없는 국민들이 놀아나는 것은 그 잘못이 우리 국민의 의식 부족에도 있다. 그리고 그것을 이용하여 자신의 목적을 달성 하려는 권력 주변의 패거리들이 또한 문제가 아닐 수 없다.

우리 조상들의 선비정신은 함부로 부화뇌동하지 않고 '절도와 절개'를 근본으로 삼았던 것을 기억해야 한다. 그래서 지금과 같은 선동에 의해서는 무엇도 되지 않는다는 것을 보여주어 정치인들의 의식을 변화시켜 사회가 진일보하 수 있게 해야 한다.

4) 기득권과 매너리즘

인간은 환경 및 사회적 조건에 대하여 현 상태를 유지하려는 보수적 본능을 갖고 있다. 외적 스트레스가 내장기관을 손상시키거나 종양과 암을 유발시킨다는 것은 익히 잘 알려진 사실이다. 그렇기 때문에 인간은 기억이나 심리적 측면에서 심각한 정신적 피해를 받는 경우 쉽게 망각하도록 되어 있다. 그리고 그것을 통하여 정신적 스트레스로부터 우리의 육체를 보호할 수 있는 체계로 되어 있다.

이러한 자기 보호적 본능은 주변 환경의 변화나 사회적 격변을 두려워하게 되고 피하게 하여 쉽게 보수적이 되게 한다. 특히, 인간이 나이가 들어 노쇠해지면 질수록 육체적인 외적 저항능력이 떨어지므로 변화에 약한 정신적·육체적 스트레스를 꺼려하게 되는 것도 이같은 이유일 것이다. 그렇기 때문에 성장기의 젊은이는 노년기의 사람들에 비해 변화에 보다 적극적이고 공격적으로 대응한다. 그리고 그것이 자신들의 삶의 한 형태로 보고 그렇지 못한 기성세대를 보수적이라고 매도하는 것이다. 이는 청년이 후에 나이가 들어 육체적으로 기능이 저하될 때 똑같이 보수화하여 기성세대와 같아지는 것을 보아도 알 수 있다. 그래서 늙으면 보수적이 되는 것은 자연의 섭리인 것이다.

보수적이라는 것은 우리가 일상생활의 측면에서 보았을 때 '매너리즘'화되었다고 한다. 즉, 매너리즘이란 변화를 거부하고 현실에 안주하며 가능한 최소의 노력으로 효과만 최대를 요구하는 습관적 보수주의이다. 그리고 이러한 보수는 결국 사회 전체의 지속적 발전에는 해가 되는 경향으로 나타난다. 물론, 격변하는 사회경제 흐름 또한 그 구성원들에게는 고통으로 나타날 수 있다. 그러나 고인 물이 썩듯이 매너리즘 또한 사회경제에 해악이 될 수 있다.

사회의 원만한 지속적 발전을 위해서는 보수와 개혁의 적절한 조화가 필요하며 상호보완적이 되어야 한다. 그러나 우리 사회는 지독한 기득권적 매너리즘과 그에 상반된 과격한 집단이기적 개혁주의가 서로 충돌하고 있다. 그래서 흑백 논리적 이분법에 의한 사회분리와 상호배타적 분위기가 팽배해 있다.

기득권적 매너리즘은 확보된 자신과 집단의 이권을 사회의 다른 계층집단과 나누려고 하지 않는 것이다. 그리고 그에 대한 혜택을 계속 유지하려고 하는 행위에서 기원되기 때문에 자신에 대한 기득권 유지를 위해서는 타 집단에게 배타적이 될 수밖에 없다.

5) 주권은 우리에게 있는 것인가?

우리나라 TV에는 AFN KOREA라는 미군방송이 상시 방송되고 있다. 이는 과거의 AFKN에서 AFN으로 전환된 것이다. 이렇게 변화된 미군방송의 명칭에 대한 의미를 다시 한번 재고해보면 AFKN이란 미군의 KOREAN NETWORK라는 뜻이고 이는 한국 내에 독립적인 NETWORK를 갖고 있는 미군방송이라는 의미이다. 그런데 언젠가 이 방송의 명칭이 AFN(KOREA), 즉, 미군의 전체 NETWORK상의 KOREA 내 방송으로 전환되었으며, 그 의미도 상호 현저한 차이가 있는 것이다. AFKN은 적어도 한국 내 미군만의 독립방송이고 AFN(KOREA)은 전체 미군 방송 중의 일부로서 한국에 방송된다는 뜻이다.

여기서 우리는 우리 군대와 미군과의 관계를 살펴보자. 미군과 우리는 맹방이라는 의미에서 동일 작전체계를 갖는 한미연합사라는 것을 유지하고 있다. 물론 작전의 주도권을 미국측 사령관이 갖고 있다. 그리고 이것이 부여하는 의미는 사실 우리의 대통령보다 미국의 대통령이 직간접적으로 우리의 군대까지 장악하고 있다는 뜻이 된다. 100년 전을 되돌아볼 때 임오군란은 우리의 구식군대가 일본 등의 열강에 의해 조성된 신식군대에 대한 반발로 인해 일어난 것으로 치부되었다. 그러나 이 내면에는 일본이 우리의 군대 관할권까지 갖고 있는 상태에서 천대받은 우리 구식군대의 반발로 일어난 사건이다.

이것에 비추어 보면 현재의 상황이 어쩌면 군사적 주도자가 일본에서 미국으로 바뀌었을 뿐 현상이나 상황은 그때와 크게 다르지 않아 보인다. AFKN이 AFN으로 명칭이 바뀌었다는 것은 이미 우리의 군사권 또한 미국으로 넘어갔다는 상징적인 의미가 아닐는지 모르겠다. 요즈음 미국은 전가의 보도처럼 걸핏하면 주한미군을 철수한다고 엄포를 놓고 있다. 그러면서 또 다른 한쪽에서는 북핵문제 때문에 북한에 대해 군사적 제재를 운운하며 남북한의 갈등을 심화시키고 있다. 이러한 것은 현재의 한국 국방문제를 미국이 마음대로 좌지우지하고 있는 것에서 기인한다.

이러할진대 진정 우리에게 주권은 있는 것인가? 자주 국방력이 없으면 우리는 영원히 군사적 식민국가로 남아 있게 된다. 어쩌면 우리의 지도자들 중 자주국방에 노력한 박정희 대통령의 죽음이 이러한 사항과 관계가 있는 것은 아닐는지 모르겠다. 그리고 그분의 서거 이후를 보면 군사적 자주성을 내세운 임오군란의 구식군대처럼 군사적 독립성을 제거당한 것이 아닌가 생각된다. 또 외환위기가 일부의 소문처럼 김영삼 대통령이 자주국방 개념의 미사일 개발을 미국에 가서 운운했다가 미국의 경제적 제재를 당한 것이 아닌지도 모른다. 그렇다면 지금 진정 한국의 주권은 우리 손에 남아 있는가?

한국의 국방은 군사적 통제력에 있어서 미국에 귀속되어 있다. 더욱이 군사적 전략수행에 있어서의 귀중한 정보는 미국이 모두 가지고 있는 현실이다. 그래서 한국군은 어쩌면 이미 미국의 꼭두각시나 재주 피우는 곰이 되어 있는지도 모른다.

몇 년 전, U-2 정보기가 시가지에 떨어졌을 때 비로소 우리는 그 실체를 보게 되었다. 현재에도 우리는 한국에 주둔해 있는 미군이 어떠한 무기를 가지고 있는지 모른다. 그리고 우리에 대해 어떤 정보를 조사해내고 있는지도 모른다. 다만 우리가 주한미군이 있다는 사실만 알고 있을 뿐이다. 왜 우리는 아무리 맹방이라지만 남이라고 할 수 있는 미군에 발가벗겨져 있고, 우리 옆에 와 있는 미군에 대해 전혀 정보가 없는 것인가? 군사적 기밀 때문이라면 우리의 고위정책자들은 자세히 알고 있는지 묻고 싶다. 미군, 그들이 혹시 한국이라는 나라에 대하여 통제할 수 있는 모든 정보를 취합하여 미국으로 보내고 있는 것은 아닌지? 우리에게 미군의 정보를 제공하였다가 구속된 '로버트 김 씨'의 경우를 보아도 그들은 우리와 정보를 공유하려 하지 않는다는 것을 알 수 있다. 남을 알고 나를 알면 백전백승이라 했다. 그런데 우리가 외환위기 때 우리에게 직접 경제적 타격을 준 미국, 일본에 대해 무엇을 알고 있는가? 과연 우리 자신의 현재 처지 또한 제대로 알고 있는지 의문스럽다.

경제적 주권은 외환위기를 통해 잃었고, 군사적 주권은 이미 우리의 것이 아닌 상태이며 외교 또한 우리는 미국에 종속되어 있다. 그렇다면 이는 실제적으로 식민국가가 아닌가? 주한미군이 철수 운운하는 것은 북한이 핵을 가지고 미국, 일본 등을 좌지우지하는 것을 볼 때, 어불성설임에 틀림없다. 그럼에도 불구하고 우리는 땅에 대한 소유권 외에 아무것도 없다. 자기 집에 얹혀살며 자신의 집에서 쫓겨날까봐 전전긍긍하는 건물주는 아닌지 모르겠다. 이제는 주객이 전도된 느낌이다. 우리에게 주권이 있다면 경제, 군사, 외교의 주체성과 독립성을 가지고 세계 각국과 접해야 한다. 아니면 적어도 주체성만이라도 가져야 하는데 우리는 그 또한 갖지 못한 것 같다.

6) 권력과 경제종속

각 국가의 공동체는 자신의 선거방식이나 추천방식에 의해 공동체를 이끌 지도자를 선출하고 있다. 그리고 지도자에게 힘을 실어 주어 일에 대한 추진력을 갖도록 하고 있다. 여기에서 힘을 실어 준다는 것은 권력지배를 용인한다는 뜻이다. 이러한 권력지배가 결국 지도자를 권력자화하게 되는 것이다.

권력은 속성상 오래 유지하기를 원하고 계속되기를 바라기 때문에 권력자들은 일단 잡은 권력을 오래 유지하기 위해 여러 가지 방법을 동원한다. 일부는 독재체제에 의해 권력을 지속하고 있고 일부는 왕권이라는 전통적 방법에 의해 세습을 유지하고 있다. 그러나 자유민주체제가 일반화된 현대사회에서 권력자의 권력유지 방법은 국민으로부터 절대적인 지지를 받아 선거를 통해 계속 유지하는 방법 외에는 없다. 그렇기 때문에 그 최선의 방법은 국민을 잘 먹고 잘살게 해주어 국민의 지지를 계속 얻어내야 한다. 다시 말해서 일시적인 인기몰이로는 국민의 마음을 사로잡아 자신의 지지세력을 만들 수 없다.

그래서 지도자는 국가의 경제 및 삶의 질을 향상시켜야 하는 것이 권력유지의 필수적 요건이 아닐 수 없다.

경제적으로 풍족하게 하고 삶의 질을 향상시킬 수 있는 방법은 우리가 가지고 있는 자원을 적절히 잘 이용하는 것이다. 즉, 수출 등을 통해 외부에서 많은 돈을 벌어 들여오는 방법 외에는 없다. 그러나 현재와 같이 세계화가 상당히 진행된 시점에서 본다면 단순한 수출 및 수입의 과정만을 거쳐서는 소기의 목적을 달성하기 어렵게 되어 있다. 다시 말해서 정당한 방법에 의해서 경제의 풍요를 취하기 어렵다는 뜻이다.

소위 선진국이라고 하는 G7의 경우는 자신이 보유하고 있는 국가 간의 정보와 다국적 기업을 통해서 제3세계의 자원 및 부를 착취하고 있다. 그러나 우리나라와 같은 산업화된 중진국에게는 이러한 방법이 불가능하다. 그래서 저개발 국가의 자원을 우리의 두뇌 및 노동력과 시설을 이용하여 공산품을 만들어 수출이익을 취한다. 그러나 선진국들은 자금(핫머니, 헤지펀드)을 이용하여 상대국 증시를 통해 벌어가거나 우리로 하여금 빚(외채)을 지게 하여 이자를 착취해가는 수법을 쓰고 있다.

그리고 이러한 일련의 과정을 통해 선진국은 중하위권 국가에 다양한 착취기술을 활용하여 부를 취하고 있다. 또한 그렇게 착취한 부를 이용하여 자국민의 경제를 풍족하게 하고 삶의 질을 향상시켜 가고 있다. 그래서 선진국의 권력자는 중·하위권 국가의 착취를 통해 자신의 권력을 유지하고 있다.

더불어 선진국의 착취는 그들 국민의 요구와 수요가 커져감에 따라 점차 더 광범위하고 철저해지고 있다. 그 때문에 우리나라와 같은 중간 착취대상 국가는 국민들의 사소한 방심으로 헤어날 수 없는 경제적 손실을 받게 되는 종속국가가 되는 것이다.

현재 제3세계의 가난한 나라는 다국적 기업의 지배가 일반화되어 있다. 그래서 자신의 소중한 자원을 착취당하고 있다. 또한 우리나라도 이미 외환위기 이후 IMF 지배를 거쳐 그 당시 들여온 필요 불급하고 귀중한 외채를 선진 금융기법을 통해 경제적 수탈을 당하고 있는 상황이다. 여기서 보다 큰 문제는 이러한 것들이 비정상적인 정책을 통해 외환위기 해소책으로 빌려온 외채를 이용 해결했기 때문에 문제이다. 그리고 국민들 대다수는 그 내용의 심각성을 의식하지 못한다는 점이며, 이에 대한 구체적 대안이나 앞으로 어떻게 빚을 갚는다는 대비책을 마련하지도 마련할 생각도 하지 않고 있다는 데에 더 큰 문제가 있는 것이다.

점차 세계는 소위 G7이라는 선도국가와 그 외의 경제 식민국가로 분류되어 가고 있다. 그중에서 우리는 현재의 경제체제나 국가운영 방식의 방만함으로 점차 중위권의 식민국가인 경제종속 국가화가 되어갈 수밖에 없는 것 같다.

지금은 G7이 G20으로 개명되었으나 앞서의 7개 선도국가들을 제외한 국가들은 선진국의 들러리 국가일 뿐이다.

7) 방만한 적자재정

행정도시의 이전 및 조급하게 세워진 제반 경제정책은 경제 살리기라는 미명하에 임기응변적으로 행하는 원칙 없는 정책이다. 이것이 주먹구구식의 적당주의와 야합해 정교해야 할 국가재정 운영을 엉망으로 하는 것 같아 안타깝다.

계획을 세우고 결국 적당히 감액한 금액으로 예산을 세워 눈 가리고 아옹 한 후에, 막상 실제 시행하는 경우에는 터무니없는 지역적 보상요구와 무계획한 추진으로 기하급수적인 투자비 상승이 되고 있다. 그래서 결국에는 국민들에게 부담을 가중시킨다. 이렇게 무계획하게 추진된 사업은 눈먼 돈이라는 의식 속의 도덕적 해이에 의한 부정부패로 더 큰 경제적 손실을 가져올 수밖에 없다. 누구도 책임지지 않는 한국의 국가 운영체계로 보아 이러한 방만한 운영은 설상가상으로 국민 전체에 큰 손실이 되어 돌아올 것이다.

과거 청계천 주변 재개발 및 복원공사에 20조의 경제운용 효과가 있다고 했는데 과연 그런가 되묻고 싶다. 그 사업을 수행하기 위해서 들어간 돈은 무슨 돈인가? 물론, 복원 후에는 놀기 좋은 장소가 되어 있지만 우리나라의 국가재정이 그렇게 풍부하고 튼튼하다는 말인가? 외환위기는 어떻게 일어났고, 어떻게 우리가 IMF에 돈을 구걸했는지 벌써 잊어버렸나 보다. 결국 그것을 종자돈으로 또다시 돈을 빌려 그 돈으로 IMF에서 빌린 돈을 갚는 방식으로 억지 춘향 격의 임기응변적 해결을 했다. 그런데도 마치 외환위기를 멋지게 해결한 것처럼 국민을 잘못 인식하게 하여 정신적으로 해이하게 만들었다. 그리고 그 과정에서 더 이상 헤어날 수 없는 길로 가게 만들었다. 그래서 이제라도 우리나라의 실제적 재정상황과 국제적 돈의 흐름에 따른 경제인식을 바로 잡혀야 한다. 그리고 그에 맞추어 새로운 대응방법을 모색해야 한다. 그러나 우리는 아직도 너무 방만하게 생각하고 있다.

그저 주어진 권력만 향유하고 장차 다가올 다음 세대의 경제적 침체 및 악화에 대하여 대비하지 못한다면 우리 모두가 그 피해의 대상이 되어 세계 속의 종속국가, 침체국가, 저수준 국가의 나락으로 떨어질 것이다. 지금도 우리는 과거 박정희 대통령 시절의 경제개발 5개년 계획의 결과에 대한 혜택을 받고 있다. 그리고 그 결과에 의한 혜택을 곶감 빼먹듯 먹고살고 있으면서, 그 시절의 경제발전에 대한 노력과 산업, 기술의 발전에 힘써왔던 모든 점은 잊어버리고 있다. 그러면서도 마치 처음부터 우리가 부자나라였던양 하고 있다. 그래서 국가적 차원에서 이루어놓은 수출산업의 열매를 내 집 뜰의 닭 잡아먹듯이 계속 축내고 고갈시켜 왔다. 그렇기 때문에 우리는 외환위기를 맞았던 것이다. 그러나 외환위기 이후에도 절약이나 근면으로 국가재정 및 국민적 자산을 확보하기는커녕 국가 전체를 담보하여 외국돈을 마구잡이로 빌려 쓰고 있다. 그리고 무절제한 소비성향의 경기부양 및 복지정책으로 계속 축내고 있는 상태이다. 이것조차도 대다수의 국민은 인식하지 못하고 있다. 무슨 돈으로 자꾸 비생산적인 분야에 계속 돈을 투자하려는 것인지 모르겠다. 요즈음 젊은 세대에서 신용카드 불량자가 계속 늘어가고 있으며 앞으로도 계속 증가할 것이라는 한심스러운 상황이 진행되고 있다.

이것은 결국 금전적인 차원에서 생산능력이 없거나 미약한 젊은 세대가 카드회사나 은행 등에 돈을 빌려 갚을 능력이 없기 때문에 일어난 상황이다. 이것을 국가의 경제 운영에 비교해보면 외채에 의존하는 국가 또한 똑같은 상황이 아닐 수 없다. 이 때문에 오래지 않아 유럽의 그리스나 스페인처럼 국가재정 또한 젊은 세대의 신용불량과 같이 같은 길을 걸어가게 될 것이다. 일부 산업의 수출 호조로 인해 마치 우리는 경제적으로나 국가 재정적으로나 엄청나게 안전한 것처럼 보인다. 그러나 빈곤화된 성장으로 한국의 경제는 흡혈 거머리에

물린 붕어 꼴이 되어가고 있다는 것을 모르고 있다. 그래서 오히려 외형만 그럴 듯하게 유지하고 실제로는 현상유지도 되지 않아 점차 국가재정이 고갈의 길로 다가가고 있는 것이다. 누가 돈을 벌어들여 오고 누가 쓰는가? '누울 자리를 보고 발을 뻗으랬다'란 말도 무시하고 무조건 쓰고 보자는 식의 경기부양 대책과 복지는 결국 후손에게 짐과 고통만을 남겨주는 선조가 될 것이다. 그래서 우리는 세계국가들 중에서도 선진국으로 자리매김을 못하고 중하위 국가로 전락하고 말 것이다. 건전한 가계에서 주부는 가장의 수입에 따라 적절히 분배하여 가족을 위해 쓰며 장차 보다 나은 생활을 위해 절약도 하고 저축도 한다. 그리고 그 저축의 일부분으로 투자계획도 세워 가계의 발전을 기한다. 이와 마찬가지로 국가는 국민의 세금을 기준으로 적절한 국가예산을 짜야 올바른 재정운영이다. 외부에서의 수익보다 빚 갚는 것과 같은 지출이 많아질 때는 우선 빚을 갚도록 예산을 축소하고 국민적 절약을 기해야 한다. 그러나 우리의 경우는 빚 무서운 줄 모르고 방만한 적자재정을 운영하기 때문에 더 큰 문제이다.

이러한 방만한 적자재정은 일시적으로 경기를 부양시켜 경제성장이 지속되는 것처럼 보이나 종국에 가서는 무일푼으로 가기 때문에 경제성장이 퇴보될 수밖에 없다. 따라서 균형예산을 편성하고 집행하기 위해 국민에게 허리띠를 졸라맬 것과 고통에 대한 인내를 요구하여야 한다. 그리고 '쓴 약이 몸에 좋다'는 점을 인식하여 기존의 적자재정 위주 경제정책을 재고할 필요가 있다.

8) 추악한 전쟁

　미국의 국제 패권주의는 전쟁을 통한 국가지배 형태로 나타났다. 뚜렷한 명분 없이 이라크를 침공한 이면에는 안정적인 석유자원의 확보와 OPEC의 영향력을 감소시키려는 미국, 영국 등의 교묘한 술수가 들어 있다. 그래서 그들은 결국 자원국의 자원을 착취하여 자국민의 경제적 혜택을 주기 위한 목적에서 행한 힘 있는 국가들의 계획적 행동일 뿐이다.

　전쟁의 명분은 이라크의 생화학적 대량 살상무기의 제거이다. 그러나 이러한 무기를 이라크 자체가 보유하고 있는지 여부에 대하여도 정확한 정보가 없는 상태에서 그것을 명분으로 전쟁을 벌였다. 그리고는 일방적인 공격과 승리 후에 조사한 결과는 생화학적 대량 살상무기를 찾아내지 못했다. 그럼에도 불구하고 그들의 전쟁도발은 아무도 이의를 달지 못했다. 이러한 것은 어쩌면 아프가니스탄 침공과 같이 기독교 국가가 이슬람 국가를 침범한 종교전쟁을 은폐하려는 교묘한 술책인지도 모르겠다. 결국은 미국이 이라크를 제압하였다. 그로 인해 세계는 힘의 논리에 의해 언제든지 타국을 침범할 수 있는 또 다른 선례를 남겼다. 그래서 앞으로는 군사대국화의 길이 선진화의 첩경임을 인식한 영국, 일본, 독일, 프랑스 등도 군사대국화로 진행될 것은 불 보듯 뻔한 일이다.

　과거 19세기 말에 소위 열강이라는 국가들이 21세기 초에 와서 또다시 군사대국으로서 국제사회에 모습을 드러내고 있다. 이것을 인식하지 못 한 우리나라는 주변의 열강 속에서 흔들리는 나뭇잎처럼 국가적 독립성을 유지하기도 어려운 상태에 직면하게 될 것이다. 그래서 우리는 미약한 종속국가로 전락하게 될지도 모른다.

지금 우리는 군사적으로 미국의 동맹국이다. 그러나 과거에 미국이 이라크를 이란대이라크 전쟁 중에 얼마나 많이 도와주었는지를 생각해라. 그리고 지금에 와서 군사적 종속대상으로 삼는 것으로 보아서는 언제라도 우리가 미국의 이익에 반하면 제거 혹은 종속의 대상이 될 수 있다는 것을 인식하여야 한다. 그렇지 못하면 우리는 그저 미국의 처분만을 기다리는 종속물이 될 수밖에 없다. 이제는 과거의 월남파병과 같이 군사적·경제적 도움이라는 실리를 취하지 못한다. 그리고 어쩔 수 없이 실리 없는 이라크 파병 등의 종속적인 군사력 유지에 치중할 수밖에 없으니 우리의 자주국방은 요원한 것이다.

이러한 종속적 군사관계 때문에 전차에 깔려 죽은 여중생에 대한 항변도 못하고 미군 영내의 고엽제 매몰에 대하여도 강하게 조사를 못하는 우리가 되었다. 그리고 지금은 미국이 미군철수 문제에 대해 언급할까봐 눈치 보기만 계속하는 군사 종속국가로 전락하고 말았다. 국가의 독립성은 자립경제와 자주국방임에도 불구하고 오히려 군사적 실권은 미국이 모두 가지고 있다. 그리고 우리나라에서 주둔하는 미군 또한 외교관과 같이 치외법권적인 존재로 지위를 격상해준 한국은 진정 독립국가라고 할 수 없다. 지금 우리는 머나먼 이국땅에 우리의 젊은이들을 파병하고 명분 없는 전쟁에 대해 미국에 항변 한 번 못하는 실정의 국가가 되어 있다.

9) 양들의 침묵

미국이 이라크와 아프가니스탄을 침공한 것은 자국의 이익을 위해서는 무슨 짓이라도 할 수 있다는 것을 잘 보여준 예이다. 그것은 국가적 명분과 국민적 이기심이 합쳐지면 정당성은 무시해도 좋다는 생각의 결과이다. 특히 이라크의 침탈은 미국이 이라크가 보유하고 있는 석유자원을 장악하여 자기 국민들에게 혜택을 주려고 하는 데 목적이 있다. 이 때문에 미국은 새로운 21세기형 신식민 제국주의의 선도국가가 되었다. 세계 초강대국으로 엄청난 군사력을 갖고 있는 미국 그리고 영국의 연합군이 제대로 저항다운 저항조차 못하는 이라크를 상대로 대량 살육전을 전개했던 것은 자국민의 볼거리 제공과 전쟁결과에 따른 전리품을 챙기기 위함이다. 그리고 그에 대한 국민적 기대에 부응하려는 몰염치에서 시작되었다는 것 이상의 다른 이유를 객관적으로 발견하기 어렵다. 그들이 끌어다 붙인 억지 명분은 대량 살상무기를 제거한다는 것이었다. 그러나 전쟁의 결과가 승리로 마무리되고 난 지금은 대의명분도 그 사이에 거짓된 정보도 모두 면죄가 되어 버렸다. 그래서 지금의 불명확한 전쟁명분은 다만 침공하기 위한 구실로 만든 일시적 명분이고 실제적으로는 자국의 이익과 또 하나의 새로운 종교전쟁이라는 것 외에는 아무것도 아니다.

9·11테러를 이슬람 세력의 미국 공격으로 규정하고, 아프가니스탄을 초토화시키고 호전적인 이스라엘을 옹호하는 미국 내의 전쟁 찬성론자는 대체적으로 보수적인 기독교 신자들이다. 그들이 앞서의 전쟁을 수행한 부시 대통령을 재선시키는 등의 상황으로 보아 그들이 지배하는 미국은 이슬람 국가를 상대로 십자군 전쟁을 일으킨다는 내적 명분에서 이라크를 침공한 것으로 생각된다.

양치는 목장에 늑대가 울타리를 넘어와서 잠자고 있는 양 한 마리를 식사거리로 잡아갈 때, 주변의 희생을 면한 양은 잡혀가는 동료를 위해 목숨을 내걸고 싸워주지 않는다. 자신이 죽음을 면했다는 데에 대한 안도감으로 오히려 죽은 듯 조용히 침묵을 지킬 뿐이다. 세계의 여타 국가에서 항의적인 언론이 조성되어도 결국 양들의 웅얼거림일 뿐이다. 그리고 다행히 늑대의 희생양이 안 됐다는 것에 대한 자조적 인 표현 이상도 이하도 하지 않는다. 그러나 결국 그들 모두가 미국 의 종속화 정책에 각개격파될 어리석을 양일뿐이다. 미국의 이라크와 아프가니스탄 침공은 명백한 기독교의 이슬람 침공이다. 그리고 자국 의 자원 확보를 위한 선진강대국의 세계지배의 일환이다. 또한 상황 여하에 따라서는 한국도 그 대상에 하나일 뿐 영원한 동반자적 관계 는 될 수가 없을 것이다.

미국의 1990년대 경제적 호황은 건실한 산업경제 국가에서 유대인 주도의 금융산업에 의한 돈놀이 국가로 전환하여 생긴 것이다. 그들 은 한국과 같은 신용도가 있는 나라에 저금리로 돈을 빌려 주고, 또 다시 한국의 기업들은 리스크가 큰 동남아에 그 빌린 돈에 약간의 이 자를 덧붙여 되빌려 주었다. 그러나 동남아 국가와 태국 바트화가 내 정의 불안으로 위기에 처하자 회수가 어려워졌다. 그에 따라 중간에 서 일수놀이를 하던 한국의 재벌기업이 직격탄을 맞게 된 것이 외환 위기라는 설도 있다. 이것이 맞는다면 우리는 아직도 정신을 못 차리 고 있는 것이다. 또다시 이자가 낮다고 외채를 빌려 들어와 전 국민 을 빚쟁이로 만드는 것은 아닌지 모르겠다.

어설픈 경제전문가의 단견에 의해 정책이 세워지고 시행되므로 국 민들은 장기적인 안목에서 국가의 흐름을 읽어낼 수 없다. 그래서 국 민 모두가 즉흥적이고 현실적인 면에만 매달리게 되어 미래지향적인 국가발전을 이루기 어렵게 되어 간다.

지금 한국이라는 나라가 현재의 우리만 살고 우리의 후손은 살지 않는 곳이 아닐 것이다. 그래서 우리는 후손을 위해 보다 나은 미래 세계의 선도국가로 자리매김을 하기 위해서는 보다 철저한 계획하에서의 미래지향적 정책과 근검한 국민적 마음가짐이 있어야 한다.

그러나 과거와 전혀 변화가 없이 일확천금만을 노리고 노력 없이 쉽게 먹고살려는 투기적 마음이 국민 전체에 팽배해져 있다. 그렇기 때문에 이러한 사고방식을 개선하기 전에는 우리의 앞날은 밝지 못하다.

아랍세계가 양들의 침묵에서 깨어나 중교전쟁이라는 기치로 모이게 되면 미국의 이라크와 아프가니스탄 침공은 기독교와 이슬람의 전쟁으로 변하게 될 수 있다. 그때 우리가 파병한 군사들의 위치는 종교전쟁의 한가운데 휘말리게 되어 우리에게는 전혀 도움도 되지 않고 세계정세 흐름에 역행하게 되는 경우도 생길 수 있다.

10) 선거와 포퓰리즘

우리나라와 같은 민주주의 국가의 대통령은 국민이 직접 뽑는다. 그러나 대통령에 대한 초기 선택은 정당에서 선출하여 후보자로 내기 때문에 정당에 소속된 사람에서 나올 수밖에 없는 태생적 한계가 있다.

그러나 선거에 의해 대통령이 된 후에는 국민적 선택에 의해 선출되었다는 것을 의식하고 당리당략을 떠나 진정한 국민이 원하는 지도자가 되어야 한다. 우리나라의 대통령제는 거의 제왕적 대통령제로서 대통령의 권한이 사용 여하에 따라서는 무소불위의 권력을 갖는다. 국회 해산권 및 국회의원과 동등 이상의 권한을 갖고 있는 대법원장, 장차관, 군 장성, 검찰총장, 감사원장 등의 임명 및 동의권을 갖고 있기 때문이다. 그러나 이를 견제할 수 있는 헌법기관은 국회가 있다. 하지만 만일 국회가 무력화되거나 집권당 일색이 되는 경우는 그로 인해 쉽게 독재화될 수 있다.

그리고 대통령 선거를 할 때 인기 영합적인 포퓰리즘에 의해 선출된다면 그 후 국민경제는 파탄이 나기 십상이다. 지금도 아르헨티나가 그렇게 많은 자원과 넓은 국토 등의 기본적 역량을 갖고도 세계 최하위 국가에서 헤어나지 못하고 있다. 이것은 페론이라는 독재자가 국가권력인 대통령과 국회를 장악한 후 선동과 인기 영합주의에 따른 포퓰리즘적 정책을 폈기 때문이다.

이러한 정책은 국민 모두가 쉽게만 살아가려는 풍조를 만연시켜 무기력하게 만든다. 포퓰리즘으로 국민 개개인은 아무 노력 없이 한동안은 놀고먹을 수 있다. 그리고 남의 나랏돈을 빌려다 잘 먹고 잘 살아 갈 수도 있다. 그러나 결국 갖고 있는 국가의 재원을 소진하고 더 이상 외국에 구걸이 안 될 때에는 문제가 생긴다. 그때는 놀고먹는 타성이 생겨 자신의 노력에 의해 국가발전을 이루려는 마음이 소홀해져 있기 때문에 파국으로 치달을 수밖에 없다. 그리고 일단 이러한 포퓰리즘에 의해 혜택을 받았던 국민들은 아무리 나라 사정이 어려워져도 절제와 검약을 통해 국가재건에 노력을 다하지 않는다는 것이 문제이다.

인기영합을 위해 적자재정 등의 방만한 국가운영이 진행되면 그 피해는 우리 자신 혹은 후손에게 넘겨지게 되어 있다. 그리고 과거 우리나라의 경제발전에 초석이 되었던 근검과 절약의 정신은 실종되고 말 것이다.

경제위기 때 허리띠를 졸라매야 할 시기에 우리는 오히려 남의 돈을 빌려와 낭비를 했다. 특히 내수활성화라는 명목 아래에 소비조장을 하였다. 그리고 그것을 통해 허리띠를 풀었기 때문에 이제는 누구도 어려운 시기가 다가와도 허리띠를 졸라매지는 않을 것이다. 이처럼 포퓰리즘은 또 다른 포퓰리즘을 요구한다. 그리고 그로 인해 사회적으로 낭비의 틀이 세워져, 우리처럼 자원도 없는 국가가 어떻게 다음 위기를 견딜 것인가 의문이 생긴다. 이렇게 되다 보면 결국 중남미의 아르헨티나와 같은 길을 따라갈 수밖에 없을 것이다.

11) 한반도의 통일

현재 한반도의 지정학적 위치는 미국의 적성국가로 분류되어 있는 중국, 북한 그리고 과거의 적대세력인 러시아와 인접해 있다. 그리고 세계경제에 대한 경쟁국인 일본이 근접된 동북아의 중앙에 위치하고 있다. 그래서 한반도는 미국으로 보면 동북아의 경제 및 군사적 전략의 요충지이다.

어쩌면 아직까지 남북 간의 이데올로기 차이로 인해 통일이 되지 않고 긴장상태가 유지되는 데는 미국의 전략적 이해관계가 연결되어 있다고 볼 수 있다. 현재에도 한국이 동북아 중앙에 위치하여 미국의 전략적 교두보 역할을 하고 있다. 그리고 미국은 남북 대치국면을 이용해 국내에 반입된 미국 주도의 핵무기 및 미사일 등으로 인접 중국이나 러시아 북한 등을 직접 요격할 수 있다. 미군의 주둔이 서해와 휴전선에 집중 배치된 것 또한 어쩌면 북한뿐 아니라 중국을 견제하려는 이중 목적의 전략적 술책일 수 있다. 이는 한반도의 긴장완화로 인해 남북이 통일될 경우를 전제로 하면 상황은 달라진다. 그렇게 되면 미군이 더 이상 주둔해야 할 명분이 없어져 당연히 철군이 되어야 할 것이다.

이때의 미국의 입장을 보면 주한미군의 역할을 알 수 있다. 미국은 동북아의 중요 지점에서의 교두보를 잃게 되어 동북아지역 통제력을 상실하게 된다. 이것으로 인해 미국은 전략상 큰 손실을 받을 수 있다. 그리고 극동지역에 필요한 파견군 유지관리에 큰 어려움을 겪게 될 수밖에 없다. 군사적으로도 현재 한미연합사라고 하면서 실제적 한국군의 통수관할권까지 갖고 있는 미군으로서는 자신들이 쉽게 부릴 수 있는 한국군 60만 대군 또한 놓치게 된다. 그렇게 되면 그에 대한 타격 또한 무시 못 할 정도로 클 것이다.

미국은 현재에도 적당히 한국의 집권자들을 어루만져 주고 치켜세워 줬다가 뒤통수를 치기도 하면서 한국의 분단조건을 적절히 이용하여 왔다. 그리고 자신들 마음대로 우리를 요리하고 있다. 이러한 미국은 진정 우리의 통일을 원하지 않을 것이다.

요즈음의 북핵문제를 처리하는 미국의 방법을 보면 우리는 미국의 군사적으로 종속된 국가로 여겨진다. 마치 자신이 우리의 주인처럼 매사의 모든 것을 주도해 나가고 있다. 또한 북한을 적절히 조절하여 한반도의 긴장을 적당한 수준에서 유지해 가려고 전략적으로 발언하고 행동하고 있다.

'닭의 목을 비틀어도 새벽은 오듯'이 한반도에서의 통일은 필연적이다. 우리는 독일의 통일에서 교훈을 얻어야 한다. 독일의 경우에서 보았듯이 통일 그 자체를 통해 우리는 얻는 것보다 잃는 것이 더 많을 수 있기 때문에 타산지석을 삼아 대비가 필요하다. 특히, 군사적 독립이 주변강대국의 이해에 의해 좌절될 수 있기 때문에 또 다른 21세기형 식민국가가 될 가능성은 배제할 수 없다.

12) 청렴치 못한 관료

한국인의 기본정서에는 '선비정신'과 '종놈근성'이라는 두 가지 상반된 개념이 있다. 이는 과거 양반과 상놈의 이분법적 계급구조에서 만들어진 것이다. 그러나 현대에 와서 계급구조가 없어진 민주사회임에도 불구하고 이러한 개념이 유전되어 사회적 의식구조 속에 남아 있다.

지금의 한국사회는 사회적 지위고하를 떠나서 아무리 높은 지위에 있어도 종놈근성을 가진 사람들이 있는가 하면 생활이 어려워도 선비정신을 가진 사람들이 공존해 있다. 자신의 지위를 이용하여 부를 축적하려는 고위공직자들과 부동산 및 증권투기 등을 통해 재산증식을 하는 고위공직자들, 이들이 정책입안의 중심점에 있기 때문에 부정부패는 줄어들지 않고 있다. 그들은 국민이야 어떻게 되든 자기 재산에 손해 보는 정책을 펴지 않는다. 그리고 기회만 있으면 자신의 재산에 이익이 되도록 함부로 정책을 세울 것이 틀림없다. 과거 정권의 실세가 자식의 대학시험 때는 그 자식에게 유리하도록 문교정책을 임의로 바꾸어서 결국 한국의 교육정책을 뒤죽박죽으로 만든 경우가 있다. 그리고 정책의 집행이 중구난방이라는 표현을 들을 정도로 아전인수식의 행태를 보여 온 것 또한 자신과 가족뿐이라는 종놈근성에서 나온 것이다. 하루를 굶더라도 불의에 지조를 꺾지 않고 재물을 탐하지 않던 절개의 선비정신을 가진 사람은 오히려 현대에 와서는 찾아보기가 힘들다. 재산을 증식하기에 유리한 위치에 있는 고위공직자들의 탐욕스러운 행태는 탐관오리의 전형이 아닐 수 없다.

직책과 직위를 통해서 재산이 증가된다는 것은 정당하지 못하다. 아무리 법적으로 하자가 없어도 그들의 재산증식은 자신에게 부여된 직책과 기득권을 이용하여 사회의 다른 구성원의 재산을 갈취하는 것이다. 그렇기 때문에 결과적으로 재산이 증식 되었다는 그 자체가 부정부패로 볼 수 있다. 청렴이란 것은 어떠한 이유에서도 재산증식이 성립될 수 없다. 그래서 재임기간 재산이 증식되었다는 것은 청렴치 못하다는 것이다. 마치 고양이에게 생선가게를 맡겨 놓는 것과 같이 부패한 관료들이 국가의 주인인 국민에게 돌아가야 할 부를 편취한 것이다.

우리나라와 같이 국가의 재산 총량이 한정되어 있는 나라에서 일부 계층이 재산증식이 되었다는 것은 결국 기타 국민의 재산을 줄게 했다는 것을 의미한다. 그렇기 때문에 공직자의 청렴도는 절대적 가치로서 판단되어야 한다. 청렴하지 못한 고위공직자는 자신의 재산보호와 증식을 위해서 국가정책의 방향을 설정하고 시행하기 쉽다. 그래서 그들은 생각 여하에 따라 국가를 망칠 소지를 가지고 있는 그룹이다. 과거 왕정에서 보았듯이 벼슬아치는 사대부들 간의 권력관계에서 경쟁자를 물리치고 왕권과 결탁하거나 협조한다. 그리고 그에 대한 보상으로 논, 밭 등의 재산을 양위받아 자신의 재산을 증식하였다. 그러나 현재에 와서 고위직의 벼슬이라는 것은 국민의 손에 의해 뽑은 대통령의 임명에 의하기 때문에 결국 국민에 의해 추천된 것과 마찬가지이다. 이것을 망각하고 그렇게 부여해준 권력을 이용하여 재산을 증식한다는 것은 과거의 탐관오리보다도 못한 저질관료라고 할 수 있다.

여러 사람이 나누어야 할 한정된 크기의 떡에서 어떤 개인이 많이 취할수록 나머지 사람의 몫은 자동적으로 적어질 수밖에 없다. 이러한 고위직 관료의 개인적 욕심은 사회에 대단히 부정적으로 나타나 더 큰 빈부격차를 만들 수밖에 없다. 그래서 이러한 사회적 빈부의 격차를 줄이는 것은 청렴한 관료에서부터 시작되어야 할 것이다.

청렴함이란 종놈근성의 탐욕스러움을 줄이고 선비정신을 발현하는 것이다. 그리고 청렴한 선비정신은 자신과 남이 공존할 수 있는 기틀이 되며 미래지향적 사회에 가장 큰 덕목이 될 것이다.

13) 배타적 지역감정

지역감정의 근원은 역사적으로 볼 때 원초적으로 고대 삼국시대의 지역국가(고구려, 백제, 신라)와 신라의 통일에서 기원한 것 같다. 신라가 통일한 후 여타지역, 특히 백제지역에 대한 차별정책으로 지금의 전라도지역이 배타적이고 소외된 지역으로 남아 있게 되었다. 그리고 이러한 차별정책이 고려시대에도 연장되어 현재까지도 동서갈등 구조를 갖는 국가의 형태가 된 것으로 보인다.

근래에 와서도 경제개발이 추진되는 과정에서 개발지역이 경상도 쪽으로 편재되어 있어 지역적 경제격차가 심해지게 되었다. 그로 인해 저성장지역은 상대적 소외감으로 여타지역에 대해 배타적이고 적대적인 지역주의를 형성하였다.

과거 미국에서도 남북 간의 노예제도에 대한 상호 이기심에 의해

지역감정이 유발되어 남북전쟁이 발발되었다. 그 결과 북쪽이 승리하여 상황은 봉합되었으나 아직도 지역적 앙금은 남아 있는 것으로 보아 우리의 지역감정은 더욱 치유하기가 어려운 상황에 처해 있는지도 모른다.

특히, 현재의 지역감정은 우리가 장차 남북통일이 되었을 때 독일의 통일에서 보았듯이 상호 경제적 격차가 또 다른 차별을 만들 수 있다. 다시 말해서 기존의 동서 간 지역감정 외에 남북 간의 지역감정까지 추가되는 현상이 일어날 수도 있다. 이러한 지역감정의 확산은 국가 전체의 통합적 균형발전에도 어려움을 줄 수 있으며 상호배타적 사고로 인해 상생보다는 갈등구조가 형성 될 수 있다.

현시점에서 지역감정의 내용을 살펴보면 지역적 시각이 다름을 알수 있다. 전라도 사람들은 과거 경상도 정권하에서 경상도의 개발에 따른 경제적인 차별 측면에서 보는 데 반하여 경상도 사람들은 다분히 전라도 사람의 성격 및 생활양식을 비난하는 차원에서 배타적 지역감정을 갖고 있다. 이는 상대적인 차이를 전혀 다른 관점에서 보고 차별된다고 서로에게 강요하고 있는 것이다. 그러나 실제적인 측면에서 보면 전라도가 경상도를 보는 상대적 차별이 현실적이고 그 반대는 우월한 입장에서 보는 피상적 차이이다. 이러한 점에서 현재 전라도는 경상도에게 차별되고 있는 것이 사실이며 이것이 해결되지 않아서 상호지역 간의 배타적 지역감정으로 나타난 것이다.

14) 정경유착과 부정부패

기업의 비자금과 부정부패는 떼어내려고 해도 뗄 수 없는 불가분

의 관계를 가지고 있다. 비자금의 조성목적이 정권에 유착하여 경제
적 특혜를 얻고자 함이기 때문이다. 그래서 그에 관계된 공무원이나
정치인들의 동조가 필요하다. 그 때문에 지금과 같은 배금주의 사회
에서는 그러한 동조를 얻고자 할 때 반드시 돈이 필요하다.

이때 사용되는 돈은 비자금일 수밖에 없다. 정상적으로 통용되는
자금은 쉽게 노출이 되어 부정부패를 유도할 음성적 자금으로 쓰기
어렵기 때문이다.

그래서 기업은 각종의 부정적인 방법을 동원하여 비자금을 몰래
조성하고 숨기고 세탁하여 축적해놓고 있으며 필요할 때 쓰는 것이
다. 그렇기 때문에 비자금은 항상 정상적인 자본의 흐름을 벗어나 음
성적으로 존재할 수밖에 없는 것이다.

이렇게 쓰이는 비자금은 부정부패 쪽으로 순환이 이루어져 부정한
돈으로 사용된다. 그렇기 때문에 돈의 비정상적인 흐름을 유도해 은
밀히 축적될 수밖에 없으며 건전한 소득이 아니기 때문에 세금도 탈
루하는 불법적인 자금이 될 수밖에 없다.

이렇게 전용되는 돈은 정상적인 경제체계에서 이탈되어 투기자금
이나 음성적인 자금으로 재활용되어 우리 사회에 더욱 나쁜 영향을
미친다. 그래서 정경유착에 의한 비자금은 그 자체보다도 2차적 피해
가 더욱 크기 때문에 건전한 사회를 유지하기 위해서는 반드시 없애
야 할 대상이다.

15) 복지와 적자재정

복지는 소득분배의 한 과정으로 자본주의 사회에서는 꼭 필요한 분

야이다. 그러나 복지가 정치적 의도로 사용되면서 그 남용 정도가 심화되어 포퓰리즘화되어 있다. 이러한 포퓰리즘은 정책적으로 집행되면서 사회의 거품을 유발하게 된다. 이러한 과도한 복지는 정치적 목적에서 생겨나고 공약을 통해 추진되기 때문에 쉽게 남용될 수밖에 없다.

우리 사회의 복지는 당연히 국민의 세금으로 처리해야 한다. 그러나 국민의 담세에 대한 부담 때문에 정치적 의도에 따라 적자재정에 의존하게 된다. 또한 적자재정은 외채로 해결하기 때문에 결과적으로는 복지는 국가부채로 남게 될 수밖에 없다.

그래서 적절하지 못한 복지는 경제의 흐름을 낭비와 나태한 과소비로 유도하여 국가부채를 크게 키우는 역할을 한다. 그렇기 때문에 복지에 대한 정책은 미래에 대한 비전과 함께 숙고되어야 한다.

16) 민주주의와 종속주의

종속주의란 말 그대로 민주주의의 상반되는 개념이다. 이것은 민주주의처럼 국민이 주권을 갖고 나라의 주인이 되는 것이 아니다. 사회의 어느 일정 계층 혹은 지배권력에 의해 국민이 종속적으로 끌려가는 정치체제를 말한다.

종속주의의 주체로는 여러 가지 권력형태가 있을 수 있다. 그중의 하나가 금전만능주의의 금권이다. 다시 말해서 금전만능주의와 같이 돈의 힘에 의해서 국민이 노예가 되고 종속화하는 것 또한 종속주의이다.

현재 우리 사회는 수정 자본주의와 자유방임적 민주주의가 비정상적으로 결합하여 금전만능주의를 만들었다. 그리고 이 금전만능주의가 역으로 민주주의를 종속주의 사회체제로 변형시켜 버렸다. 그렇기 때문에 자유방임 상태의 자본주의는 민주주의 체제 자체를 부정해 버리는 이상한 사회를 만들게 된 것이다.

이러한 자유방임적 자본주의는 일부 계층에게 부를 집중케 하는 경향을 가지고 있다. 그래서 국가가 아무리 노력하여 수출이나 과학발전 등을 통해 국부를 축적해도 상위계층으로 그 부가 집중될 수밖에 없다. 이 때문에 대다수의 국민들은 '빈곤 속의 성장'으로 계층 간의 극심한 빈부격차를 느낄 수밖에 없으며 더불어 계층 간의 상대적 박탈감을 가질 수밖에 없다. 그래서 국민은 정치적 주체로서의 능력을 상실하게 되어 결국에는 종속적 위치로 전락하게 되는 것이다. 다시 말해서 국민 스스로가 국민주권이라는 국가권력의 주체가 되지 못하고 종속자로 전락하는 것이다. 이러한 이유 때문에 자유방임적 수정자본주의는 민주주의를 해치는 자본주의일 수밖에 없다. 그래서 우리는 현재의 종속주의에서 벗어나 민주주의를 올바르게 되살리기 위해 새로운 패러다임의 자본주의가 필요하다.

2. 경제

1) 우리 경제의 현실

우리 경제의 색채는 전도양양한 푸른색이 아니다. 오히려 퇴락해 가는 회색일 것이다. 경제의 색채는 우리가 스스로 생각할 때 항상 밝은색으로 여겨진다. 그러나 실제로는 그보다 훨씬 회색에 가까울 수 있다. 특히 개인의 이기주의나 집단 이기심 등이 부여되면 자신의 노력보다 남의 노력에 편승하려는 경향이 심해진다. 그래서 결국 대다수의 국민들은 적당히 쉽게 살아가는 방법에 익숙해지고 누구든 노력 없이 삶의 혜택을 받으려고 하게 된다.

이러한 부류의 사람들 생활방식을 빵에 비유하면 빵을 체에 올려놓고 흔들어 빵가루만을 털어 먹는 식의 삶이다. 이때 빵의 형태는 별로 변하지 않기 때문에 마치 자체의 노력을 통해 부가가치를 창출하는 것으로 여기고 공짜로 먹는 것처럼 생각한다. 그러나 이렇게 빵가루를 털어 먹는 것은 단순히 우리가 소유한 근원적 자원을 소모시키는 행위일 뿐이다. 그리고 우리 중의 그 누구도 노력 없이 빵가루만 취하는 문제점에 대해 죄의식조차 갖지 않게 된다. 이러한 사회적 의식이 팽배하게 되면 결국 불로소득이 일반화되는 어리석음을 범하게 될 수밖에 없다. 즉, 사회적으로 악화가 양화를 구축하는 상황이 벌어지는 것이다. 이것은 금으로 된 원형의 금화에서 화폐 둘레를 깎아 그 금가루로 또 다른 금화를 만든다는 것이다. 그리고 그것을 통용시키면서 부가가치를 창출했다고 하나 명백한 사기 행위이다. 그래서 원래의 금화도 자기형상을 잃어버리는 악화가 된다. 이것은 모두 분명한 위폐이다. 그래서 결국에는 모든 돈이 쓸 수 없는 악화가 되며 사회는 불로소득이 만연하게 된다. 그 때문에 더 이상의 불로소득 행위를 막기 위해 동전 둘레에 더 이상 깎아 먹을 수 없도록 톱니를 만드는 현명한 정책이 시행되었다. 그렇지만 아직도 화폐를 떠나서 우리 사회는 노력 없이 혜택만을 받으려고 하는 행위가 줄어들지 않아 미래의 악화를 자초하고 있다.

우리의 노력으로 양화를 이루어내는 것은 어려운 것은 아닐 것이다. 숲의 나뭇잎을 개인 및 가계라 하면, 나무는 국가경제가 되고 숲을 이룬 넓은 들은 세계가 된다. 우리가 나뭇잎에 집착하면 나무 전체를 못 보고 나무 자체에 집착하면 숲들이 조화를 이룬 넓은 들을 볼 수 없다.

우리의 경제정책 입안자들은 자신들 나름대로 어떠한 세계 경제관을 가지고 있다고 생각한다. 그래서 미래를 위해 정책을 계획하고 실행해 간다고 착각한다. 그렇지만 실제로는 그들의 정책이 가정경제와 기업경제에는 큰 도움이 되는 것 같지 않다. 우리에게 부여되는 많은 정책적인 제안이나 연구보고서 또한 개개인이 세계경제를 보는 눈을 갖게 해주지는 못하고 있다.

21세기에 들어와서 우리는 개인과 세계의 접촉성 및 밀접성이 커진 것을 알았으나 세계경제를 어떻게 판단하고 우리의 생활에 반영해야 하는지는 누구도 알지 못한다. 세계 속의 한국경제는 어떠한 상태에 있는가 생각해보자. 우리는 돈을 통해 우리를 좌지우지하는 양반댁(선진국)의 종놈인가? 아니면 중간단계의 마름인가? 적어도 마름이 되려면 국가자본에 대하여 독립적이고 자주적인 상태이어야 한다. 단지 우리의 경우는 경제적 종속이 되어 있으나 아직 주인에게 버림받을 정도로 늙은 종(지불능력이 없는)인 중남미 국가 수준은 아닌 것 같다. 그러나 우리 또한, 벌어들이고 갚을 능력이 없어지면 결국 중남미의 늙은 종과 같이 버림받는 경제 종속국가가 될 것이다.

2) 세계경제의 흐름

숲은 각종 나무의 조화로 이루어진다. 나무 잎이 많고 덩치가 큰 바오바브나무에서부터 가늘고 연약한 싸리나무까지 다양한 형태의 섭생을 갖고 서로 간에 균형을 이루어 살아가고 있다. 우리의 세계경제도 숲에서의 각각 나무들의 조화처럼 각국의 경제능력 정도에 따라 여러 가지로 분류되고 구성되어 있다. 또 각 국가별 경제의 정도에 따라 국민의 삶의 질이 결정되고 그 속에서 개개인의 생활이 영위된다.

숲의 형성을 살펴보면 큰 나무가 자라면 주변의 작은 나무는 큰 나무의 그늘에 가려서 햇볕의 혜택을 잃게 된다. 또한 작은 나무들은 큰 나무 뿌리의 강한 영양분 흡입력에 의해 자신의 뿌리를 내리지 못하고 말라죽기 십상이다. 물론 큰 나무도 오랜 세월이 지나면 자체의 내부적 노쇠화와 과도한 몸집으로 유지불능 상태가 된다. 그리고 줄기의 부패로 인해 썩어 넘어지게 된다. 그로 인해 큰 나무 밑에서 기를 못 피고 살던 작은 나무들이 다시 성장할 수 있는 기회를 갖게 된다. 그러나 그것은 몇 세대가 걸릴지 모르는 상당기간이 필요한 현상이다. 우리가 바라보는 미래는 그토록 오랜 뒤까지를 고려하여 판단하는 것은 무리가 따른다. 그래서 현재에 가까운 미래가 대상이 되어야 한다. 이때 미래에 대한 관점은 우리의 경제적 위치가 앞에 숲 속 나무의 어떠한 경우에 해당되는지를 살펴보아야 한다. 그리고 그 처지에서 뿌리를 내리고 자리매김할 수 있도록 방향을 잡는 것이 우선이라고 생각된다.

세계의 경제 흐름을 나무와 숲의 경우에 비교해보자. 나무가 뿌리를 내려 토양으로부터 영양분을 빨아들일 때 토양 속의 영양분은 한정된 것이다. 그렇기 때문에 큰 나무는 강한 뿌리로 작은 나무의 약한 뿌리보다 더 많은 영양분을 섭취하게 된다. 그에 따라 큰 나무는 강하게, 작은 나무는 더 약하게 될 수밖에 없는 빈익빈 부익부의 적자생존이 된다. 국가의 경우도 마찬가지이다. 나무에 비교해보면 뿌리로부터 얻어지는 외적 자양분은 국가의 경제력 향상을 통해 이루어지는 산업발전의 결과이다. 이것이 국가정책이라는 줄기를 통해 가지인 기업과 나뭇잎인 개인, 가계에 분류 공급된다. 그래서 그것으로 생명력 있는 가지와 나뭇잎이 이루어지는 것이다. 어느 일부분의 나뭇잎이 고사하면, 그것은 뿌리로부터 전달되어 오는 영양분의 내적 편중 때문에 발생되는 현상이다. 이러한 현상은 생명감 있는 나무를 병약한 나무로 만드는 것이다. 어쩌면 가장 생동감 있는 나무(국가경제)는 자연스러운 물 및 영양분의 흐름이 이루어지도록 하는 것이다. 다시 말해서 자연스러운 시장경제 원리에 따라 자본의 순환이 원만해야 하고 국가는 이러한 자연스러운 흐름의 요소를 억제하고 있는 제도적·사회적·물리적 요소들을 제거해주는 것이 최선의 방법이라는 것이다. 영양분의 흐름을 억지로 유도하고 규정하는 것이 오히려 나무의 성장에 나쁜 영향을 주고 고사시킬 수도 있다.

우리는 외환위기 이후에 경제적 흐름을 왜곡시키는 통제적 국가정책을 쓰고 있다. 그것으로 인해 부동산 가격상승 등의 투기가 조장되었으며, 적절치 못한 내수산업 활성화로 내실화보다는 제 살 깎아 먹는 우를 범하고 있다. 우리의 현실은 숲에서도 일본, 중국, 미국 등의 큰 나무 옆에 있는 작고 취약한 나무이다. 작고 취약한 나무가 숲에서 삶을 영위하는 방법은 토양에서 취할 수 있는 적은 영양분으로 살아나갈 수 있도록 나뭇잎, 가지, 줄기 등의 군살제거와 크기조절이 필요하다. 그리고 자신의 뿌리 크기를 적절하게 키워서 더 많은 영양분을 섭취할 수 있도록 하여야 한다. 그렇게 하지 않고, 나뭇잎 및 가지 굵기만 키운다면 결국 우리는 숲 속의 연약한 나무처럼 쉽게 말라죽고 말 것이다.

지금 우리는 많은 외채를 빌려 그것으로 가지와 나뭇잎만을 키우며 흥청망청하고 있다. 가정에서도 아버지가 벌거나 빌려온 돈을 자식들이 흥청망청 쓰고 있으면 그 집안 꼴이 어떻게 될 것인가는 자명하다. 한국에서의 진정한 효자는 아버지의 처지를 두루 살펴 근검절약할 수 있는 마음자세를 가진 자식이다. 그리고 그들만이 가정을 살릴 수 있고 장차 자신의 집안을 일으켜 세울 수 있는 것이다. 집안에의 생활을 겉보기만 윤택하게 하고자 하고 집안 내의 불평만을 해소하기 위해 빌려온 돈을 쉽게 자식들에게 나누어 주어서는 안 된다. 그러한 아버지는 나중에 잘못된 가정경제의 파탄을 통해 자식의 원망을 한 몸에 받을 수밖에는 없을 것이다. 우리가 은행의 이자율을 낮추는 것은 그 목적이 낮은 이자율로 빌려 온 돈을 국민에게 빌려주어 전 국민을 빚쟁이로 만들고자 하는 것은 아닐 것이다. 그러나 실제의 상황은 은행의 저금리대출을 통해 국민 전체를 빚쟁이로 만들고 있다. 그래서 대출을 통해 우리가 쉽게 부동산 투기 등의 소모성 행위를 하게 하고 노력 없이 돈을 벌려는 마음자세만을 키워주고 있다. 일본, 미국 등 선진국의 경우는 이자율을 낮춤으로써 헤지펀드나 핫머니로 전환하여 돈놀이를 쉽게 하도록 하는 것이 목적이다. 그리고 펀드매니저나 환투기꾼들이 이러한 잉여자금을 이용하여 다른 나라에 투기하도록 유도하고 있다. 더불어 그 투기성 자금으로 이익을 취해 다시 자국 내로 벌어들여 오도록 하는 데에 저금리를 유지하는 목적이 있다.

그런데도 우리는 그러한 점을 간과하고 남의 돈을 마구 빌려 쓰고 있다. 그리고 자기 자본을 확충하여 빌린 돈에 대한 조기상환은 하지 않고 계속 착취를 당하고 있는 것이다. 이토록 장기간 착취당하도록 국가정책을 운영하는 것은 결국 우리 자손들에게 크나큰 짐을 지게 하는 것이다. 이 때문에 지금의 우리들은 후손들에게 욕을 먹는 선조가 될 것이다. 그리고 장차 그들은 지금 우리들의 행위를 크게 원망하고 질책할 것이다.

3) 종속 경제화

우리는 과거 한때 주한미군을 향해 촛불시위를 했었다. 시위의 주요한 이유는 미군의 장갑차에 의해 우리의 여중생 2명이 사망한 사건에서 시작되었다. 그리고 시간이 지나자 모두가 잊어버렸다. 미국과 우리는 서로 대등한 인간관계를 갖고 있는 우방이라는 점에 의해 잠복되어 버린 것이다. 이 과정에서 자유세계의 인권주의 국가로 자처하는 미국이 취한 행동은 말 그대로 아전인수(我田引水) 격이었다. 그들은 자국민을 보호한다는 미명 아래 독단적 결정으로 행위자들에게 무죄를 선고하였다. 그들은 지금까지도 한국국민의 인권문제에 마치 자신들만이 옳은 척해왔다. 이러한 이중적 잣대의 적용을 통해 우리 국민들은 미국의 인권문제에 대한 정당성을 의심하게 되었다. 그리고 많은 국민의 감정을 잠재적 반미로 돌아가게 만들었다. 그러나 미국은 당시의 한국인의 반미감정에도 아랑곳하지 않고 자신들만의 판단에 의해 모든 조치를 취했다. 그리고 촛불시위라는 우리 국민의 대응에 대하여도 무시하는 태도를 일관하였다. 더욱이 그 당시 우리 정부는 북핵문제 등에 복합적으로 불리하게 적용될 것으로 판단해 촛불시위조차 강제로 진입하는 방법을 선택하였다.

'나는 종이로소이다. 상전인 미국이 한국에 어떻게 해주셔도 감수하겠습니다.' 그 당시 미국이 취한 행동은 앞으로 반미시위를 계속하면 주한미군을 철군시키겠다는 것과 경제적으로는 한국의 신용에 대하여 재평가를 하겠다고 위협하였다. 이러한 간단한 처방으로 우리는 언제 우리가 미국에 대들었느냐는 듯한 행동을 취했다. 상전의 자식이 종놈의 자식을 좀 죽였기로서니 상전의 자식을 처벌할 수 있느냐는 논리이다. 또한 종놈의 애비는 오히려 상전에 충성을 맹세하고 거꾸로 사과의 사절을 보내는 등 정말 우리가 독립국가가 맞는지 의심스럽다.

지금 미국은 세계적인 인권국가인 척하며 남의 나라의 인권을 운운하고 있다. 그러나 진정으로 자신이 배려해주어야 할 우방의 국민에 대한 인권을 무시하는 이율배반적인 행위에서 우리는 미국의 저의를 의심할 수밖에 없다. 어쩌면 우리는 이미 미국에 경제적·군사적 식민국가가 되어 있어 그들의 손에 좌지우지되고 있는 것일지도 모른다. 미국의 철군 운운은 사실 가증스러운 소리일 수 있다. 왜냐하면 미국이 과거 케네디 시절에 소련이 쿠바에 미사일 기지를 설치했을 때를 살펴보자. 쿠바의 지정학적 위치가 미국의 턱밑에 있어서 쉽게 미국을 위협할 수 있기 때문에 3차 세계대전까지 감수하면서 강경한 정책을 쓴 적이 있다.

우리의 경우를 보자. 우리 대한민국의 위치가 중국이나 소련에서 보면 과거 미국이 쿠바에 못지않은 지정학적 위치에 있을 터인데 이러한 좋은 전략상 교두보를 포기할 리가 있겠는가? 더 나아가서 미국은 대한민국 국민을 분단논리에 의해 군사적으로 장악하고 미군 유지비 등을 공동부담하게 하여 군사적인 이득도 취하고 있다. 또한 경제적으로는 유태계 핫머니 등을 통해 증권과 은행을 장악, 우리 국민을 상대로 돈놀이를 하면서 우리의 실질적 국가의 자산 및 개개인의 월급을 갈취해 가고 있다. 월급의 갈취문제는 미국을 비롯한 국제자본이 한국의 은행들을 장악하고 그들에게 돈을 빌려 주고 은행은 다시 국민들에게 주택자금, 전세자금 등의 명목하에 돈을 빌려 주었다. 이러한 금융행위는 국가적 실질생산에는 전혀 도움이 안 되는 것으로 그렇게 빌린 주택자금은 부동산 등의 투기를 조장하여 거품만 일게 하였다. 주택자금으로 빌린 돈의 이자는 결국 자신의 월급 등에서 지불하여야 한다. 그렇기 때문에 그 결손 부분을 노동쟁의를 통해 임금인상의 요구조건이 되는 악순환이 이루어진다. 이로 인해 우리의 실질적 자산은 은행 등의 금융기관의 중개행위에 의해 계속 외국으로 유출되고 있는 것이다. 현재는 이자에 대한 부담이 비교적 적지만 앞으로는 누적되는 부채와 세계적인 금리상승 등의 영향으로 실질금리가 오르면 외채에 대한 원금과 이자의 부담이 점차 커질 것이다. 이러한 외채에 대한 원리금 부담 때문에 우리는 더욱 채무에 쌓여 경제적으로 종속된 국가가 될 수밖에 없다.

4) 선진국에서 배운 경제학

우리가 미국 등에 가서 경제학의 이론을 배워오는 것은 경제운용과 선진 경영기법을 배워 우리 사회에 적용하는 것이 목적이다. 그러나 실제적으로는 단순한 모방에 그치기 때문에 결국에 가서는 선진국에 경제적으로 종속화될 뿐이다. 즉, 한 단계 전에 앞선 기법이라고 생각하며 배운 최신 경제학 이론은 시대의 급변화 및 급진성 때문에 쉽게 낙후된다. 미국에서의 오늘의 신지식이 한국에 와서 적용될 때는 이미 낙후한 이론 및 한물간 경제적 판단으로 남게 된다. 그래서 경쟁국으로서의 절대 상대에 대한 우위를 접할 수 없게 된다. 이러한 경제이론은 우리 스스로가 국내에서 서로 이권을 다툴 때에는 효과를 발휘할 수 있으나, 우리보다 선진화된 미국, 일본 등에 대응할 때는 거의 무용지물이 되거나 오히려 이용당하기 쉬운 상태가 되기 쉽다.

우리는 경제학에 대한 선진국인 미국을 배우기 위해 미국에 가서 공부를 해온다. 그리고 장차 한국에 돌아와 배워온 경제논리를 펴게 된다. 그러면 그 결과는 당연히 미국 경제학에 귀속이 되는 종속적 경제이론이 될 수밖에 없다. 차라리 국내에서 새로운 국내 실정에 맞는 경제이론을 창출하고 대외적 경제논리에 대응하여 국가의 경제적 독립이 가능한 경제학 체계를 세우는 것이 훨씬 타당한 것으로 보인다. 그것이 우리나라가 세계 속에서 경제적 독립국가로 살아남을 수 있는 유일한 방법이다. 부화뇌동은 종속적 경제논리이기 때문에 주인의식에 의한 주체적 경제논리가 필요하다.

경제운용 측면에서 보아도 미국경제는 스펀지이고 우리는 비누이다. 스펀지는 외부로부터의 모든 물질을 빨아들여 자신의 것으로 만들지만 비누는 외부에서 유입된 물질에 의해 용량 증가 없이 거품만을 일으켜 자신을 소모하게 한다. 그렇기 때문에 스펀지 경제인 미국 등과는 경제적 운영방식이 달라야 한다. 더욱이 비누는 그 특성상 크기에 대한 한계효용을 갖고 있어서 구성원 누군가의 이익은 타인에게 해가 되는 상태로 표출될 수밖에 없다. 그래서 거품경제는 국민적 차원에서 이익과 손해의 동시성을 가지고 있다는 점을 무시해서는 안 된다. 특히, 이러한 점은 부동산 투기나 증권투기 등으로 이익을 보는 집단이 있으면 반드시 손해를 보는 집단이 있다는 것을 알아야 한다. 이 때문에 투기를 조장한 그룹에 의해 경제적 거품이 일어나 결과적으로는 국가 구성원 개개인의 재산을 갈취하는 것으로 사회적 해악이 되는 것이다. 그래서 스펀지형의 미국경제 운용형태를 무조건 적으로 배워 와서 모방하여서는 안 된다. 비누형의 경제는 경제적 흐름의 밀도가 높기 때문에 통제하기 쉽고 통제가 잘 되는 장점이 있다. 그러나 그 반면에 섣부른 경제관료들의 잘못된 정책에 의해 거품이 일어나면 전체 경제가 훼손되기 쉬운 단점을 가지고 있다.

미국, 중국 등과 같이 국가 내부의 경제단위가 여러 개로 분리되어 있는 나라는 내부의 상호경제 단위들 사이의 틈이 크기 때문에 총괄적 통제가 어렵다. 그러나 오히려 개별적 경제단위가 자생적 시장경제 원리에 따라 스펀지 역할을 한다. 그래서 외국 자본 및 자원을 유입하여도 자국 경제에 큰 손실 없이 활성화하고 발전시키기 쉽게 되어 있다.

우리나라의 경우는 통제가 쉬운 단일경제이지만 일관성이 없는 즉흥적 통제 때문에 결국 통제 경제의 이점을 살리지도 못하는 조잡한 경제운영이 되어 거품만 일으키고 있는 상황이다. 과거의 개발독재라고 일컬어지는 시절에 우리의 경제는 체계적이고 순차적 통제를 통해 급속도로 발전하였다. 그러나 지금에 와서 이것도 저것도 아닌 답보상태에 빠진 것은 이러한 미국 경제운용을 본받아 정책을 세웠기 때문이다. 그리고 그들과 우리의 경제체질에 차이가 있음을 간과했기 때문이다.

5) 주식시장과 투기

태생적으로 주식회사의 자본금은 주식시장을 통해서 얻어지고 있는 것으로 알고 있다. 그러나 주식(증권)시장은 회사와는 별개의 기능성을 가지고 움직인다. 그리고 증시의 주식변동은 회사의 움직임(수익 및 손실)을 빙자하여 별개의 논리에 따라 돈의 흐름이 정해져 투기적 요인으로 변화된다.

주가가 상승하고 하락하는 등의 외적 변동은 그것에 관여된 수많은 투기꾼과 헤지펀드와 기관투자자들의 투기성향에 따라 좌지우지된다. 그렇기 때문에 주식정보에 취약한 개미군단의 소액투자자는 결국 손해를 볼 수밖에 없다.

우리나라의 증권시장은 미국의 다우존스나 나스닥의 직접적 영향을 받고 있다. 특히 우리나라의 주식변동은 외국의 헤지펀드들의 움직임에 따라 꼭두각시처럼 움직이는 천수답의 수준을 벗어나지 못하고 있다. 이것은 일본, 미국, 영국 등의 선진증시가 세계화를 달성하여 자신의 직접적 영향을 전 세계에 미치고 있기 때문이다. 그리고 우리나라의 증시는 그들에 비하면 가계부 수준에 불과해 외국의 헤지펀드 등에 의해 좌지우지되기 쉬운 체제로 되어 있어 문제이다. 또한 마음만 먹으면 얼마든지 주가조작 등으로 이득을 취할 수 있다. 그리고 경우에 따라서는 경제적 타격(외환위기, 공항, 경기침체)도 주기 쉽게 되어 있다. 더욱이 증시의 특성상 자체의 자율적 통제가 쉽지 않은 상태이다.

그래서 우리는 선진기법의 경제운영 체계와 월등한 재정능력을 가진 국가의 자금들에 의해 증시를 통한 종속 경제화가 되기 쉽다. 이 때문에 우리가 증권 및 금융의 역량을 키우고 산업과 과학기술의 독립성을 갖지 못한다면 쉽게 선진국의 착취대상으로 전락할 수밖에 없다. 그래서 우리도 모르게 방심한 사이에 국부를 갈취당해 저자본

산업국가화가 될 수밖에 없다.

과거 우리는 외국에서 빌려온 돈을 공적자금이라는 명목으로 금융, 증권, 부동산 투기 등의 돈놀이 쪽으로 치중하였다. 그리하여 결국 외국의 헤지펀드의 먹이가 되었다.

현재의 증시호황은 주가조작에 의한 상승경향이 크기 때문에 장차 증권시장이 큰 위해를 받을 수 있다. 특히 더 이상의 금융적 먹이공급이 되지 않을 경우 투기성 외국 헤지펀드는 쉽게 빠져 나갈 것이다. 그러면 주가는 점점 떨어지게 되어 경제침체 및 공황의 위험성이 생길 것이다. 그때는 다시 주가를 올리기 위해 정부가 개입하여 증시부양책을 쓸 것이다. 그러나 이러한 증시부양을 하려면 우리는 외국 헤지펀드의 먹이가 되는 돈을 외부에서 꾸어다가 증시에 유입시켜 주어야 하는 정책을 세울 수밖에 없다.

이렇듯 반복되는 악순환 과정에서 우리의 재정은 점차 취약해갈 것이다. 그리고 결국 증권시장에 국가가 자꾸 개입하여 재정적 고갈만 시키고 남 좋은 일만 하게 될 것이다. 그 결과는 장차 우리가 어떻게 갚아야 할지 모르는 외채와 국가재정의 피폐만이 남을 것이 뻔한 일이다. 그런데도 우리는 그에 대한 대책은 전혀 세우지 않고 있다. 우리는 지금 한 끼를 잘 먹기 위해서 우리 후손들을 위해 아끼고 절약해서 써야 할 곡간까지 뒤지고 있는 것이다. 그리고 바닥에 떨어져 있는 한 톨의 쌀마저 떡 해 먹는 어리석음을 저지르고 있는 것이다.

증권은 각 회사의 실적에 따라 자생력을 갖고 능력이 없으면 도태되는 자연적 시장 메커니즘 속에서 성장되어야 한다. 그러나 국가가 증시에 자꾸 개입하여 외국의 헤지펀드들이 국가재정 및 빌려온 외채를 착취해 먹기 쉽게 하고 있다. 이러한 정책적 잘못 때문에 외국의 투자성자금보다 투기성자금이 증시로 유입되어 그들 자신들의 이익을 위해 우리의 증시를 농단하고 있는 것이다.

6) 신용평가의 허구

한국의 경제에 직접 영향을 미치고 있는 가장 유력한 기관은 미국의 신용평가 회사인 무디스인 것 같다. 외환위기 때 우리는 IMF에서 돈을 빌려 쓰려고 노력하였다. 돈 몇 푼 빌린 것 때문에 IMF는 자신의 의도대로 우리나라의 경제체질을 미국의 구미에 맞게 착취하기 좋은 구조로 변형시켜놓았다. 그리고 때에 따라서는 재경원의 경제정책에 직간접적으로 영향을 주기도 하였다. IMF의 빚을 청산한 지금은 오히려 국제적 기관인 IMF보다도 일개 신용평가회사가 우리의 경제흐름에 직간접적으로 영향을 행사하고 있다. 그리고 지금은 그들의 신용평가에 우리가 눈치를 보고 있는 상황이다.

그들은 신용평가를 자신들만의 기준으로 평가하여 발표함으로써 국가단위인 우리에게 일방적으로 수용하게 하는 형식을 취하고 있다. 그러나 이러한 신용평가는 국제적으로 떠도는 핫머니 등을 움직이고 국제자금의 흐름을 유도하여 해당 국가의 주가등락에 직접 영향을 주고 있는 것이다.

신용평가 등급의 선정은 무디스 자신만의 고유권한인 것처럼 보인다. 그러나 이는 기업의 특성상 미국 재무부의 직간접적 영향에 의해 결정된 것이 틀림없다. 그래서 결국 무디스는 미국 정부의 의사대로 각 국가의 신용등급을 매기고 그것을 이용하여 미국의 경제 종속된 국가의 경제를 관리하는 형태를 취하고 있다. 그렇기 때문에 신용평가의 등급은 미국 정부에의 우호 여부에 의해 결정되고 있는 것이다. 즉, 신용평가는 공정성이 상실된 임의의 조작통계 그 이상도 이하도 아니다. 그것은 미국이 세계경제 지배를 획책하는 하나의 방편일 뿐이다. 그래서 우리는 보다 빨리 무디스의 망령에서 벗어나도록 노력해야 할 필요가 있다. 일례를 들어 과거의 미국발 금융위기도 그들은 알아내지 못했다. 이것은 신용평가의 기준이 자의적이고 아전인수에 의한다는 것을 의미한다.

신용평가상의 투자적격이니 부적격이니 하는 것은 투자 및 투기를 통해서 상대국에 이익을 취할 수 있느냐 없느냐의 판단만을 이야기할 뿐이다. 그것은 등급이 높은 국가에 투자를 통해서 해당국에 이익을 주겠다는 뜻이 아니다. 실제적으로 현시점에서 우리의 처지는 상대적 투자를 통해 이익을 얻기보다는 세계의 경제체제의 왜곡으로 인해 오히려 착취가 되는 입장에 있다. 그래서 무디스의 신용평가 등급설정에 대하여 투자적격일 때는 투자나 투기에 의해 적절한 착취의 대상이라는 점을 인식해야 한다. 그리고 투자나 투기에 대응해야 하며 투자 부적격일 때는 보다 건전한 투자자를 찾아내는 국가적 노력이 필요하다.

세계적 경제 흐름이 왜곡되어 가고 있는 상태에서 단순히 외국돈을 빌려 국가경제를 운영하면 국가는 외국의 헤지펀드나 핫머니에 의해 좌지우지될 수밖에 없다. 그래서 아무리 투자적격의 상태에 있더라도 국가 재정상 외국으로부터 빌려와 보유하고 있는 돈은 증권시장을 통해 착취하려는 국제적 헤지펀드들에게 착취당할 수밖에 없을 것이다. 오히려 방만한 재정운영보다 내실을 기할 수 있는 경제체제와 국민적 소비성향을 갖추어야 한다. 그리고 이기적 부동산 투기 등을 억제하고 외국에서 빌린 돈을 빠른 시간 내에 갚을 수 있도록 하는 국민적 의식고양이 필요하다.

무디스의 신용평가 등급설정은 아무리 좋은 평가라도 우리를 위한 것이 아님을 명심하여야 한다. 그리고 신용평가 등급상승이 마치 국가적 정책추진의 방향인 양 호들갑을 떠는 것은 크게 잘못된 일이다. 이렇듯 신용평가를 통해 들어온 투기적 자금은 우리 경제에 발전이 될 수 있는 시설투자 자금으로 들어오기보다는 금융기관 등을 통해 증권과 부동산 투기 등을 부추기는 자금으로 들어오는 것이 문제이다. 그래서 우리는 이에 대한 대비가 필요하다.

지금 우리는 신용평가의 허구에 속아 '가랑비에 속옷 젖는지 모른다'는 말과 같이 알게 모르게 우리의 경제적 부를 빼앗기고 있는 것이다.

7) 금리인하와 도덕적 해이

경기부양책의 일환으로 은행 콜금리를 저금리로 하면 기업의 설비투자와 생산원가에 좋은 영향을 준다. 그리고 서민들에게는 은행금리에 대한 부담을 줄여 준다는 의미에서는 긍정적이다. 그러나 우리나라와 같이 금리인하를 하여도 실제적으로 투자할 만한 마땅한 사업이나 기업이 없는 형편에서는 결국 투기 자금화하는 것은 자명한 일이다.

1980년대 일본이 자국 내의 은행금리를 최저율로 인하하였을 때도 같다. 이러한 금리인하를 은행들이 기업투자에 대한 수익성 확보보다는 개인가계 대출에 이용하였다. 그래서 주택시장에 잉여자금이 넘쳐서 부동산 투기가 확산되었다. 그 후 부동산 거품이 꺼지면서 금융기관이 줄도산을 하게 되고 아직까지도 복합적 불황에서 헤어나오지 못하고 있는 것이다. 이것을 타산지석으로 삼아야 한다. 그러나 우리도 같은 길을 걸어가고 있지만 인식을 못하고 있다. 더욱이 우리의 경우는 일본과 달리 국가 및 지방자치단체의 외채의존도가 너무 높아 부동산 거품이 꺼질 경우 더욱 심각한 경제위기로 갈 수 있다.

은행의 가계대출이라는 것은 개인에게 이자를 받는다는 의미이다. 그리고 이것은 개인이 이자를 다달이 지불해야 한다는 것으로 자신의 월급과 같은 정기적 수입에서 이자분만큼의 수입이 줄어든다는 의미가 된다. 따라서 개인은 대출원금을 갚기 전까지는 영원한 족쇄를 차고 금융 착취대상이 되는 것이다. 그러므로 개인은 금융 이자만큼의 손실을 보전하기 위해서 월급 등을 올리는 데에 주력할 것이다. 그리고 이것은 노동쟁의에 가장 큰 이슈가 된다. 이러한 임금상승은 생산원가에 직접적으로 영향을 주어 물가상승 효과를 주고 있는 것이다.

개인대출을 하여 부동산에 투기를 하는 것은 이제까지의 경험에 비추어 하는 행위이다. 사회적으로 부동산에 투기하면 절대 손해를 보지 않는다는 것이 의식화되어 있기 때문이다. 또한 국가정책상 억지로 경기부양을 시키기 위해 건설 경기부양을 해왔다. 그렇기 때문에 이러한 부동산 투기와 경기부양 간의 악순환 현상을 피할 수 없게 된 것이다. 그래서 건전한 투자나 일을 통해 수익을 얻고자 하는 것이 어리석은 것처럼 되어 왔다. 이러한 의식 때문에 정작 우리의 경제를 발전하기 위한 생산적 활동은 상대적으로 줄어들 수밖에 없었다.

가계대출을 통한 은행 금리인하는 불필요한 사회 투기성 자금의 총량을 증가시키고 있는 것이다. 그리고 그 이자에 대한 부담은 생산원가를 높여 상품의 경쟁력을 감소시킨다. 그래서 결국 경제적 동맥경화현상이 발생되어 인플레이션을 유발시킬 수밖에 없는 것이다. 더불어 사회 투기성 자금의 증가는 생산에 필요 불급한 자금을 잠식하게 된다. 그래서 실제적인 경제활동에 의한 생산 자체를 위축시킨다. 그리고 사회 전체적인 불황을 유발시키게 되며 점차 헤어날 수 없는 경제적 난국으로 빠질 수밖에 없게 한다.

일시적인 경기부양을 위해 금리인하를 하는 것은 억지로라도 잘살고 있다는 식의 포퓰리즘으로밖에 볼 수 없다. 더욱이 금리인하를 통해 저축성예금은 빠져나가 투기성 자금으로 전환되어 경제에 해악을 끼친다. 그렇기 때문에 금리인하로 인한 폐해는 더욱 심각한 사회문제로 발전될 수밖에 없다. 특히, 저금리정책을 추진하는 관료들과 그것을 수행하는 금융기관, 금융기관 종사자들은 자신들이 쉽게 대출받을 수 있는 유리한 위치에 있다. 이러한 점 때문에 그들은 낮은 금리를 이용하여 부동산 투기 등에 직접 관여하게 되고 그 이익을 취하여 축재하므로 사회에 직접적 해악을 끼친다.

성실한 저축을 통해 국민이 자신의 재산을 형성하고 그것을 통해 노후에 자신감을 갖고 살아갈 수 있도록 해야 한다. 그러나 이러한 사회적 제도를 망가트린 점에서 저금리정책은 빨리 재고되어야 한다. 특히 '외상이면 남의 소도 잡아먹는다'는 식의 사고방식은 개인부채를 기하급수적으로 증가시키고 있다. 그 때문에 도덕적 해이가 만연되어 가고 있어 무작정의 저금리정책은 망국적 정책이 될 수 있다.

8) 적자재정과 국가 부채

국가의 경제는 재정을 통해서 결정된다. 수입과 지출을 맞춘 균형 재정이야말로 국민들의 생활안정과 지속적인 발전의 기틀이 될 수 있다.

국가의 재정은 가족의 가계와 비교된다. 즉, 가계에서 부모의 수입이 가족의 지출을 결정하고 가계가 보다 풍부해지려면 외적 수입이 증가되어야 한다. 그리고 일정 부분이 저축이 되어 차츰 재산이 증식되어야 한다. 이러한 재산의 증식을 통해 가족들은 부자가 되어 간다. 반대로 가계 내 수입보다 지출이 많거나 무분별한 소비는 결국 가계를 망치고 만다.

최근 우리는 20~30대 사람들의 무분별한 소비행태를 보아왔다. 무조건 카드빚을 지고 신용불량자가 되거나 그를 갚기 위해 무슨 짓이라도 하는 것이다. 이는 개인적인 파산의 원인으로 수입보다 지출이 많기 때문에 일어나는 자연스러운 현상이다.

국가의 재정은 가계와 마찬가지이다. 국민의 세금 등으로 얻은 수입을 균형예산을 통해 사용하고 어느 정도는 사회간접자본으로 축적하며 국가의 부를 이루어 나가야 한다. 국가의 재정을 조세 등에 의해 얻어진 수입을 넘어서 무분별하게 사용해서는 안 된다. 특히 적자재정을 운영하여 일시적으로 현실의 어려움을 타결하기 위해 집행하는 것은 미래를 담보하는 행위다.

우리는 환란을 극복한다는 명분 아래서 외평채를 얻어서 썼다. 그리고 이 빚을 공적자금으로 사용했다. 그러나 집행에 있어서 산업자본의 재투자가 아닌 단지 금융 살리기에만 치중했다. 또 시행과정에서 금융 쪽의 도덕적 헤이에 의해 공적자금이 상당한 손실을 받았다. 그로 인한 국가 국민의 빚이 기하급수적으로 늘어난 것이다.

이러한 행태의 국가재정을 가계에 비유하면, 자신의 갚을 능력을 생각하지 않고 무리하게 외부 돈을 빌려 쓰는 것과 같다. 빌린 돈을 제대로 못 갚으면 결국 개인이 파산하게 되는 것과 마찬가지로 국가도 디폴트 상태로 가는 것이다. 즉, 우리는 잘못된 외채유입으로 국가의 파산인 모라토리엄에서 디폴트까지의 가능성을 항상 갖게 되었다.

환란을 통해 일본, 미국 등의 선진국에서 많은 돈을 빌려와 아직까지 거의 갚지 않고 지내온 상태이다. 그리고 앞으로도 빌릴 수 있으면 더 빌려 쓰려고 하기 때문에 문제이다. 그동안에도 외채로 빌려온 돈의 상당수가 이미 증권 및 부동산 투기를 통해 외국으로 빠져나갔다. 앞으로 이러한 상황이 계속되고 국민들을 내수경기 활성화를 위해 소비 진작만 시킬 경우에는 부동산, 건설 등에만 투자되어 국가재원을 고갈시킬 것이다. 그러므로 정작 외국 빚을 갚아 나가야 할 때는 재원융통 능력을 상실하게 되는 상황에 처하게 될 것이다.

국가재정은 기업의 재정과는 다르다. 국가는 사업자가 아니다. 오히려 국민의 세금으로 유지되고 균형재정을 통해 국가의 부를 축적하여야 한다. 그럼에도 불구하고 과도한 빚을 져서 나중에는 헤어날 수 없는 수렁으로 다가가고 있다. 그렇게 되면 우리는 그 후의 혹독함을 어떻게 견뎌낼 것인가를 다시 생각해 봐야 한다.

우리는 이러한 상황을 과거 포퓰리즘에 빠져 아직도 헤어나지 못하는 아르헨티나와 그리이스를 통해 익히 알고 있다. 그런데도 국가의 재정을 운영하고 관리하는 사람들은 우선 당장 국민들이 편하게 지내도록 한다는 명목하에 적자재정을 방치하고 있다.

기업은 자체의 이익을 내기 위해 또는 이익을 낼 가능성이 있으면 은행 등 외부에서 자금을 영입해 사업자금으로 활용한다. 그렇기 때문에 자기 자본보다 빚이 몇 배나 많아도 사업을 원만하게 이끌어갈 수 있다. 그러나 국가는 이익을 내는 주체가 아니기 때문에 국가 스스로가 과도한 빚을 지는 경우 국민의 세금으로 해결할 방법 외에는 없다. 그리고 그 빚이 아무리 국가 주도의 공적자금으로 사용되었다 하더라도 결국에는 국민의 세금을 통해 걷어 드릴 수밖에 없는 것이다. 그러나 국내의 산업환경이 변경되는 경우에는 재정적자에 대한 지불능력이 없어진다. 그러면 그때 받게 될 국가적 수모는 클 것이며 중남미와 같이 종속경제의 늪에 빠져 몰락하게 될 것이다.

'고름이 살이 되지 않는다'와 같이 우리에게 부과된 빚은 미래에 우리의 족쇄가 되어 채무국의 지위에서 벗어나지 못하게 될 것이다. 그 때문에 빌려온 돈을 처음부터 우리가 보유하고 있던 것처럼 함부로 써서도 안 된다. 더욱이 경기부양의 목적으로 거품내기에 쓰여서는 더욱 안 된다. 또한 이제까지 빌려온 외채와 그 손실 부분도 저축 등의 절약을 통해 조속히 갚고 메워나가야 할 것이다.

9) 유대인의 세계지배

미국은 1980년대와 1990년대 초까지 경제적 불황에 어려움을 겪어 왔다. 이러한 어려움의 타개책으로 빌 클린턴 미국 대통령은 유대인과 협력하여 미국을 예전과는 전혀 다른 국가로 만들었다. 그 방법은 당시까지의 청교도 정신의 바탕에서 남에게 베푸는 국가가 아닌, 유대인 식의 이기적 자기 집단 이익추구로 바꿨다. 즉, 자국의 이익을 위해서는 타국에 어떠한 해가 되어도 문제 삼지 않는 샤일록 식 국가 경영 체계를 도입하였던 것이다. 그래서 미국은 세계 기타국가에 대해 폭력적 돈놀이 국가로 전환한 것이다. 그리고 약소국 착취에 의해 자국경제는 회생되었다. 그러나 이러한 막가파식 돈놀이에 한국 및 경제적 바탕이 취약한 동남아 국가는 외환위기를 맞게 되었다. 그 이후 한국은 적극적 채무국이 되었으며 아직도 위정자들은 정신 못 차리고 계속 적자예산을 짜서 경기를 부양시키고 있다. 그로 인해 우리는 미래가 없는 중하위 국가로 전락할 수밖에 없는 상황으로 흘러가고 있다.

최근에 와서는 미국은 유대인에 의한 국가지배(정치, 경제, 사회, 문화 등 모든 부분)가 훨씬 강화되어 있다. 그래서 조만간에 유대인 대통령도 나올 수 있는 상황에 이르렀다. 이것은 여타 세계국가의 불행으로 가는 지름길이 될 것이다.

한국은 과거 김영삼 대통령 때 미국의 경제지배에 대하여 국가경쟁력 향상 등의 독자적 경제노선을 강화하여 저항하였다. 그러나 기타 여러 가지 이유가 복합되어 한국 등 동남아 국가를 겨냥한 유대인들이 주도한 헤지펀드 등에 의해 외환위기를 맞게 되었다. 그 후 김대중 대통령은 재빨리 유대인들과 타협하여 외환위기를 해결하였으나 그 결과 종속 경제화를 가속화시켰다. 더욱이 현재에는 이도저도 아닌 과거정책 답습에 의한 경제운영으로 국가를 끝없는 나락으로 떨어뜨려 가고 있다.

한동안 내수산업을 활성화하려고 하는 정책이 주도되었다. 그리고 그 과정에서 무분별한 카드사용, 부동산 투기, 은행대출 등으로 인해 국민 전체는 빚을 지게 되었다. 이 때문에 지금 우리는 소비에 쓸 돈이 없는 내핍생활을 하여야 한다. 더욱이 과도한 부채로 인해 생긴 신용불량자 구제 등의 앞뒤 재지 않은 억지정책으로 인해 금융 및 신용에 대한 도덕적 해이를 유발하였다. 그래서 신용정책에 대한 국민 상호 간의 신뢰가 깨어지고, 국가경제의 상태는 점입가경으로 더욱 나빠져 가고 있다.

유대인들이 미국의 국가장악이 끝나면 그들의 방식대로 세계를 지배하려 들 것이다. 그 결과 우리와 같이 자원도 기술력도 부족한 국가는 종속국가로 전락하여 착취의 대상이 될 뿐이다. 우리 국교를 유대교로 개종하기 전에는 유대인의 특성상 그들과의 진정한 동반자는 될 수 없다는 사실을 직시하여야 한다. 잘못하면 세계 속의 한국이 어떠한 위치에 있는지에 대한 판단부족으로 21세기의 신식민국가로 전락할 수 있다. 그러므로 우리의 처지를 잘 살펴 처신하여 유대인의 세계지배의 희생양으로 남아서는 안 되겠다.

10) 경제 속의 선과 악

사회적 가치평가에는 좋고 나쁨이 구분되어 있으나 실제로는 개인적 판단에 따라 서로 다른 평가를 내리게 된다. 선과 악에 대한 절대적 평가기준이 없기 때문에 아전인수 격의 상대평가로 평가기준을 정한다. 그래서 남에 대하여는 쉽게 매도하거나 폄하하고 있다.

이러한 기준 없는 상대평가는 주도적 언론매체와 집단행동에 의해 유발되는 국민정서로 이루어진다. 그리고 방송 등을 통해 평가되는 기준이 잣대가 되어 때에 따라 잘못된 기준이 사회 전체를 호도시키기도 한다.

그러면 좋은 것은 무엇이고 나쁜 것은 무엇인가를 생각해 보자. 우리가 판단이 안 될 때는 근본으로 돌아가면 좀 더 쉽게 구분할 수 있을 것이다.

'나쁘다'는 '나뿐'에서 그 근원을 찾을 수 있다. 나뿐이란 '나만 아는', 즉, 개인적 이기심만을 내세우는 경우로 이를 악으로 규정하는 것이다. 이는 오랜 우리의 역사 속 경험을 통해 만들어진 언어이다. 과거의 역사 속에서도 내 가족, 내 문중만 따지는 족벌 이기주의 또한 '나쁜'의 또 다른 구현방식이다. 최근에 생긴 핵가족화에서 가족중심주의 또한 '나쁜'이라는 악의 요소를 가지고 있다는 것을 간과해서는 안 된다.

미국이 이라크를 침공할 때 대량살상무기 제거라는 명분을 가지고 연합군을 구성하여 공격 점령하였다. 그러나 실제의 속내는 중동석유의 안전성 확보라는 국가적 '나쁜' 행위일 뿐이다. 그로 인해 점령된 지역 국민에게 명분 없는 고통을 안겨주었고 또 다른 종교전쟁의 결과를 만들었다. 그리고 서로 다른 체계의 문명적 충돌의 원인이 된 것이다. '악의 축'이라고 하면서 이라크를 침공한 미국의 부시 대통령은 자신의 행위가 실제적 '악' 또는 '나쁜'이라는 것은 생각지 못하는 것 같다. 모든 '악함'이 그러하듯 '자기 눈의 들보는 못 보고 남의 눈의 티끌만 보는' 것과 같다. 즉, 자신의 잘못을 느끼지 못하는 점에서 동일하다.

1인칭 단수의 '나쁜'이라는 것은 개인, 가족, 사회, 국가에 이르기까지 모두 적용이 된다. 이러한 점에서 실제적인 사회적 가치의 선과 악을 판단해볼 수 있다.

경제적 측면에서 본다면 자신 및 자신의 가족 또는 집단을 위해서 패거리의 이기심을 발휘하는 것을 말한다. 즉, 타협할 줄 모르는 노동조합, 사용자 집단, 이익단체, 압력단체 등은 모두 '나쁜' 집단이다. 그들의 이기심이 결국 사회를 경제적 측면에서 병들게 하고 국가의 전도를 어둡게 한다.

정치적 측면에서도 정당개념의 패거리 정치 또한 '나쁜' 집단이다. 그들만이 옳다고 생각하는 정치, 그들만의 이기심 충족 등은 '패도정치'를 형성하여 결국 그 폐해가 국가와 국민에 미치는 악순환이 되고 있다.

문화적 측면에서는 언론 및 TV 매체와 결탁하여 이기적이 된 연예 분야가 그렇다. 그리고 과도한 광고수입을 취하거나 천정부지를 모르고 몸값을 요구하는 스포츠 스타와 연예인 또한 직간접적으로 알게 모르게 국민 개개인의 재산을 갈취하는 '나쁜' 문화라고 볼 수 있다.

'좋은'의 어원은 '도운'일 것이며 이는 남을 돕는다는 의미이다. 남을 도와가며 살아가는 사회야말로 좋은 사회라는 의미이다. '나쁜'이 나만을 위한다는 의미에서 좋지 않은 행위라면 나 아닌 남을 돕고 산다는 행위는 결국 사회의 공존과 상생을 위해 필요한 행위이다. 그리고 국가의 보다 나은 발전을 위해 필요한 행위이다. 서로 돕는 좋은 사회는 인간이 사회적 동물로서의 필요불가결한 점에서 상호 부조행위가 발현된 것이다. 그러한 점에서 본다면 절대 자기 우선의 개인적 이기심이 발휘되어서는 안 된다. '좋은'이란 의미는 집단 우선의 사고가 아닌 개개 구성원 간의 상호이해 및 상조에 의해 발현되어야 하는 것이다.

엄격히 따지면 민주주의의 목표인 '최대다수의 최대행복' 또한 개념상으로 좋은 사회를 만들자는 것이다. 그리고 서로 돕는 상생을 위해 노력하자는 의미이다. 더불어 민주주의는 공통의 능력별 균형분배를 통해 상대적 행복이 보장되어야 좋은 사회라는 개념에 가깝다. 즉, '모두에게 떡을 나누어 주기 전에는 누구에게도 꿀을 주어서는 안 된다'는 균형분배에서 우리는 나눔의 사회, 서로 돕는 좋은 사회를 찾을 수 있다.

그러나 오히려 작금의 우리 사회와 같이 어설픈 자본민주주의는 국민 개개인의 이기심만 촉발하여 빈익빈 부익부의 빈부격차가 심화되는 사회적 병폐만 키워왔다. 그렇기 때문에 타인에 대한 배려가 우선되는 '좋은' 사회의 형성이 필요하며 그것에 기준하여 새로운 경제 질서가 이루어져야 한다.

11) 세계화 경제의 허와 실

우리 경제가 세계화 경제로 확산되는 현상을 외환위기 이후 IMF 구제금융을 받은 후에야 비로소 직접적으로 인식하게 되었다. 이것은 100년 전 이조말기에 대원군의 쇄국정책이 열강 등의 포화에 의해 반강제로 개방되고 난 후 일본의 식민지가 되는 상황에 이르렀던 것과 유사하다.

지금 우리는 스스로가 세계화에 대한 철저한 대비 없이 외환위기라는 외부의 강권에 의해 어쩔 수 없이 개방(세계화)이 된 것이다. 이것은 과거 일본이 우리를 식민화하기 위한 전 단계로 세계열강으로부터 고립시킨 후 우리에게 돈을 빌려준 것과 유사하다. 그리고 우리나라의 곡창지대에 주재소를 두어 세금을 걷어가는 식의 경제침략을 한 것과 지금 우리가 외평채를 빌려 쓰고 그에 대한 이자를 갚아가야 되는 상황은 어떻게 보면 대동소이하다고 할 수 있다.

100년 전에 앞서의 결과로 결국 나라가 합병되었고 일제의 식민지가 되었다. 또다시 우리의 역사가 돌고 돌아 무분별하게 빌려 쓴 외채를 통해 일본, 미국 등의 채권국 경제 식민국가가 되어서는 안 된다. 혹자는 경제 식민국가는 우리나라의 경우 해당이 안 된다고 생각하는지 모른다. 그러나 40년 전만 해도 지금의 우리보다 훨씬 잘살던 국가인 아르헨티나의 경우를 보녀 알 수 있다. 그 당시 페론이라는 독재자의 잘못된 정책과 포퓰리즘에 의해 아르헨티나는 헤어날 수 없는 경제 종속국가가 되었다.

우리의 장래 또한 그렇게 되지 않는다는 보장이 없다. 현재 우리나라의 세계화에 대한 귀추를 살펴보면 노동집약적인 제조업 등은 지가 상승 및 노임 상승으로 인해 국내에 발붙일 수가 없다. 그래서 국외의 저임금 저지가의 지역으로 이동했거나 이동해가고 있는 중이다. 그에 따라 국내 지역 간의 기업분류에 의한 격차가 더욱 심화되고 있다. 그러나 우리에게 인입되는 산업자본은 주로 선진국 및 자본축적이 된 일본, 독일, 미국 등의 금융자본이다. 이것들은 우리 경제에 득이 되기보다는 해가 되고 있다. 선진자본이 들어와서 국내 증권시장의 투기조장을 하여 우리 자본금의 이익만을 빼가는 상황이다. 물론 일부 건전한 투자도 있으나 대다수가 핫머니 혹은 헤지펀드 형태로 증권시장을 들락날락거리며 국가의 자본 영양분만 빨아 먹는 착취형의 자본이다. 그렇기 때문에 결국에는 국가의 보유 자본만 고갈시킬 것이다.

이렇듯 피동적인 세계화로 인해 우리나라의 경제 식민화는 더욱 가속되고 있다. 그리고 우리의 자본 또한 일본, 독일, 미국 등의 돈놀이 국가에 의해 계속 잠식되어 머지않아 낙후된 경제 식민국가가 될 것이다. 세계화의 목적이 국가의 지속적인 발전이라면 우리는 국가의 건전한 발전을 도모하지도 못하고 있는 것이다. 인기 영합적인 포퓰리즘 정책으로 장래 우리의 발전에 초석이 될 산업은 황폐화하고, 금

융기관들의 돈놀이만 난무하다 보면 경제열강에 의해 또다시 경제
식민국가가 되는 것은 불을 보듯 뻔한 것이다.

12) 공적자금과 졸부들

졸부란 '졸지에 부를 취득한 졸렬한 부자'라는 뜻이다. 아무 노력
없이 사회적 변화에 편승하여 부를 얻었기 때문에 돈의 정당한 사용
방법을 모른다. 그래서 그들은 취득한 부를 사용하는 방법에서 사회
에 물의를 일으키는 행태를 보여 주고 있는 것이다. 개인적 향락에
많은 돈을 쓰고, 써야 할 곳과 쓰지 말아야 할 곳을 구분하지 않고 함
부로 돈을 사용하여 주변에 빈축을 사왔다. 그로 인해 일반서민들이
상대적 박탈감을 갖게 했다.

이러한 졸부의 역사를 살펴보면, 과거에는 경제개발 단계에서 정
치권력과 야합하여 독점적 사업을 하거나, 부동산 개발정보를 사전에
입수하여 부동산 투기로 폭리를 취하거나, 도시주변의 땅주인으로 있
다가 도시개발계획에 의해 졸지에 부자가 되었다. 그러나 외환위기
이후에는 위기 해소책으로 빌려온 공적자금을 자산공사와 금융기관
을 통해 분배하는 과정에서 생겨났다. 이때 빌려온 공적자금을 마치
눈먼 돈으로 여긴 사람들이 중간에서 착복하거나 횡령하여 새로운
졸부그룹들이 형성된 것이다.

그리고 그 당시 벤처육성책에 의한 오락 엔터테인먼트의 졸부들,
은행직원의 도덕적 해이에 의한 공적자금 횡령과 부동산 대출, 이것
을 이용한 부동산 투기로 형성된 부동산 졸부들, 불필요한 공적 잉여
자금으로 야기된 증권투기와 그로 인해 형성된 코스닥 및 주식졸부

들, 이들이 공적자금의 최대 수혜자로 남게 되었다. 결국 이들은 장차 국민 모두가 책임져야 할 공적자금을 중간에서 갈취하여 졸부가 된 것이다. 이로 인해 국민 전체가 세금에 대한 부담이 커졌으며 이들 졸부와 외국 투기자본의 공적자금 따먹기의 희생양으로 남게 된 것이다.

13) 통합금융

기업 집중의 한 부류로 통합적 금융지주회사를 들 수 있다. 이와 같이 부의 집중이 가능하도록 다수의 금융기관이 모여 한 개의 집단형태를 갖는 것은 명백한 기업집단이다. 또한 아무리 세계적인 추세에 맞추어 금융기관을 키운다고 해도 이러한 금융지주회사는 일종의 재벌과 같은 부류의 기업집중이다. 그리고 금융지주회사가 금융에 대해 우월한 지위를 가질 수 있도록 혜택이 부여되는 것이 더 큰 문제이다.

힘없는 중소기업은 트러스트나 카르텔이라고 하면서 법적으로 기업연합이나 통합을 불가능하게 해놓고 있다. 이와는 반대로 자본의 집중이 가능한 금융기관을 크게 키우는 것은 상대적으로 중소기업에 대한 역차별이다.

지금 우리의 통합 금융기관은 기관의 효율성과 이익의 극대화를 위해 고용을 줄이고 덩치만 키우는 쪽으로 체계를 변화시켰다. 그리고 그들은 경제위기에 처하면 그 대단한 위용도 버리고 국민의 혈세로 이루어진 공적자금에 의존하여 살아난다.

또한 금융산업이라는 사업의 주 종목은 국민을 대상으로 하는 소매금융이다. 그래서 주택 담보대출이나 전세대출 그리고 금융 파생상품으로 이자놀이나 하는 것이다.

그러나 이러한 고매금융은 국민경제에는 큰 도움이 되지 못하고 있다. 오히려 지속적인 돈놀이로 국내자본을 잠식시키고 돈에 의한 착취구조로 변화시키고 있다.

14) 투기성 펀드와 사채

국제적으로 미국의 강요에 의해 금융 자유화가 이루어진 이후에 가장 일반화된 것이 국가 간을 오가는 투기성 헤지펀드이다.

이런 종류의 헤지펀드는 환율의 변동과 함께 주식시장을 통해 투기자금으로 운용되어 지금은 해당국의 국부를 착취하는 도구가 되어 있다.

이러한 펀드의 주식시장 출입은 그 자금의 크기 정도에 따라 엄청난 위력을 가지고 있다. 그래서 주식시장의 주가조작이나 등락을 유도하여 큰 이익을 취하고 있다. 또한 사채의 경우는 금융개방 이전에는 국내자금이 사채의 주류를 이루고 있었다. 그러나 개방 이후에는 외국계 투기자금이 사채시장으로 흘러들어와 또 하나의 거대자본으로 키워져서 착취구조를 형성하고 있다.

이러한 사채와 펀드는 우리를 위해 존재하는 것이 아니다. 그들의 목적은 우리 자본시장에 들어와서 돈놀이나 투기의 방법으로 자신들의 이익을 챙겨 나가는 것이다.

15) 금융 파생상품의 만연

국내자본을 키우기 위해 저축을 활성화하려면 은행의 예금금리를 올려야 한다. 그러나 금리를 지금과 같이 낮춘 이유는 금융기관이 돈을 쉽게 활용할 수 있도록 한 것이다. 은행은 예대상계에 의한 이득을 취하는 사업을 한다. 그래서 기준금리가 어떻게 되든지 아무 상관이 없는 것이다. 오히려 금리가 낮으면 낮을수록 대출이 수월해 더욱 유리하다.

그러나 일반국민에 있어서는 대출이 수월하다는 것은 결코 좋은 일이 아니다. 다시 말해서 국민들이 대출을 통하여 사업자금을 융통하는 것이 아닌 이상 단순한 빚으로 남기 때문이다. 그리고 결국에는 자신의 소득에서 매달 일정 금액의 대출이자를 갚아야 하는 처지가 되고 만다. 지금과 같이 서민을 돕겠다고 주택 담보대출이나 전세대출, 학자금대출 등의 각종 대출을 쉽게 해주는 금융정책을 계속 유지하는 것은 서민에게는 결코 좋은 일이 되지 못한다. 이것은 금융산업의 활성화에는 도움이 될지 모르나 국민 전체를 빚더미에 올려놓는 것이 된다.

과거에도 은행의 대출금이 주택시장으로 흘러들어와 부동산 투기를 조장했고 그로 인해 부동산 가격 거품을 일으켰다. 그러나 지금은 그것들이 한계상태에 도달해 더 이상의 가격변화가 없는 답보상태가 되었다. 그래서 결국에는 대출 자체가 대다수 국민의 빚으로만 남게 되었다. 더불어 지금은 계속 활성화된 전세대출로 인해 전세시장에 많은 돈이 흘러들어갔다. 그래서 그것이 전세 값을 폭등하게 하는 요인이 되었으며 국민경제를 뒤흔들어 놓고 있다.

또한 금융산업은 그 기법을 달리해 여러 가지 금융 파생상품을 개발하였다. 그리고 빚에 몰린 국민을 다각도로 올가미를 씌어 착취구조를 만들어놓았다. 이것은 미국을 중심으로 한 자본 선진국의 발달된 금융기법의 영향이다. 그러나 금융 파생상품은 명백한 금융다단계이다. 그들은 이러한 방법으로 세계를 상대하여 돈놀이를 하기 위해 개발한 것이다. 현재 시행하고 있는 은행의 저금리도 이러한 착취구조의 일환으로 이용되고 있다.

지금도 우리 국민들은 은행의 저금리대출을 통해 낮은 이자로 돈을 빌리고 있다. 그리고 저금리라서 빌려 쓰기가 좋아 대출을 일삼게 되었다. 그러나 그것으로 투기를 하거나 낭비로 소진하였으며 결국에는 은행대출의 대부분이 국민들에게 빚으로만 남게 되었다. 그렇기 때문에 국민의 대부분이 대출의 악순환 속에서 헤어날 수 없는 채무자로 전락하고 있다.

또한 국가도 마찬가지이다. 국가 또한 국제적으로 전횡하는 저금리의 외채를 빌려 쓰고 있다. 그래서 그것으로 적자재정을 편성하여 퍼주기식의 포퓰리즘으로 국민을 현혹하고 있다. 더불어 국민 각자는 자신도 모르게 거품경기에 빠져 국가부채가 눈덩이처럼 불어나고 있는 것을 모르고 있다.

국가나 국민이 빚을 지는 것은 명백히 자금을 가진 금융집단의 농간이다. 금융기관은 소매대출을 통해 돈을 가지고 쉽게 돈놀이를 하고 있으며 그것으로 치부하는 사이에 우리 국민은 거의 대부분이 채무자가 되어 버렸다. 그리고 자기도 모르는 사이에 금융기관이나 대부기관에 다달이 이자를 내고 사는 월세인간의 처지가 된 것이다.

누구를 위한 저금리인가? 이 때문에 국민의 정신은 피폐해지고 과소비에 불필요한 낭비가 만연하는 사회가 되어가고 있다. 이미 금리를 높이기에는 국민의 저금리에 대한 타성이 박혀 있다. 그리고 쉽고 편하게 살려는 마음이 팽배해 있다. 그래서 부동산, 증권, 펀드, 도박

등의 일확천금을 바라는 쪽으로 신경을 쓰기 때문에 더 큰 문제이다.

이러한 일확천금을 바라는 욕망을 충족하기 위해 또 다른 도박자금을 빌리듯 해서 대출만 눈덩이처럼 불어났다. 이러한 것들이 반복되면 결국에는 누구도 손 쓸 수 없을 정도로 경제가 망가질 수밖에 없다.

더욱이 금융산업은 금융다단계의 기법을 활용하여 기하급수적으로 발전을 하였으며 모든 국민을 돈의 노예로 몰아 가고 있다. 그렇기 때문에 이것으로 인해 생길 사회적인 과격한 변화에 대해서는 누구도 책임지지 못한다.

그래서 지금이라도 더 늦기 전에 금융산업을 통제해야 한다. 그리고 국민은 대출을 절제하여 은행대출에 대한 대책을 세워야 한다.

16) 변동환율제도

변동환율제도는 미국의 달러 실정과의 비교에 따라 수시로 변화한다. 이러한 환율은 외면적으로는 시장의 원리에 따라 변화된다고 한다. 그렇지만 내면적으로는 미국이 양적조절로 자신에게 유리하도록 조절하고 있는 것이다. 즉, 다른 나라의 화폐가치를 마음대로 조정하는 것이다. 그리고 그러한 점을 이용하여 돈놀이를 하기 쉽도록 환율을 변화시켜왔다.

실제로는 세계 각국이 고정환율에서 유동환율로 바뀌면서 한 번씩 외환위기라는 골탕을 먹었다. 그리고 지금도 골탕을 먹고 있다. 특히 우리나라는 외환위기라는 전대미문의 국가적 위기를 당하기도 했으며 결국 미국이 주도하는 IMF에 구제금융을 신청하게 되는 봉변도 당했다.

　당시 우리나라에서 발생한 외환위기가 겉으로는 동남아의 바트화 문제에서 시작했다고 한다. 그러나 실제로는 환차익을 노리는 미국 등의 선진국 헤지펀드 및 투기세력에 의해 일어난 것이 명백하다. 그리고 그 주요한 원인 중의 하나는 변동환율이다. 다시 말해서 변동환율은 환투기를 하기 쉬운 제도이기 때문이다.

　변동환율은 마치 빵을 채 위에 올려놓고 흔드는 것과 같다. 채 위에 올려진 빵은 흔드는 과정에서 가루가 떨어진다. 그리고 투기세력은 그것을 노리는 것이다. 빵의 외형은 거의 변화하지 않고 가루만 취할 수 있으니 더 이상 좋은 것이 없다는 논리이다.

　그러나 이 세상의 모든 물질은 질량 불변이다. 누가 빵에서 가루를 취했다면 반듯이 그 빵은 착취당한 가루만큼의 질량이 줄었다는 의미이다. 아무 변화 없이 그냥 부가가치가 발생한 것처럼 보이나 그 내면에는 반드시 손실이 있다는 것이다.

　다시 말하면 변동환율이라는 것은 빵을 채 위에 올려놓고 흔들 수 있도록 만든 제도이다. 환율의 변동에 따라 생기는 떡고물을 취하기 위해 만들어진 제도일 뿐이다. 이에 반해서 고정환율은 빵을 가만히 채 위에 올려놓고 조심스럽게 다루어서 가루가 생기지 않도록 하는 환율제도이다.

　최근에 중국을 대상으로 자꾸 환율제도를 고치라고 강요하는 것도 결과적으로 증권, 펀드 등을 이용한 증시 차익과 환투기로 쉽게 환차익을 얻을 수 있도록 하기 위함이다. 이토록 변동 환율제는 원초적으로 자본주의의 착취구조를 만들어놓고 불로소득을 취하려는 의도가 숨어 있는 제도이다.

이렇게 따졌을 때 현재 우리에게 실시되고 있는 변동환율제와 과거에 시행했던 고정환율제 중에 어느 것이 좋은가는 자명하다.

17) 경제 선진화의 허구

우리 사회에서 선진화라는 것은 과학기술의 발달에 있어서 선도하는 위치로 나아가는 것을 말한다. 그러나 현대에 와서는 선진화가 경제적 선진화로 개념이 바뀌어 발달된 금융산업의 기술적 개발과 돈놀이의 기법에 대한 선진화를 이야기하고 있다. 그래서 소위 선진국이라는 나라들은 산업자원의 첨단과학화나 미래산업의 기술개발보다는 금융자본을 이용해서 중하위권 국가를 상대로 투기와 돈놀이를 통해 자국의 부를 축적하려고 하고 있다.

이 때문에 범세계적으로 국가 간 부채가 늘어나고 있으며 구체적 해결법 없이 무작정 포퓰리즘으로 가고 있다.

우리의 산업도 점차 경제선진국을 본받아 건전한 산업육성과 발전을 시키기보다는 금융산업의 활성화를 꾀하여 그것으로 불로소득과 복지 포퓰리즘으로 나아가고 있다.

더욱이 국가의 무책임한 정책으로 국가채무와 국민의 가계부채가 천정부지로 늘어나고 있다. 이렇듯 부채를 많이 지는 것이 경제 선진화라면 문제가 없지만 빚을 많이 지는 것이 선진화가 아닐진대 장차 국가와 국민이 진 부채는 무엇으로 해결하려고 하는지 모르겠다.

경제선진화를 운운하면서 국가와 국민을 도탄에 빠지게 하는 현재의 정치형태는 지양되어야 하며 우리 모두 대오 각성이 필요하다. 우리가 진 빚을 우리가 갚지 않고 후세로 넘기면 그것은 우리 후손들이 갚아야 할 채무가 된다. 그래서 경제선진화를 획책하면서 금융산업을 활성화시키고 투기자본이 전 세계로 돌아다니며 착취하는 것에 동조하여 '신선놀음에 도낏자루 썩는지 모르는 것'은 우리가 지향하는 선진화가 아니다.

3. 사회·문화

1) 지역주의 국가로

20세기 말엽에 전 세계는 과학기술 정보문명의 비약적 발전으로 인해 세계가 하나의 공동체가 되어 가는 것을 보여 주었다. 그 때문에 발전지향적 국가들은 세계화라는 명제를 국가시책의 제일로 삼았다. 그리고 그러한 방향으로 정책을 일제히 변화시켰다.

우리나라도 국가의 위상을 세계 속에서 자리매김하도록 세계국가의 일원으로서 활동영역의 확산을 기했다. 그리고 세계화의 첨병인 G20의 주도국가로 자리매김 하였다. 그리고 그것을 통해 국가의 산업 및 경제적 혜택을 이끌어낼 수 있었으며 국민에게 도움이 되도록 정책을 세우고 지향해왔다.

우리는 마치 세계화가 세계 각 국가 간의 평등에 대한 보증수표라고 생각하고 있었다. 그리고 그것에 의해 모든 것을 얻을 수 있다는 판단하에 세계화에 동참하였다. 그렇지만 세계화의 결과는 일부 선도 국가의 후발국가 길들이기와 자리 세우기에 지나지 않았다. 그리고 세계화를 통해 후발국의 경제산업의 착취방편으로 이용하고 있다. 그에 대한 적극적인 대응으로 후발국가는 세계화라는 과정을 통해 더욱 철저한 이기적 국가가 되었고 오히려 더 심각한 지역주의 국가화를 추구하고 있다.

우리 국가의 정책은 이러한 세계화의 본질인 지역 국가주의를 아직도 정확히 파악하지 못 하고 있다. 그리고 남의 뒷북만 치는 식의 정책으로 일관하여 결국 세계의 시대적 흐름을 놓치고 있다. 그로 인해 선도국가의 대열에 동참하지 못하고 모든 분야에 후발국가로 남게 될 것이다.

세계화는 미국, 일본 등의 선도국가에 의한 지역 블록화와 같이 합종이다. 그리고 이에 따른 반발로 이루어지는 지역 국가주의는 각 개개 국가의 독립성을 유지하고 상호보완적 역할을 하는 연횡에 해당된다. 춘추전국시대 말에 유세자인 소진과 장의에 의해 당시의 최대 강국인 진나라를 중심으로 연횡과 합종 후 진나라로 통일되었다.

이것은 21세기 현시점에서 미국의 패도주의에 의해 전 세계가 통합되어가는 것과 기타 개별국가 간의 관계가 이상한 방향으로 흐르는 것이 전국시대의 귀결과 같아지려는 것은 아닌지도 모르겠다. 다만 진은 땅을 중심으로 통일했으나, 현재의 미국은 자국민의 이익을 위해 세계의 기타국가를 경제와 군사력으로 통치하려고 하는 점만이 다를 뿐이다. 국가의 존립 여부와 관계없이 선도국가에 착취당하고 군사적으로 종속되면 그것은 겉보기에만 독립국가이지 식민국가나 다름없는 것이다. 또한 종속된 국가는 언제라도 지배국가의 뜻에 따라 국가 존립 자체가 좌지우지될 수 있다는 점에서 그 심각성이 있다. 지금은 '겉보리 서 말이라도 처갓집 신세를 지지 않겠다'는 자존적 의지가 필요하다. 그러나 현재의 한국은 그러한 의지도 마음도 없이 착각 속에서 자존을 하고 있는 것 같다.

결국 이러한 과정에서 우리는 스스로 지켜야 할 자존적 의지의 상실로 인해 적당히 세계화의 흐름에 눈치만 보는 경제적 종속의 수준을 벗어나지 못하고 말게 될 것이다. 세계화의 반작용으로 지역 국가화가 21세기에는 더욱 촉발될 것이다. 그리고 그 과정에서 자존을 찾지 못하면 국가적 도태가 이루어질 것이다. 그래서 우리나라는 보다 지역국가의 독립 자존성을 키워나갈 수 있도록 국민적 의식과 국가 정책의 방향을 바로잡지 않으면 안 된다. 그렇지 못한 경우는 지역국가로서의 독립성을 잃기 십상이다. 그 때문에 우리 스스로가 자존을 잃으면 선도국가의 경제적 착취하에 놓인 종속국가로서 국가의 백년 대계에 암운만 드리워질 것이다.

2) 도시화와 3D업종

도시는 인구의 증가에 따라 점차 광역화하고 복잡 다변화한다. 도시의 광역화가 이루어지는 원인 및 경과는 수많은 이론적 분석이 있을 수 있다. 그러나 도시 속에서 많은 사람들이 자신의 생활에 필요한 일과 돈 및 기타 편의성을 얻기 수월하기 때문에 도시화가 되는 것이다. 또한 도시민은 도시 속에서 형성된 수많은 사람과 사람 사이의 엉켜진 생태구조 속에서 살아간다. 그리고 사회조직 속에서 일부의 역할을 맡아 조직 전체의 한 부분으로 삶을 영위하기 때문에 그에 대한 편의성으로 더욱 도시화가 가속될 수밖에 없다.

도시 속에서 얻어지는 일의 대부분은 사람과 사람 사이에서 일어나는 서비스적 산업이 대부분이다. 그러므로 도시화가 어떤 측면에서는 산업화 유지에 필요한 인적자원을 확보하기 위한 좋은 방안이 될 수 있다. 그러나 이러한 것은 실제적 생산에 기여하기보다는 간접적 서비스업으로 접근하기 쉽게 되어 있어 필요 이상의 과도한 서비스 및 불필요한 잉여인력이 남게 된다. 그로 인해 인적 공급상의 효율성이 떨어지게 되어 있다. 특히 서비스업의 특징이 자신이 애써 노력을 하지 않고 쉽게 돈을 벌 수 있는 방법을 선호한다. 그렇기 때문에 힘들고 어려운 일에 누구도 열심을 기울여 일을 하려 하지 않는 베짱이들만을 양산하게 된다.

이 결과 모든 사람이 동일한 마음으로 쉬운 일만 선택하고 더 많은 임금을 요구하게 되어 산업생산의 동맥경화가 발생될 수밖에 없다. 진정 우리 사회를 건전하게 하는 것은 낮은 임금에도 묵묵히 일하는 성실한 근로자들이다. 그런데도 불구하고 일확천금이나 얼렁뚱땅 부동산 투기나 금융 및 증권을 통해 돈을 버는 졸부들과 연예인과 같이 사회 보조적 양념인 사람들이 이 사회를 주도하고 있다. 더욱이 이러한 부류의 직업을 장래직업으로 선호하는 다음 세대를 양산하여 누구도 애를 써서 열심히 일을 하려고 하지 않는다. 이러한 것은 국가의 백년대계에 큰 해를 줄 수밖에 없을 것이다.

허황된 연예인 및 스포츠 스타의 사회적 부각이 일시적으로 국민들의 흥미나 관심을 갖게는 한다. 그러나 그 결과는 마치 너무 많이 넣은 조미료와 같아서 자신과 주변의 모든 사회구성과 조직을 손상시킨다. 그리고 재생키 어려운 침체된 사회로 이끌어가는 것이다. 우리는 현재의 달콤한 열매에 취해서 마치 이러한 상황이 아무 노력 없이도 계속될 것이라고 생각한다. 그리고 그렇게 되길 바라고 있다. 그러나 이것은 불안정한 도미노와 같이 가벼운 외적 영향으로 쉽게 무너질 수 있다. 그리고 이러한 무너짐으로 인해 부분적 전도가 전체로 확산하여가듯 걷잡을 수 없는 상황에 이를 수 있다.

3D업종은 자본주의 사회에서 돈을 쉽게 벌 수 없거나 노력과 시간이 많이 들어가는 업종이다. 그래서 현재와 같은 우리의 의식으로는 자연 도태될 수밖에 없다. 누가 돈도 별로 생기지 않는 분야에서 묵묵히 사회에 도움이 되도록 노력을 계속할 것인가는 묻지 않아도 뻔하다. 쉽게 돈을 버는 방법이 있는데 무엇 때문에 고생을 하는가라고 생각하기 쉽다. 그러나 쉽게 벌 수 있는 것도 어쩌면 이미 사회적 특권화가 되어 있다. 그래서 일반인들에게는 그림의 떡일 뿐이다. 또한 그러한 일들의 폐해는 국민 대다수의 근로 의욕의 상실과 무기력으로 나타날 수밖에 없다. 우리 한국과 같이 자원이나 자본이 없는 국가에서는 견실한 노동력과 고도화된 과학기술 두뇌가 자본이다. 그럼에도 불구하고 우수한 두뇌들은 국가 기술역량의 향상보다는 오히려 돈을 목표로 자신의 영달을 위해 노력하고 있다. 그리고 삶의 철학 없이 함부로 몸을 굴리고 있으며 상대적으로 노동력을 갖는 근로자들은 사회적 박탈감에 빠져 근로 의욕을 상실해 가고 있다.

이러한 점에서 장차 한국은 무엇을 자본으로 세계 속에서 선도국가가 될 것인지 의문스럽다. 사회조직은 사람의 몸과 같아서 두뇌가 되는 사람도 필요하지만 직접 일하고 활동하는 수족과 같은 사람도 필요하다. 특히 아무도 하려고 하지 않는 항문 역할을 하는 사람도 있어야 그 사회는 병 없이 유지해갈 수 있는 것이다. 그러나 너도나도 모두 하기 쉬운 역할만 하고자 한다면 그 사회는 장애나 불구가 될 수밖에 없다.

우리에게는 사회를 구성하는 균형 있는 산업구조의 조성을 위해 여러 가지 노력이 필요하다. 그래서 현재 한국사회는 산업구조를 재편하기 위한 전반적 구조조정이 필요하다. 특히 일자리 창출이라는 명제를 가지고 즉흥적으로 정보(IT)산업이나 서비스산업만 육성한다면 지금 당장은 실업문제에 대한 해결이 될지는 모르겠다. 그렇지만 나중에는 산업 전반에 대해 균형을 상실한 장애국가가 되는 길이 될 수 있다. 그러므로 오히려 산업 구조조정에 의한 국가산업 건실도를 높이는 것이 더욱 필요한 정책이다.

3) 부동산 및 주택문제

부동산 및 주택문제는 선진국에서도 자가당착적 경향을 가지고 그 해법을 구한다. 그러나 국민 각자의 이기심과 이권이 직접 관련되어 있어 별 뾰족한 해결법 없이 통제와 시장경제의 변화에 맡겨두는 형식을 취하고 있다.

우리의 경우 부동산 및 주택에 대하여 다른 각도를 적용 분석해보자. 우선 부동산 및 주택시장이라는 것은 말 그대로 이동성 없는 공간으로 과거 농경사회의 소유개념과 맞물려 있다. 이러한 부동적 공간은 개개구성원의 소유욕망이 지나쳐서 결국 그것을 기화로 투기가 조성되기 쉬운 메커니즘을 가지고 있는 것이다. 부동산의 개념을 가계에 적용해보면 좋은 부동산이란 좋은 가구에 비견될 수 있다.

지금 우리는 국가 차원에서 부동산 경기를 활성화시키려고 재건축 및 재개발을 많이 추진하고 있다. 이것은 가계에서 보면 잘 써오던 실내가구를 약간 낡았다고 새것으로 교체하는 것과 동일하다. 허황된 가정주부는 남에게 자신을 자랑하기 위해 제일 먼저 비싼 가구로 집을 꾸민다. 그런데 이 경우 부잣집에서는 충분한 금전적 여력이 있으므로 값비싼 가구로 꾸며도 큰 문제가 되지 않는다. 그러나 대다수의 중산층 정도 수준에서는 은행 돈을 대부받아 값비싼 가구로 집안을 꾸미고 허세를 부리다가는 쉽게 가계 파탄이 날 수밖에 없을 것이다.

현재 한국의 경제적 수준은 선진국처럼 국가재정이 충실한 것도 아니다. 그리고 외적 수출입을 통한 엄청난 수익이 발생되는 큰 흑자국도 아니다. 그럼에도 불구하고 단지 내적경제(내수경제)의 활성화를 위해 부동산 경기를 부양 및 촉발시키려는 것은 국가 차원에서 장시간에 걸쳐 국가파산의 길로 가는 것과 마찬가지다. 한국의 국가 경제능력은 세계의 약 200여 개국 중에서 20~40위 정도로 본다. 즉, 국가 차원에서 보면 중산층 정도의 수준이다. 특히 우리는 엄청난 외채를 갖고 있다. 즉, 채무국이면서 너무 쉽고 안일하게 그것에 대한 대처를 하고 있는 것이다. 그래서 우리가 장차 겪게 될지도 모를 일본의 불황을 남의 나라 일이라고 많은 사람들은 너무 쉽게 판단하는 것과 같다.

일본의 불황 원인은 여러 가지라고 보고 있으나 그들의 불황은 경제선진국으로서 한계점에 도달할 때 나타나는 정상적인 상태이다. 왜냐하면 일본은 아직도 무역 흑자국이다. 교역 측면에서도 미국에 버금가고 있으며 전 세계의 중·후진국에 엄청난 돈을 뿌려 투자 및 투기를 하고 있는 상황이다. 다만 선진국의 특성상 저성장 국가화되어 있기 때문에 불황처럼 보이는 것이다.

그리고 일본의 현재 입장을 보면 세계경기가 충분히 발전지향적으로 활성화되어 있지 않기 때문에 투자 및 투기 자금으로 벌어들이던 국가 이익이 적어졌다. 또한 이미 초고도화된 노동임금으로 인해 노동자의 근로 의욕이 낮아져 있다는 점에서 어쩔 수 없이 불황을 맞고 있는 것이다. 다만, 불황이 되어도 워낙 튼튼한 국가재정 때문에 실제적인 경제적 파탄이 일어나지 않는 것이며 일어날 가능성도 희박하다. 우리의 경우 억지 경제 활성화의 방안으로 내수경기를 진작시키는 것은 우리를 더 심한 빚쟁이 국가로 몰고 가 되돌아올 수 없는 파경의 길로 이끄는 것이다.

이미 우리 사회는 시행착오에 의해 무엇을 얻어내고자 하는 시대가 지났다. 그리고 시행착오가 되풀이된다는 것은 앞으로 엄청난 대가를 치러야만 하므로 장래의 변화에 대한 예측과 미래지향적인 정책수립이 필요하다. 이러한 점에서 보아도 일시적 경기부양을 위한 내수활성화는 부동산 투기를 방조하는 것이 되어 결국 또 다른 시행착오를 할 수밖에 없다.

이러한 온탕·냉탕식의 정책이 노력 없이 살려는 사람을 양상하고 국가의 부를 남에게 빼앗기는 여건이 되어 결국 머지않는 장래에 그에 대한 혹독한 대가를 치르지 않을 수 없을 것이다.

4) 로또복권과 다단계판매

한국의 미래사회를 위한 걸림돌은 차기세대가 두뇌와 육체를 사용하는 힘들고 어려운 직업을 기피하는 것이다.

즉, 남이 하지 않는 직업을 선택하여 국가산업 발전에 일익을 담당하려 하지 않고 노력 없이 쉽게 벌 수 있는 방법을 선호하는 것이 큰 문제이다. 강원랜드 도박장이 연일 흥청거리고 로또복권 판매에 일확천금을 노리며 심지어는 은행에서 대출을 받아 투기와 도박으로 대박의 꿈을 키우는 등 점차 사회가 건전성을 상실해가고 있다.

사회란 하나의 유기적 조직체로 상호 간 협동체제가 유지되어야 서로의 상생이 이루어진다. 그럼에도 불구하고 남이야 어떻게 되든 자신만 잘살면 된다는 식의 관념이 팽배할 때 결국은 '공멸'의 길로 갈 수밖에 없다.

로또복권을 통해 일부 사람이 일확천금을 얻는 경우도 있다. 그러나 대다수의 국민은 엉뚱한 기대와 상대적 박탈감만을 더해 갈 뿐이다. 또한 그것이 반복될수록 당첨되지 않은 개개인의 손실은 계속 증가하고 일확천금에 들뜬 국민정서는 열심히 노력하여 일을 성취하려는 마음을 잃어버릴 것이다.

지금 사회의 일각에서는 전문직에 있는 사람들이 다국적 기업의 다단계판매 조직의 일원으로 활동하고 있다.

그들은 판매활동에 주변의 사람을 끌어들여 물건을 팔고 있으며 판매가 부실할 때는 자신의 돈으로 그 부족분을 채워 보상적 혜택을 받고 있다. 그러나 이것은 외국제품의 국내 점유율을 높일 뿐만 아니라 다단계 조직체계를 통해서 미국 등의 다국적 기업의 국내 잠식을 영구화시키고 있는 것이다. 특히 국내에서 활동하는 다국적 기업의 다단계판매 가입자들은 다단계의 계층적 구조에서 자신들끼리 하층구조에서 만들어준 보상비를 통해 상위계층이 금전적 혜택을 받고 있다. 그래서 금전적 보상은 자기들끼리의 주고받기에 불과한데도 그것이 마치 어떤 노력에 의해 벌어들이는 양 오해하고 있다. 이러한 보상적 네트워크 판매를 유도하고 있는 외국의 매판자본이 국내의 건전한 기업을 다치게 할 많은 소지를 가지고 있는 것이 문제이다. 쉽게 야합하여 돈을 벌 수 있다면 누가 열심히 일을 할 것이며 누가 어렵고 힘든 분야에 몸을 담아 자신의 생업으로 지켜나갈 것인가가 의심스럽다.

현재의 한국 경제사정은 서로의 상생 노력 없이는 경제적 여유를 찾을 수 없는 상태임에도 불구하고 국민의 상당수가 횡재라는 허황된 사고에 빠져 있다.

더욱이 적당히 매사 일을 매듭지으며 노력 없이 많은 것을 요구하는 세태를 국가가 방조하고 있는 것 같다.

'고통 없이는 얻는 것이 없다'는 것을 너무 쉽게 잊어버린 것이다. 어려운 경제개발의 시절에는 국민 모두가 노력하고 자수성가하는 것이 최고 덕목이었다.

그때에는 차츰 경제가 나아지고 삶이 윤택해지면서 그 발전과정에서 우리는 행복을 느꼈었다. 그 시절에 우리는 앞만 보고 달려왔으며 그 결과 경이적인 경제성장과 세계 속에서 한국이라는 나라의 위상이 세워졌다. 그 때문에 국가적 위상이 올라가 올림픽이나 월드컵 등을 개최하는 영광을 누렸었다. 그러나 언제부터인지 상당수의 우리 국민은 힘든 노력 없이 사회 속에서 혜택만을 받으려 하기 때문에 더 이상의 장래지향적 국가발전이 어려워진 것 같다.

5) 사회적 이념과 철학

자본주의는 모든 사람의 최선을 요구하는 사회이다. 그리고 이러한 최선의 행동에 대한 보상으로 '돈'이 척도가 되고 있다. 하지만 더불어 이러한 '돈'은 금전만능주의를 불러일으켜 사회의 기본적 원칙을 변질시켰다. 그동안 우리 사회는 비정상적인 교육방법으로 자본주의 원칙에 따른 철저한 배금주의 사상만을 키워왔다. 그러나 현실적으로 한국이라는 나라에서만 국한시켜볼 때도 전체 국민이 단일 이념목표인 '돈'에만 집착하면 한정된 재화 속에서 극심한 상호경쟁을 유발하게 된다.

그리고 사회적 이념이 돈으로 단일화되면서 여타의 좋은 덕목들이 빛을 잃게 되었다. 그렇기 때문에 기타 여러 가지 사회적 좋은 이념들이 등한시되는 폐해가 우리 사회에 만연되었다.

좁은 문을 많은 사람이 동시에 통과하려고 하면 서로 충돌하여 제대로 통과하기 어렵다. 그리고 억지로 통과하려는 과정에서 서로에게 피해를 주게 될 수밖에 없다. 이와 같이 전체 국민의 돈에 대한 단일목표로의 집중은 사회적 손실을 크게 하여 빈익빈 부익부의 사회계층 간 격차를 심화시킬 수밖에 없다. 그로 인해 없는 사람들은 상대적 박탈감을 가져 반사회적이 될 수밖에 없다. 한국의 보다 나은 미래를 위해서는 삶에 대한 이념의 다원화와 각각의 이념에 대한 상호존중 의식이 필요하다. 이러한 다른 이념 간의 상호존중과 선택적 구별은 교육과정에서 키워져야 할 것이다. 군인은 명예심이 최상의 덕목이고 모든 것에 최우선이 되어야 하며, 돈은 문제가 아니라고 교육되어야 한다.

정치가는 남을 위한 봉사정신을 갖는 정치가가 최상이며 돈은 절대 배제되어야 한다는 자긍심이 키워져야 한다. 또한 사업가는 사회적 기여를 최상으로 하고 이것에 의해 자존감을 갖도록 하는 것이 필요하다. 이러한 대표적 몇 가지 외에 종교적 선행과 희생심 등이 각각 존중되고 그것에 의해 사회적 계층 분할이 이루어져야 한다.

현재와 같이 돈이 모든 가치기준의 척도이고 그 외의 다른 것은 무시된다면 '만인의 만인에 대한 돈을 목표로 한 투쟁'만으로 사회는 공존의 역량을 잃고 피폐해질 수밖에 없을 것이다. 아직도 우리 사회의 일각에서는 금전만능주의를 경원시하는 이념을 가진 사람이 있다. 그러나 그 비율은 돈을 목표이념으로 갖고 있는 사람에 비하면 거의 희소하다고 볼 수 있다.

이러한 관념의 다변화를 위해서는 사회적 교육이 필요하다. 그래서 미래의 교육방향은 사회적 교육 효과가 큰 TV 매체 및 언론에서 일체의 금전만능주의를 촉발시킬 내용을 삼가하는 것도 하나의 방법이 되겠다. 특히, 연예인, 스포츠 스타 등이 누구는 얼마를 받는다는 등등의 내용을 공용방송에서 계속하는 한 그것을 보는 서민들은 부러움과 상대적 위화감을 갖게 된다.

그에 따라 더욱 돈에 집착하게 되는 금전만능주의가 만연하게 된다. 어쩌면 돈으로 인해 발생되는 사회범죄 현상의 대부분 책임은 언론·방송매체에 있다고 볼 수 있다.

인성이 키워지는 유·초등 교육과정에서 가수, 탤런트 등의 인기 연예인의 선호는 그 바탕에 부모의 금전만능주의가 깔려 있다. 그래서 우리 사회는 세대를 계속하여 금전만능주의 사상이 모든 이념 위의 최고선으로 이어가고 있다. 그러므로 우리는 초기교육에서의 이념에 대한 포괄적 교육이 필요하다. 이러한 측면에서 우리의 후세대에게 보다 다양하고 분할된 관점에서의 이상향을 부여해주고 키워주지 않는 한 장차 극심한 계층 간의 투쟁이 유발되는 자본주의의 폐해를 막을 수 없다. 그렇기 때문에 이에 따른 적절한 개혁이 필요하다.

6) 사교육과 교육격차

교육은 우리나라와 같이 전통적 계급이 무너진 자본주의 사회에서 신분상승의 가장 보편적 방법으로 이용되어져 왔다. 현재의 교육은 교육을 통해 국가 사회에 적절한 인적 자원 공급이라는 차원보다는 개인적인 신분상승의 이기심 충족에 더욱 큰 비중을 두고 있다. 그렇기 때문에 자연스럽게 공교육보다는 사교육에 치중될 수밖에 없다. 공교육이 국가 인력공급 차원에서의 정책적 배려가 되어 있다면 사교육은 개인의 신분상승적 요소가 강하기 때문에 원초적으로 사교육을 무시하거나 배제할 수는 없다. 즉, 교육의 일부 목적이 신분상승이라는 개인적 욕망과 연결되어 있는 한 사교육은 더욱 심해지면 심해졌지 줄어들 수는 없다는 이율배반적인 요소를 갖고 있다.

미국에 있어 최대 효자산업은 그동안 저개발 국가 등을 대상으로 한 인재 교육산업이다. 교육산업을 통해 자국 내로 외국의 유학생을 받아들여 교육하고 있다. 그리고 현재에는 수십만 명의 외국 유학생들이 유입되어 생활하고 있다. 또한 그들이 뿌린 연간 유학비가 수십억 불이나 된다. 그리고 이것이 미국 내에 순수수익이 되어 국가수입에 일익을 담당하고 있다.

한국 내에서도 볼 때 사교육이 각 개인의 교육목적에 부응하여 여러 가지 도움을 주고 있다. 그래서 억지로 선택적 억제를 하여 빈부차에 의한 교육의 질적 차이를 만드는 것이 소용이 없는 것이다. 그러므로 국가 통제하의 사교육 제도권화가 더욱 필요하다 하겠다. 아무리 좋은 사교육을 받는다 해도 본인의 자질이 없으면 그 실효성 또한 적을 것이다. 많은 사람들의 사교육 폐해를 운운하면서 내세우는 조건 또한 교육적 평가절하이다. 그러나 그 때문에 교육의 경쟁을 없앤다면 교육의 질을 하향조정하는 것 이상은 아무것도 아니다.

　교육이 인생 전체에 끼치는 영향을 볼 때 어린 시절에 많은 교육비를 들여 사교육을 받은 사람보다도 개인적으로 열심히 공부한 사람들이 결국 인생의 최종단계에서 성공적으로 살아가는 것을 많이 볼 수 있다. 그래서 반드시 사교육을 많이 받은 사람들이 인생 전체에서 우월하다고 볼 수가 없다. 즉, 사교육을 받는 결과가 좋다는 것은 개인적 자질에 따른 것일 뿐 오히려 교육적인 면에서 우월성을 주지 못한다. 더불어 사교육을 받은 재벌 2세가 잘됐다는 것은 그들 부모의 재산의 영향이 큰 것이지 순전히 사교육의 결과는 아니다. 또한 가진 자의 돈이 분배되는 과정에서 기업화된 사교육기관에 집중만 되지 않으면 된다. 다시 말해서 개인과외 등의 사교육 과정을 통해 하향 재분배가 되기 때문에 전체 사회 경제적인 측면에서는 필요악이라고 하겠다.

　사교육과 공교육의 비용 여부에 대한 논란보다는 교육의 방법 및 목표에 맞게 비용지출을 시장원리에 맡겨볼 필요가 있다. 더 나은 교육을 받으려면 더욱 많은 비용을 지불해야 하는 원칙에 의해 교육이 진행되어야 교육의 질적 수준이 향상된다. 그리고 전반적으로 하향하고 있는 학력이 상승될 수 있는 것이다. 우리에게는 미래 과학기술 사회에 맞는 인력을 확보하기 위한 공교육의 확충이 필요하다. 그러나 투자 대 장래성이라는 점에서 교육의 목적이 신분상승이라면 공교육 및 사교육 모두가 비정상적인 교육으로 흘러갈 수밖에 없는 것이다. 억지로 막는 사교육은 사회 전체로 볼 때는 더욱 음성화되고 차별화될 수밖에 없다. 그래서 오히려 돈이 없는 사람만 규제되는 역기능을 갖게 될 것이다.

우리의 교육정책처럼 우왕좌왕하며 교육적 목표가 부정확한 경우에 공교육의 신뢰성은 자연적으로 떨어질 수밖에 없으며, 사교육에 의존할 수밖에 없다. 또한 공교육이 국가의 백년대계를 결정한다고 보면 국가의 교육목표는 일단 결정되면 최소한 10년 이상 유지되어야 한다. 그런데도 불구하고 지금은 원칙도 기준도 없이 단발성으로 정책을 세우고 바꾸고 하는 과정에서 교육에 대한 신뢰만 상실하고 있다. 이에 반해 사교육의 경우는 교육과정 및 방법이 개개인에게 선택적이고 획일적이기 때문에 교육적 측면에서 더욱 신뢰가 가며 그러한 이유로 사교육이 발달될 수밖에 없는 것이다.

7) 이중국적자

이중국적자는 한국인으로 한국 외의 다른 국적을 취득한 자 또는 그 가족을 공통으로 칭할 수 있다. 특히 한국인의 이중국적 국가의 주 대상은 미국이다. 이들 이중국적자는 가족의 일부가 미국에서 시민권 및 영주권을 취득하여 미국 또는 한국에 살고 있는 것이다. 그러면서 한국사회의 혜택을 받고 있으나 자신에게 불리한 병역의무 등의 고통을 분담하지 않는 자들을 말한다.

국적의 선택에 대하여 자유가 있다고 말하지만 이는 자신이나 가족들이 한국사회에서 책임 있는 자리에 나서지 않을 때에 해당된다. 그 경우 개인적 이기심으로 치부할 수 있다. 그러나 그 자신 혹은 가족 된 자가 사회에 영향을 줄 수 있는 공적인 자리에 나올 때는 전혀 문제가 달라진다. 특히, 한국과 같이 언제 북한 등의 적성국가와 전쟁을 할지 모르는 위험이 있는 나라의 경우 이중국적자는 일종의 배반자로 볼 수도 있다. 왜냐하면 이중국적의 효용은 한국에 위험상황이 벌어졌을 때는 자신 혹은 가족 중의 일부가 가지고 있는 미국 국적을 이용해 미국으로 도피할 것이 틀림없기 때문이다.

그래서 그러한 부류의 사람이 사회적 책임이 있는 자리에 있게 된다는 것은 우리와 같은 단일국적자에게는 고양이에게 생선가게를 맡겨놓은 것과 똑같은 상황이 아닐 수 없다. 이중국적 자체가 병역의무를 기피하는 용도로 사용되고 있는 상황에서 그들의 가족에게 어떠한 사회적 권리가 주어졌을 때 병역기피와 같은 종류의 자신의 의무 기피행위를 하지 않는다는 보장이 없다. 그러한 이기적 생각에 찬 사람이 과연 공적 권력을 자신이 아닌 국민을 위해 쓴다는 것은 말도 안 된다. 이러한 점에서 우리는 이중국적자를 경계하는 것이다.

우리는 과거 역사 속에서 많이 보아온 것이 있다. 그것은 전란이 일어난 경우 지도자 혹은 지배계층의 사람들의 행동이다. 그때 그들은 자신들이 가지고 있는 정보 및 권력들을 이용해 먼저 도피하고 국민들에게는 전쟁 수행을 독려하는 것을 계속 보아왔다. 그들은 항상 국가와 국민을 위한다고 명분을 세워놓고는 불리한 경우 가장 먼저 도망을 가는 행태를 취해왔다. 임진왜란, 병자호란, 6·25사변 때 그렇듯이 천편일률적으로 한 치의 변화 없이 그러한 작태를 보여 왔기 때문에 앞으로도 계속 그러할 것이 틀림없다.

그래서 고위공직자가 이중국적을 갖고 있는 것은 결국 여차하면 전쟁의 영향이 없는 미국 등으로 도망가겠다는 것 외에는 다른 해석이 불가능하다. 이중국적을 통해서 자신만은 살겠다고 하는 그러한 인사들이 국가의 중요정책에 참여하여 국가를 이끌어 간다는 것은 국가와 국민을 위해서는 해가 될 수밖에 없다.

8) 사회의 점진적 붕괴

우리가 주로 사용하는 언어 중 '～적'이라는 표현이 있다.

사회적, 문화적, 경제적, 기술적, 과학적, 예술적, 정치적…… 이러한 표현은 모든 분야에 대한 포괄적 의미를 가지고 있기 때문에 많이 사용되고 있다. 우리 사회에서의 점진적이라는 관념의 카테고리를 분야별로 적용하여 무엇이 문제인가를 살펴보자.

과거 모 대통령 시절에는 외환위기의 타결이라는 명목하에 일차적으로 IMF에서 돈을 빌렸다. 그리고 그 돈을 이용하여 외국에서 이자놀이를 하기 위해 겉도는 돈으로 국가산업을 담보로 빌려 와서 외환위기 해소와 경기부양에 사용하였다. 그 과정에서 우리는 우리 경제의 견실성을 망가뜨렸다. 그리고 불필요하게 많이 빌린 돈은 국내 투기자금화하여 부동산 및 증권투기를 유발시켰다. 또한 투기는 사회적으로 무기력과 무원칙 주의를 양산하게 되었다. 더불어 외채를 빌려오는 과정에서 관여된 여러 관련자들의 횡령과 착복 등의 부정부패 행위는 결국 정치적 신뢰를 상실케 했다. 더욱이 외환위기 해결책으로 금융권에 대한 활성화에 공적자금의 무분별한 투여는 심각한 도덕적 해이를 촉발하였다. 그로 인해 공적자금을 횡령하여 치부하는 공공의 적을 양산하였으며, 더불어 상생하려는 지혜를 잃게 된 것이 가장 큰 손실이다.

또한 외채로 인해 넘쳐나는 자금은 금융분야의 돈놀이 자금으로 전환되어 로또에 의한 일확천금, 혹은 부동산 투기에 의한 불로소득 자금으로 변하였다. 이것은 사회의 흐름을 왜곡, 변형시켜 결국 건실한 기업의 입지를 약하게 하였다.

이렇게 점진적 과정에서 만들어진 쉽게 살아가는 삶의 패턴은 과학기술의 육성에 의한 국가 산업경제의 지속적 발전의 뿌리를 송두리째 꺾어 버렸다. 그리고 현재에 와서는 식견 없는 사람들이 국정운영에 대거 참여함으로써 중구난방식의 일관성 없는 정책과 인기영합의 포퓰리즘에 의한 노동정책 및 집단이기주의가 되어가는 문화정책 등으로 정치·사회·문화적 붕괴가 점차 심화되어 가고 있는 것이다. 또한 정치적으로는 보신주의와 보수주의가 팽배해 같은 부류의 사람들의 이합집산으로 인해 앞으로는 정치·행정적 난맥상까지도 예측된다. 그러므로 우리 사회의 총체적 하락은 이미 예정되어 있다고 보인다.

누가 이러한 것을 바로잡을 것인가? 외환위기와 서브프라임모기지론 위기같이 우리의 피부에 와 닿는 어려운 고통을 겪기 전에는 결코 느끼려고도 바로잡으려고 하지 않는다. 이 때문에 결국 모두의 불행은 필연적이다.

무엇을 통해 사회 전체의 총체적 위기를 해결할 것인지, 이 또한 국민 스스로 잘못된 선택의 뼈아픔을 겪은 후에야 우리가 헤어나갈 길이 보일 것이다. 그래서 고통은 예정되어 있다. 과연, 앞으로 우리와 후세대의 미래는 어떻게 될 것인지 의심스럽다.

억지 개혁을 통해 자신의 타당성을 강요하면 사회계층 간의 불화의 골이 깊어질 것이다. 그렇다고 보수에 안주하면 미래의 보장은 없다. 그리고 보수와 개혁 간의 불화는 서로 간의 신뢰를 해치게 되어 계층 간의 투쟁을 불러일으키게 된다. 이러한 계층 간의 투쟁은 더불어 사는 사회의 발전보다는 지속적인 혼란만을 야기시킬 것이다.

9) 조미료 문화의 폐해

현재 우리 사회는 자본주의 다른 표현으로는 배금주의 및 금전만
능주의이다.

이는 사회의 일반적 원칙을 돈에 기준하기 때문에 가치의 최우선
을 재산 소유에 두어 기타의 사회적 덕목을 쉽게 무시하고 있다. 스
포츠 스타의 천정부지 몸값과 프로선수들의 상금 및 인기 연예인의
광고 등으로 벌어들이는 수입이 사회의 또 다른 잣대가 되어 분배정
의 및 원칙을 손상시키고 있는 것이다. 연예인이나 스포츠 스타는 사
회적으로 필요하다.

그것은 마치 우리가 밥을 맛있게 먹기 위해 반찬에 조미료를 치는
것과 같다. 즉, 그러한 부류의 사람은 쌀과 같은 양식이 아니고 조미
료에 속하는 부류로 비교할 수 있다.

양념이 없으면 삶의 여흥이 적어지기 때문에 재미가 없어질 수 있
다. 그러나 조미료는 양식이 아니기 때문에 그것이 지나치면 과도한
조미료에 의해 오히려 맛과 건강을 해친다. 이렇듯 조미료가 과하면
생활의 건전성 또한 상실할 수 있다. 그리고 계속적인 조미료 투입은
미각을 무디게 하여 더 큰 자극을 요구하게 된다. 그리고 결국 조미
료가 양식보다 더 큰 비중을 차지하게 되어 양식이 없는 조미료만의
사회가 되는 폐해가 발생될 수 있다.

요즘 의식 있는 사람들은 조미료 사용을 자제하고 있다. 이는 건전
한 맛과 건강을 위해서 조미료가 몸에 해롭다는 것을 인식해서이다.
연예인 및 여흥에 관련된 산업 모두 사회적 조미료이다. 그러나 지금
처럼 이러한 분야가 계속 증가 추세로 가다가는 사람들이 과도한 조

미료 사용으로 맛을 잃듯이 사회 또한 건전성을 잃게 될 것이다. 영화의 장면처럼 극적으로 행동하기를 원하고 그와 유사한 행태로 사람들의 생활을 영위해 간다면 영화의 허구성에 빠질 수밖에 없다. 그리고 허황된 공상에 빠져 생활하게 되므로 서로에 대한 신뢰성을 잃게 된다. 그것이 결국에는 사회 전체의 불신으로 확산될 수밖에 없다.

우리의 양식은 묵묵히 적은 보수에도 자신의 본분을 지키며 열심히 일하고 살아가는 대다수의 사람이다. 그런데도 금전만능주의의 사고 속에서 조미료 부분에 과도한 금전적 혜택을 부여하기 때문에 그것을 통해 쉽게 살려는 사람들이 몰려들고 있다. 이러한 과정을 거쳐서 우리 사회는 너무 많은 조미료를 양산하고 있다. 그 결과 조미료가 양식의 양을 능가하는 상황이 되고 있다. 즉, 악화가 양화를 구축하는 꼴이 된다.

이에 따라 건전한 사회의 양식들은 상대적 박탈감을 갖게 되고, 또한 돈을 위해서 무슨 짓이라도 할 수 있는 사회가 될 수밖에 없다. 연예인적 사고방식이나 극적이고 허황된 생각만으로 생활을 영위하려는 왜곡된 사회적 의식이 사회의 원칙을 손상하고 있다. 그래서 누구도 어렵게 열심히 일하려는 자세를 잃어버리게 된다. 이렇듯 허황된 의식이 사회적으로 팽배해지면 모두의 노력에 의해 지속 발전될 수 있는 사회를 이루어내기는 어려울 것이다.

TV나 언론매체를 통해 이루어지는 즉흥적이고 오락적인 분야는 건전한 사회의 유지를 위해 자제되어야 한다. 자신들이 양산하는 조미료가 과해지면 사회에 독이 되기 때문이다.

10) 사회적 가치로서의 선과 악

사회는 개개구성원이 조직화된 하나의 구성체이다. 그 내부에는 각각의 역할을 맡아 유기적으로 움직일 수 있도록 구성원이 분류되어 있다. 또한 자신의 직분에 따라 활동영역이나 범위가 정해져 그것으로 인한 상호충돌을 미연에 방지하게 되어 있다.

그러나 사회의 규모가 커지고 다변화되면 각각의 구성원은 자신과 자신에 밀접한 집단의 이기심을 위해 활동하게 된다. 그래서 사회구성의 다른 집단 및 개인에게 배타적이고 투쟁적이 된다. 그렇지만 그 사회의 머리된 두뇌계층은 각 집단 간의 상호조절과 타협을 중재하여야 한다. 그리고 더 나은 방향으로 이끌어야 하며 지속적인 발전의 근간 아래서 사회개혁을 추진하여야 한다. 더불어 세계 속에서 우리 사회의 우월적 자리매김을 도모해야 하고 장래 후손에게 보다 나은 사회를 넘겨주어야 한다.

사회의 구조가 체계화되고 원활하게 유지되려면 조직구성원의 개개인 혹은 개개집단의 '나뿐'이라는 이기심의 발현을 억제해야 한다. 이것은 집단 전체의 공조체계를 깨뜨리고 상호투쟁 과정에서 서로를 다치게 한다. 그래서 전체 사회조직은 흐트러지게 된다.

아무리 자본주의의 근간이 자유경쟁이며 자신의 발전이 나라의 발전이라고는 하지만 그 자신의 발전이 사회의 다른 구성원의 희생 아래서 이루어지는 것이면 안 된다. 그래서 이기심을 강조하고 남의 희생에서 자신을 키우는 것은 사회악일 뿐 나라 발전의 기틀이 되지 못한다. 과거 우리 조상들 중에 이완용이나 일진회는 자신과 그 집단의 이익을 위해 국가 전체를 일본에게 팔아먹었으며 우리 민족에게 크나큰 상처를 주었다. 이렇듯 어느 누구라도 개인적 이기심의 발현은 사회발전의 초석이 되지 못한다.

현재가 과거의 미래이듯이 미래의 과거가 현재이다. 그러므로 지금의 잘못된 정책 및 사회적 흐름은 미래의 몫으로 남게 되어 있다. 현재의 자신은 아무리 젊다 하여도 머지않아 노령화 될 것이다. 장차 노령화가 되어 사회적으로 무능화될 때 지금의 잘못에 대한 해악을 거꾸로 받게 되어 있다. 그래서 다가올 미래를 대비하여 현재를 잘 갈무리해야 한다.

11) 원칙이 없는 사회

인간이 사회를 구성하는 것은 혼자서 모든 것을 해결할 수 없음에 따른 태생적 불완전성에서 기인하고 있다. 그래서 서로 협조하여 보다 완성된 사회를 구성하도록 노력하고 힘쓰는 것은 당연한 일이다. 그리고 그러한 사회의 구성을 통해 더욱 합리적이고 효율적 삶을 영위코자 하는 데 있다.

이러한 사회유지의 근본은 구성원 사이에서 통용되는 원칙이다. 원칙이 없으면 상호신뢰를 할 수 없게 되고 상호신뢰를 못하면 상호협동이 불가능해진다. 협동이 불가능하면 쉽게 오해하고 적대적으로 변하기 쉽다. 상호 적대적인 경우 결국 이분법에 의한 투쟁이 유발되어 사회 혼란만을 야기시킬 수밖에 없다. 원칙은 이기적이거나 자기중심적 기준에서 세워지는 것이 아니다. 오히려 자신보다는 이타적인 상생의 기준에서 세워진다. 현재의 원칙을 잃어버린 방종과 허영은 미래의 불행에 대한 가불이다. 우리는 과거 역사 속에서 불행했던 시절을 보면서 그 앞서 있었던 좋은 시절에 지켜야 할 절제와 검약의 미덕을 살리지 못한 것에 대한 결과가 그것이라는 것을 망각하고 있다.

'법'을 자신들의 '밥'으로 알고 자의적인 잣대로 사회를 평가하고 개혁하며, '남'을 '놈'으로 여겨 배타적 우월주의에서 남과는 선의의 타협을 거부하고 남이 하면 불륜이요, 자신이 하면 순애보라는 식의 아전인수적 사고방식이 얄팍한 딴따라 문화와 결탁하여 우리 사회근간을 흔들고 있다.

또한 북한과 같이 미래 통일을 이루어 우리의 '짝'이 될 수 있음을 무시하고 무조건 불구대천의 '적'으로 보아 사회적 갈등을 일으켜서는 안 된다. 그리고 가치판단을 흐리게 만들어 우리 사회의 기본원칙을 망가트려서도 안 된다.

인간의 삶은 미래 희망에 의해 가치가 부여되고 그 가치는 생활의 점진적 발전이라는 상황에 의해서만 발현되는 것이다. 원칙은 사회공동체 구성원의 상생을 위하여 서로 돕는(좋은) 것이며 자기 절제를 통해 상호신뢰를 구축하는 데 있다. 그리고 원칙을 손상시키는 나쁜(나쁜)만이라는 생각을 가지고 모든 가치를 세우면 개개인 간의 갈등에 의해서 상호신뢰가 상실된다. 나 자신에 대해 내적으로 이기적인 사고를 갖는 것은 정당하다. 그러나 그것을 아무 때나 외부에 표출시켜 행동으로 옮길 경우는 주의해야 한다. 다시 말해서 자기중심적 사고에서 이기적인 행동으로 모든 일을 처리하면 '나쁜'이 될 수밖에 없다. 이기심의 결과가 중용의 단계를 넘어 남에게까지 영향을 미치도록 하는 행위를 통해 우리는 상호 간의 존중으로 얻어지는 원칙을 잃어버리고 있다. 그 결과 원칙이 없음으로 인해 되는 일도 없고 안 되는 일도 없는 지리멸렬한 사회풍토를 조성하게 된다. 이러한 풍토는 부메랑이 되어 모두에게 그에 대한 혹독한 사회적 대가를 받게 한다. 또 우리는 그 대가를 우리 스스로가 지불해야 한다.

지금 우리의 한국사회는 근시안적인 장사꾼 논리에 의해 기준이 세워있고, 이제까지 잘 지켜져 왔던 원칙을 하나씩 무너뜨리고 있다. 요령과 임기응변으로 매사의 일을 처리하려 하고, 실제 행동보다 말이 앞서며, 아집과 독선으로 남의 말을 듣지 않으며, 지켜야 할 자신의 말에 대한 신뢰성을 주지 않고, 책임을 져야 할 상황에서도 누구도 책임을 지지 않기 때문에 사회적 원칙을 지키고 세우기가 더욱 어려워졌다.

4. 노동 및 교육복지

1) 분배정의 문제

국가의 재정운영은 그 나라 국민들에게 적절한 분배를 전제로 설정이 되고 시행된다. 그래서 국가예산을 수립할 때에는 지역 사회계층 등의 각 분야에 대해 적절하게 분배되어야 한다. 그리고 그 분배하는 방법에 대하여 여러 가지의 검토가 필요하다. 또한 검토의 결과 가장 효과적이고 합리적이면서 공정성을 잃지 않는 조건에서 집행되어야 한다. 국가의 재정 및 예산은 국민의 세금으로 이루어지기 때문에 다시 국민에게 골고루 수혜가 가도록 예산이 편성되어야 한다.

그러나 우리 사회는 외환위기 이후 위기에 대한 해법으로 국민과 재산을 담보로 많은 외채를 빌려 왔다. 그 빌린 돈을 공적자금으로 활용하여 벤처, 금융, IT산업 육성 등의 명목으로 일부 계층에 돈을 집중적으로 나누어 주었다. 그리고 그것을 통해 재분배되도록 하는 방법을 썼다. 그러나 금융기관을 통한 나눠먹기의 엉터리 해법에 의해 국민의 대다수는 수천만 원씩의 빚을 지게 되었다. 그리고 앞으로도 근본적인 정책이 수정되지 않는 한 계속 개개인의 빚은 늘어만 갈 수밖에 없는 상태에 놓여졌다.

이러한 실정을 가계에 비유해 보면, 부모인 국가가 남(외국)으로부터 돈을 빌려와 자식들(금융기관, 기업)에게 나누어 주는 것이다. 그리고 그 돈을 이용해 사업을 하여 이익을 내라고 하였다. 그러나 자식들은 서로 상대방 돈을 딸 생각으로 도박판(금융대출 및 부동산 투기)을 벌였으며 결국 서로 가족끼리의 돈을 따는 데 혈안이 되었다. 그렇지만 부모는 그것을 적절히 조절하지 못하고 부추기거나 우왕좌왕하고 있는 상황이다. 더욱이 도박판에는 개평을 떼는 고리대업자(외국 헤지펀드)가 옆에 와 있다. 그래서 그들이 도박판의 고리를 챙기고 그 고리 돈으로 돈 잃은 자식들에게 또 돈을 빌려 주고 있다. 그리고 이자를 받아 챙겨 나가는 형식으로 자식들의 돈을 갈취하고 있는 것이다. 더욱이 도박을 하는 자식들은 도박하는 시간에도 잘 먹으려고 이것저것 고급요리(부동산 투기, 재건축, 재개발, 해외 여행 및 호화 외재수입)를 시켜 먹고 있다. 그래서 '신선놀음에 도낏자루 썩는지도 모르고' 있다. 그러나 결국에는 나누어준 노름 밑천도 바닥나고 빚만 남게 되었다. 이러한 과정이 반복되면 자식 누구도 밑천조차 남지 않게 되고 옆에서 돈을 빌려준 고리대업자만 이익을 보게 된다. 또한 이 과정에서 부모의 빚이 커지고 밑천이 고갈되면 과연 외부에서 돈을 더 빌려올 수 있을 것인가 심히 의문이다.

우리 한국의 현 실태를 비추어 보면 앞서의 가족끼리 도박을 하여 전 재산을 탕진하는 것과 무엇이 다르랴. 금융 및 증권 등을 이용해서 무주공산격인 외채를 서로 나누어 먹고 나면 그 책임은 모든 국민에게 전가된다. 외국돈을 빌려 저금리 기조를 유지하는 과정에서도 일부 계층은 부를 축적하고 있으며 마치 '위기가 기회'인 것처럼 기만하고 있다. 그들은 자신들의 지위를 이용하여 쉽게 저금리로 대출을 받고, 자신들이 주도하는 미공개 정보를 이용하여 투기를 하고 있다. 그러므로 그러한 자들의 전횡으로 인해 균형분배가 깨져 가고 있는 것이다. 이러한 때에도 오히려 저소득층 및 일반서민은 담보 등의 요구로 대출이 어려워 사업자금조차 구하기 쉽지 않다. 그로 인해 가면 갈수록 계층 간의 빈부격차가 심해지고 있다. 저금리로 인해 저축의 실효성은 없어지고 무분별한 대출로 대다수 국민이 빚을 지게 되었다. 이 때문에 사회빈부의 구조가 중간계층이 없는 호로병 형태로 변화하였으며, 중산층은 거의 없어져 가고 있다. 그리고 일부 부유한 층과 대다수의 빈곤층으로 나누어지고 있다. 그러므로 현시점에서는 분배정의에 대한 원칙이 재정립되어야 하며 철저한 투기방지책 및 사회지도층에 대한 각성이 요구된다.

특히, 정책입안자 및 집행자인 공무원이나 고위층 인사가 투기를 통해 재산을 증식하고 있다는 것은 고양이에게 생선가게를 맡긴 꼴이다. 또한 국가 장래의 변화 및 발전을 위해 조정권을 가진 자가 자신을 위해 치부하는 것 또한 균형 있는 분배정의 원칙을 저버리는 지극히 이기적인 행동이다.

이러한 과정에서 그들은 우리 후손들이 책임져야 할 외채를 눈먼 돈으로 여겨 마음껏 허비하고 있다. 그리고 주인 없는 공돈으로 여겨

중간에서 법적 규제만을 피해 개인의 재산으로 갈취하는 파렴치한 행동들을 하기 때문에 사회의 분배정의가 성립될 수 없는 것이다.

2) 노동운동과 분배

국가경제의 가장 중요한 요소는 그 구성원들에게 부여되는 균형분배일 것이다. 그러나 분배의 원칙상 분배 자체가 모든 구성원의 능력에 따라 부여되므로 결과적으로 차등분배가 될 수밖에 없다.

이러한 분배적 정의를 나무의 측면에서 살펴보자. 굵은 가지는 많은 구성원(나뭇잎)을 갖고 있으면서 더 많은 자양분을 뿌리 혹은 줄기로부터 나눠 갖지만 결과적인 나뭇잎 크기는 현저하게 차이가 나지 않는다. 이러한 분배방식은 상호크기만큼의 분배에 의해 이루어지는 일종의 균형분배이다. 이것은 인간을 자연의 일부분으로 볼 때, 나뭇잎과 같이 고르게 분배되는 것은 모든 제도 및 분배과정의 원칙에서는 타당하다고 생각된다.

육식동물을 보자. 육식동물은 무슨 권리로 초식동물을 잡아먹는가? 단순히 양육강식이 자연스러운 생태의 원칙이기 때문이다. 결국 자연이 그 구성인자를 자연스럽고 균형 있게 유지하기 위해 어떤 일부에게 악역을 맡길 수밖에 없다. 육식동물도 초식동물도 초기에는 유사한 종에서 시작되었을 것이다. 그러나 자연이 부여한 자신의 역할에 맞게 진화하다가 현재에 이르렀다고 본다.

육식동물은 고기를 먹기 좋게 입, 소화기관 등이 형성되었고 초식동물은 식물을 섭취 소화하도록 입과 소화기관이 발달되었다. 이는 자연의 순환법칙 일부로서 모든 종의 동식물이 자기 역할을 하고 그에 맞추어서 생명을 유지, 발달, 진화하도록 되어 있다. 그러나 현재 인간은 만물의 영장이라고 하면서 먹이사슬에서 이탈해 나와 거의 모든 종의 동식물을 먹고 소비한다. 이 과정에서 인간은 자연이 이루어 놓은 균형이 갖추어진 생명의 순환법칙을 깨트리고 있다. 다시 말하면 자연의 자연스러움을 손상하고 있는 것이다. 이렇듯 인간의 생육번식 자체가 자연에 대한 심각한 손상으로 나타나 미래에 인간이 자연 속에서 영속적인 존재 가능성 여부까지도 우려가 된다.

개개인의 노동생산성을 각 분야에서 살펴보자. 자신이 실제로 사회조직 시스템 내에서 생명존재에 필요한 먹이생산에 얼마나 기여했는가를 생각해보자. 이것을 기준으로 하면 대다수의 사람들, 특히 단순 서비스산업의 사람들은 별로 기여함이 없다고 말할 수 있겠다. 그러나 사회구조상 그들이 오히려 더욱 큰 혜택을 받고 있다. 즉, 인간의 편의성에만 치중된 노동패턴은 앞서의 자연법칙을 따르지 않는다. 오히려 삶의 편의성에 따라 편협된 자신의 존재이유를 만들고 합리화해 나가고 있으며 그 부가적 혜택만을 받고 있는 것이다.

우리의 경제활동 일부인 산업생산 활동으로서의 노동은 대부분 인공적인 것이다. 그렇기에 노동은 자연의 일부로서의 인간활동은 아니므로 자연스러움을 벗어나서 자존적인 활동으로 변화되어 있다. 대다수의 인간은 역할에 맞게 자신의 노동력을 제공하고 그것을 통해 생명유지에 필요한 모든 것을 얻고 모으고 저장한다.

국가를 나무로 본다면 국가에서 전체구성원에게 공급되는 재화는 뿌리에서 공급되는 영양분과 같이 총체적으로 그 흐름이 결정되어 있다. 다만 분배과정에서 구성원 개개인의 기득권 혹은 개개인이 모인 집단단체의 이기심 및 응집력에 따라 불균형 분배되고 있는 것이다.

특히, 집단의 경우 노동의 생산적 역할보다는 집단 이기심의 크기와 집단 응집력에 의해 사회적 분배량을 더 크게 요구하고 있다. 외연적으로는 노동쟁의가 노사 간의 타협에 의해 결정되는 것처럼 보인다. 그러나 결국은 그들 집단의 노사 간에서 이루어지는 합의행위는 가격상승 등의 방법으로 이익을 더 취해서 나눠주는 것으로 귀결된다. 그렇기 때문에 실제적으로는 그 집단 외에 다른 사회구성원에게서 분배될 이익을 탈취하는 꼴이 되는 것이다.

예를 들면 지하철 노조의 임금상승을 위한 파업은 결국 지하철 요금을 올려서 해결하고 있다. 이것은 그 외의 사회구성원들의 주머니를 더 털어가는 행위일 뿐 자신의 생산성 및 서비스 질을 높여서 임금상승을 하는 것이 아니다. 대기업과 같은 경우도 생산 부분의 임금상승을 위한 노동파업도 또한 동일하다. 그들이 더욱 많은 생산품을 생산하여 자신 집단에 이익을 창출하고 그 상승된 가치로 임금상승을 하는 것이 아니다. 그 외 사회구성원에게 자신들이 독과점한 생산품의 가격을 상승시켜 그것으로 자신의 이기심을 채우는 행위를 하는 것이다. 노동운동은 실제적으로 노동자의 임금상승을 주도하고 있다. 그러나 임금이 상승하여도 삶의 질은 전혀 변하지 않는 것은 전체집단 간의 이기심 발현으로 총체적 물가가 상승하기 때문이다. 그래서 임금이 상승하여도 실제적 임금상승의 효과가 없는 것이다.

최근의 선진국은 노동운동에 대한 국가의 부담을 줄이기 위하여 노동쟁의 가능성이 높은 산업을 주변의 개발도상국으로 이전하고 있다. 그들이 축적한 자산 및 자본금으로 돈놀이에 치중해 가고 있는 이유 또한 이것에 기인한다.

외국에 돈을 빌려 주거나 투기자금을 쏟아 붓고 그에 대한 이자 및 투기이익을 취하여 자국민의 생활 경제운용에 활용한다. 그리고 그 성과물을 자국민의 복지에 사용하여 이기심을 충족시켜 주고 있어 점점 더불어 살기 어려운 세계화로 치닫고 있는 것이다.

미국, 유럽, 일본 등의 선진국이 자국 내의 금융기관을 세계화시키는 것과 저금리정책을 쓰는 것도 이 때문이다. 그들 모두 건전한 산업생산에 의해 국가를 운영, 발전시키기보다는 금융기관을 통해 세계를 대상으로 이자 돈놀이하는 국가로 자리매김하려는 의도이다. 이러할진대 우리와 같은 외채국가는 이러한 국가의 착취대상으로 남아 아무리 열심히 노력하여도 국부를 이루기 어려운 상태가 될 것이다.

3) 청년실업의 원인

청년실업이 300만이 넘어 400만에 육박해가고 있다. 왜 이렇듯 청년실업이 늘어가고 있는가? 가장 큰 이유는 사회에 형성되어 있는 직업에 대한 허상과 베짱이 근성에 기인한다. 소위 젊은이들이 배척하는 3D업종과 상대적으로 낮아 보이는 임금의 중소기업들은 직원 하나 구하기 어렵다. 이와 같이 임금이 낮고 힘이 들면 차라리 일을 하지 않고 집에서 부모에 기대어 허송세월을 보내려 하고 있는 것이다. 이러한 신세대의 사고방식 때문에 잠재 실업형태의 청년실업자가 계속 늘고 있는 것이다.

이에 대한 악순환으로 비교적 저임금의 제조업은 저임금의 외국인 노동자를 쓰거나 임금이 낮은 외국의 공장 등으로 기업체를 이전하고 있다. 그래서 취업을 유도할 국내의 기업수가 줄어 들어가기 때문에 더욱 취업기회는 줄어들 수밖에 없다. 더불어 기업과 은행은 신용카드 회사를 만들어 소득이 없는 청년들에게 신용카드를 과다 발급하여 갚을 능력이 없는 젊은 세대들을 신용불량자로 내몰고 있다. 그리고 은행이나 카드회사는 그들을 대상으로 돈놀이를 계속하고 있는 것이다. 더욱이 젊은이들은 쉽게 낭비하고 노력 없이 적당히 카드빚으로 해결하려 하기 때문에 카드 돌려막기 또는 '카드깡'으로 상황을 악화시키고 신용불량자가 되는 것이다.

국가는 경기부양을 목적으로 외평채로 들어온 돈을 은행 및 금융기관을 통해 국민에게 돈놀이를 하게 방조하였다. 그 때문에 우리 스스로는 빚의 사슬 속에 묶여 미국, 일본 등의 경제 종속국가로 전락하고 있는 것이다. 개인이 카드를 이용해 쉽게 돈을 구할 수 있으면 누가 힘든 일을 해 자신이 필요한 돈을 벌려고 할 것인가 한번 되묻고 싶다. 쉽게 구해진 돈을 나중에 어떻게 갚을 것인가를 생각하지 않는다. 또한 그에 대한 구체적 대안 없이 빌려 쓴 돈은 유흥비나 사치성 낭비에 사용될 것은 자명하다. 이 때문에 최근의 한국사회에서 보이는 바와 같이 소비성 문화인 영화산업에 천만 명 이상이 영화를 관람한다는 것도 이러한 맥락에서 살펴볼 수 있는 것이다.

성실하게 일하고 열심히 사회활동을 하는 사람들은 시간이 부족해서 영화를 가서 볼 확률은 그다지 높지 않다. 그러나 오히려 낭비성이 심한 사람들이 시간 보내기와 자신에 대한 오락충족 욕망 때문에 영화관람을 이용하게 된다. 이렇듯 영화관에 접근하는 층은 생산성이 낮은 학생계층과 청년실업계층이 주도하고 있는 것이다. 이것으로 보아 이는 청년실업의 악순환 연결고리의 한 반영으로 보인다.

일을 하지 않아도 부모덕에 먹고살 만하다는 것은 청년실업의 원인 중에 하나가 그들의 부모에게 있다는 것이다. 부모에게 의존하는 형태의 삶은 그들의 부모들이 자신의 자식들을 무기력하게 만들어놓은 것이다. 그 결과 자신들이 나이가 들어 무능력하게 되었을 때 자식으로부터 그 부모들은 천덕꾸러기가 될 수밖에 없을 것이다. 또한 그 자식들은 부모 밑에서 사회를 헤쳐 나갈 능력을 배우지 못했기 때문에 노령화된 부모의 부양은 불가능해지는 악순환이 계속될 수밖에 없다. 그래서 노령화 사회에서 부모들은 자식들의 보호를 받지 못하고 노후 불안정 사회 속에 살게 될 것이다.

이렇듯 청년실업은 외국돈을 빌려 와서 갚지도 않고 금융기관을 통해 국민들에게 돈놀이하는 과정에서 생겨났다. 이것이 쉽게 살려는 청년층을 양성했고 더불어 그들 부모까지 동조하여 그들이 청년실업자가 되게 만들었다. 그래서 청년층 실업의 해결법은 억지로 창출된 일자리가 아니라 외국에서 빌려온 돈을 조속히 갚고 우리의 근면검약 정신을 고양하여 일하기 싫다는 의미의 3D업종이 사라지도록 하여야 한다. 그래서 이루어진 건실한 직업관에 의해 사회에 기여하는 사회풍토를 조성해야 한다.

현재의 청년실업은 장차 우리에게 다가올 고령화 사회에 치명적 영향을 줄 수 있음을 인식하여야 한다. 그리고 나태한 포퓰리즘이나 부질없는 일확천금 등을 조장하는 정책 등을 지양하여 새로운 분위기의 발전지향적 국가사회건설이 필요하다.

4) 노동귀족

우리사회의 민주화 이후 노동운동은 국가의 공적 탄압에서 해방되어 노, 사, 정의 한 축으로 자리를 잡았다. 이때 그 이전의 노동운동에 대한 반대급부로 노조의 지도자들은 상대적 대우를 받게 되었으며 또 하나의 관리자로 자리 잡게 되었다. 노조의 전임자로서 회사 내의 특별대우와 심지어는 노조의 대표자로서 경영권에 영향을 미칠 수 있는 위치에 놓이게 되어 경영자의 일원으로서의 역할까지 하게 된 것이다.

청출어람(靑出於藍)과 같이 평범한 노조원에서 노동조합장으로 선출이 되면 그 이후 정치적 색채를 띠게 된다. 그리고 노조의 대표성을 가지고 활동하게 된다. 그러한 가운데 노조 내에 자신의 조직체계를 갖추어서 전체를 총괄하는 또 다른 지배계급 구조를 형성한다. 이러한 계급체계는 공산주의 국가의 세포책임당원과 같은 역할을 하게 되어, 갖은 혜택을 받을 수 있는 노동귀족계급이 되는 것이다.

노동조합의 개념은 노동자 개개인 간의 평등성에서 시작된 것이다. 그러나 결국에는 내재적 계층구조가 형성되어 노조원 계층 간에 차별화가 생길 수밖에 없다.

중소기업 및 대기업의 하청기업의 노조는 대기업 및 공사의 노조에 비해 구성인원 및 규모 면에서 작고 취약하므로 자신들의 이익을 대변하는 조직을 구성하기 어렵다. 오히려 대기업 노조에 의해 상대적 착취를 당하거나 박탈감을 느끼게 되기 때문에 이러한 관점에서 볼 때 노동조합 간의 차별화된 계층구조의 형성을 피할 수 없게 된다.

노동조합은 노동귀족인 노조책임자 및 조합장의 지도력에 따라 활성화 된다. 그렇지만 그 반면에 그들의 인사 및 경영권 개입과 같은 전횡에 의해 역으로 개개노조원들이 피해를 받는 경우도 생길 수 있다. 이러한 노동조합 간의 혹은 노조구성원 간에 생기는 불평등 구조는 노동귀족과 구성원 사이의 신뢰성을 상실하게 한다. 그리고 과격한 노조를 만들어 노사 간의 화합에도 나쁜 영향을 미친다. 더욱이 상호 신뢰성의 상실은 '죄수의 딜레마'에 빠지게 되어 노-노 간에 혹은 노-사 간의 합의도출에 어려움을 주고 과격한 노동운동으로 이끌어가게 된다.

5) 고령화 사회

과학, 의술 등의 발달로 인간은 점차 병에 의한 고통을 줄이고 수명은 늘어나고 있다. 이로 인해 노령계층의 인구가 크게 증가되어 가고 있다.

산업사회에서 노령이란 연령적 문제보다는 산업 일꾼으로서의 육체적 능력저하가 보다 더 큰 문제이다. 현재 우리 사회에서는 일정 연령 이상의 사람을 은퇴 및 퇴직시키는 정년제를 도입하고 있다. 이것은 과학, 기술, 산업사회에서 개개인의 기능성과 일에 대한 추진성을 중요시하기 때문이다. 그래서 이에 대한 능력이 떨어지는 노령자를 등한시하여 사회적으로 도태시키는 고려장적 방법이다.

또한 고령화는 노령자 자신에게 오는 무력감과 매사에 자신감을 잃어버리는 자기 도태의 심리상태가 문제이다. 그래서 노령자들은 직업활동에 소극적이 되기 때문에 노후에 대한 충분한 준비가 되어 있지 않은 사람들은 그들에 대한 복지를 국가가 떠맡게 된다. 특히, 현재 한국에서와 같이 자식들이 스스로 노력하여 무엇을 구하려고 하지 않고 부모에 기대어 쉽게 사는 방법만 배우고 있는 것은 고령화 사회를 해결하기 어렵게 하는 요소이다. 그리고 그 과정에서 늙은 부모를 공경하는 마음가짐이 소홀해지고 젊은이들은 자신의 이기심만 키워 근로를 통한 부모의 노후봉양을 등한시하게 된다.

그때에는 그들의 고령화된 부모부양에 대한 책임 또한 국가의 몫으로 남게 된다. 이렇듯 무능한 젊은이들의 양산으로 인해 청년실업 인구가 증가되고 대책 없는 고령화의 폐해는 국가가 떠맡아야 한다. 이러한 점을 고려할 때 단순히 인구를 늘려 고령화 시대를 대비한다는 것은 판단착오이다.

오히려 노년층을 경제 산업인력으로 재활용할 수 있는 노인 활용 방안이 필요하다. 즉, 노인의 경험과 두뇌활용을 위한 의무 재교육기관 설립과 장애인 의무채용과 같은 노인 의무채용 및 정년연장 등의 정책적 배려를 해야 한다. 또한 노령자들의 자활을 위한 산업체계의 일부 개편으로 보다 합리적이고 미래지향적인 대책이 세워져야 한다. 단순히 인구증가에 의한 고령화 대책은 책임을 후세에 돌려 현시점에서는 아무 대책 없이 쉽게 처리하겠다는 발상밖에는 안 된다. 특히, 우리나라와 같이 좁은 땅에 수용할 수 있는 인구의 한계가 뻔한데도 인구증가에 의한 노인복지정책은 장차 과밀인구에 의한 더 큰 문제를 야기할 수밖에 없다. 그래서 '여우를 피하려다 호랑이를 만나는' 어리석음을 범하게 될 우려가 있다.

6) 고액과외

자유민주주의와 자본주의 사회에서는 모든 사람에게 기회가 균등하다. 그러나 이러한 기회균등도 돈에 의해 결정된다는 것은 잘못된 것이다. 또한 소위 학벌로 지칭되는 교육기관 간의 격차에 의해 불평등하게 된다는 것은 더욱 큰 문제이다. 그러나 현재의 실정은 교육기관 간의 격차에 의해 기회가 주어진다.

그래서 많은 사람들이 교육을 통해 신분상승을 꾀하려는 목적으로 남보다도 유리한 학벌을 갖고자 한다. 때에 따라서 그것이 여의치 않을 경우 돈을 이용한다. 그 때문에 고액과외나 사적인 교육에 치중하는 것이다.

특히 기존의 기득권층은 자신의 자식들이 교육적 단계에서 다른 사람에게 뒤처지는 것을 싫어한다. 그래서 뒤떨어지는 것을 막기 위해 사교육에 고액의 돈을 써서 교육적 차별을 주고 있다. 이 때문에 교육과정에서도 돈이 개입되어 신성한 교육풍토를 흐리고 있다. 그래서 이러한 고액과외는 빈부격차의 고착화를 시키는 또 다른 요인이 되기도 한다.

그러나 사교육의 일부인 학생과외는 청년의 실업을 줄이는 하나의 방편으로 노동에 따른 분배정의의 차원에서 보아야 한다. 다만 이러한 과외가 직업의 하나로 고착되어서는 안 된다. 청년의 노동시장을 확대하고 그를 통해 상위층의 부가 교육 분야에 재분배되는 차원에서는 필요한 사회악이다.

더불어 사교육이든 과외든 교육에 돈이 관련되는 것은 금전만능주의의 또 다른 극단적 행태이므로 국민적인 협의에 의해 그 범위가 정해져야 한다.

7) 교육자 간의 격차

교육자 간의 격차는 초등, 중등, 고등교육을 담당하는 교육자의 의식차이에 대한 차이를 말한다. 지금의 초등학교는 가면 갈수록 교사들이 여성화되고 있다. 이러한 이유는 초등학교 교사에 대한 사회적 차별의식에 기인한다.

여성의 경우는 부부간 맞벌이의 하나로 초등학교 교사가 선택되어 가계의 별도 수입처럼 인식된다. 그러나 남성의 경우는 가장으로서 혼자 벌어들인다는 이미지가 강하다. 이러한 점이 남성교사가 여성교사에 비해 직업적으로 열악한 것으로 여겨진다. 그래서 남성들은 배금주의의 관점에서 자연스럽게 초등교사직을 기피하게 되는 것이다.

이러한 측면에서 본다면 초, 중등 교사의 임용이다. 채용 또는 급여의 지급에 있어서 남, 녀의 구별이 필요하다. 왜냐 하면 남자교사는 자신의 수입이 가계의 중심이나 여자교사는 부업과 같이 되어 남녀 교육자 간의 심각한 격차가 생기기 때문이다.

8) 3D업종 기피

3D업종이란 어렵고 힘들고 더러운 직종의 직업을 뜻한다. 우리는 이것을 기피하고 있다. 그리고 후진국의 외국인 근로자를 불러들여 우리 대신 일을 하게 한다. 물론 아무리 어렵고 힘들어도 누군가가 반드시 해야 할 일이 있다. 그러나 우리의 경우는 우리 스스로가 해야 할 일을 남에게 떠맡기고 있다.

거대한 로마는 자신들에 의해 고용된 게르만 용병에게 멸망했다. 자신들이 직접 해야 할 국가방위조차도 남에게 맡기다가 결국 멸망을 자초한 것이다. 이렇듯 역사는 어리석음과 나태함으로 인해 자신의 일을 남에게 떠맡기는 행위를 용서하지 않는다.

우리의 3D업종 또한 마찬가지이다. 우리는 배금주의 사고에 빠져서 산업생산에 등한시하고 있다. 우리 산업이 우리 손에 의해 지켜지고 유지되어야 하는데도 불구하고 돈이 되고 쉬운 일만 선택해서 하고 있다. 그렇게 하다가는 결국 우리는 이제까지 잘 지켜왔던 산업의 모든 것을 일순간 잃게 될지도 모른다.

9) 이익단체와 집단이기

우리 사회에서 배금주의 의식이 가장 잘 드러나는 행위 중의 하나가 이익단체에 의한 집단이기적 행동이다. 의약분업 시행 시 의사와 약사 간의 힘겨루기나 한의약 문제가 있을 때 이해당사자 간의 타협 없는 투쟁, 그리고 법학 대학원과 사법시험 합격자 간의 집단행동 등 이루 말할 수 없다. 이러한 사회 각 분야에서 이익단체 간의 밥그릇 싸움은 남이야 어떻든 자신만 살고 보자는 생각에서 나온 행동이다. 이것은 아전인수식의 배금주의 사고방식의 구현이다. 그래서 이익단체 간의 싸움은 타협이란 없으며 항상 극단적으로 치달린다.

또 하나의 집단 이기심의 발현은 님비(Nimby: Not in my back yard) 현상이다. 이것은 자신에게 불리한 여러 가지 사회 간접자본을 자신의 주변에 설치하지 못하게 하는 집단행동이다. 그러나 자신에게 불리한 시설은 남에게도 좋을 리가 없다. 내가 피해를 받지 않는다면 어떠한 곳도 상관없다는 식의 발상은 잘못된 이기심이다. 이러한 이기심은 배금주의 사고에 의해 남에게 조금도 손해 볼 수 없다는 생각에서 만들어진 것이다.

10) 숙련공 부족

우리의 미래를 위해서는 과학의 발달과 기술의 숙련에 의한 산업의 고도화가 필요하다. 그러나 지금 산업체에는 숙련공이 점차 줄어들고 있다. 특히 청년층의 기능공과 숙련공이 급격하게 줄어들어 앞으로는 각종 산업분야에 기술을 주도할 기능인력의 부족이 사회문제가 될 수 있다.

더욱이 우리의 미래를 짊어질 신세대가 쉽고 편하게 살려는 의식이 팽배해지면서 기술을 힘들여 배우고 숙련시켜 나가는 이공계 분야를 기피하고 있다.

이 때문에 산업기술의 세대 간 단절이 생겨 장차에는 우리가 소유하고 있는 훌륭한 기술들이 사장될 수밖에 없을 것이다. 이것은 선진국에서도 마찬가지이다. 지금 선진국들은 별 노력 없이 부를 취할 수있는 금융산업을 중점적으로 육성시키고 있다. 그러면서 과학기술산업을 등한시하여 과학기술분야가 중진국에 추월당하고 있다. 그래서지금 유럽과 미국의 산업은 중국과 인도 등의 후발국에게 잠식당하고 있는 것이다.

우리 또한 마찬가지이다. 지금과 같이 기술분야를 등한시하여 숙련된 기술자가 대를 잇지 못하고 단절된다면 지금의 선진국이 겪고있는 상황을 우리도 되풀이할 것이다.

11) 복지와 거품경기

빈부격차로 인한 우리 사회의 위화감을 줄이기 위해서는 분배에 대한 국가의 개입이 필요하다. 그래서 수정자본주의 국가에서는 국가에 의해 부의 재분배를 목적으로 복지예산을 편성하고 집행한다. 이러한 복지제도는 무능하거나 노약한 사람들은 일을 하지 않아도 먹고살 수 있는 길을 열어 주는 것이다. 다시 말해서 복지란 힘든 노력을 하지 않고도 살아갈 수 있도록 국가가 최소한의 생활을 보장해주는 제도이다. 이것이 수정 자본주의의 핵심이라고 보아도 좋다.

그러나 복지라는 것은 그것에 필요한 예산을 확보하여야 할 때 문제가 생긴다. 다시 말해서 복지에 필요한 예산을 확보하기 위해 누군가 대신하여 더 많은 일을 해야 한다는 것이다. 그리고 세금을 더 내거나 더 부담을 해야 한다. 그렇지 않은 경우에는 복지에 쓰일 재정이 어딘가에서 보충이 되어야 한다. 이것 때문에 최근에는 각 국가 지도자들이 국민의 환심을 사기 위해 돈놀이하는 선진 외국으로부터 돈을 마구 빌려 오고 있다. 그리고 적자재정을 운영하여 마치 세금을 덜 걷는 좋은 국정운영을 하는 것처럼 위장하고 있다.

국가재정은 기업의 재정과는 다르다. 국가재정은 마치 가정의 가계와 같아서 들어온 수입만큼만 지출이 되도록 균형재정이 되어야 한다. 다시 말해서 수지타산이 맞는 국가재정이 운영되어야 한다는 이야기다. 그런데 정부는 무조건 쓰고 보자는 식의 분에 넘치는 예산을 편성해놓고는 마구잡이로 외채를 들여다 쓰고 있다. 빚은 언젠가는 갚아야 한다. 내가 지금 흥청망청하여 진 빚은 우리 후손의 땀과 고통으로 갚아야 한다.

적자재정은 마치 '빌린 돈이면 남의 소도 잡아먹듯' 하기 때문에 우선 쓰기 좋도록 많은 예산을 편성한다. 그리고 마구잡이 집행을 하고는 누구도 책임을 지지 않기 때문에 문제이다. 그 과정에서 불필요한 예산집행이라든지 횡령이라든지 각종 비리가 만연하게 된다. 이것이 사회적으로 큰 병폐를 만들어낸다. 그뿐만 아니라 멋모르고 부화뇌동하는 국민에 의해 과소비와 거품경기를 일으켜 경제를 파탄 나게 하는 것이다.

우리의 적자재정도 이와 같다. 국가재정 상태를 무시하고 무조건적인 복지를 시행하다가는 무모한 과소비와 거품을 일으켜 재정적으로 파탄날 것이 불 보듯 뻔하다. 그리고 이러한 것을 본격적으로 느낄 때는 이미 늦은 것이다.

CHAPTER

03

미 래

1. 미래 어떻게 될 것인가?

1) 저성장 국가화

1960년대부터 2000년대까지 우리나라는 여러 가지 요인 및 경과과 정을 통해서 고도성장을 해왔다. 그리고 아직도 우리 국민의 대다수 는 고도성장이 계속될 것이라는 착각 속에서 살고 있다. 21세기는 세계국가들 상호 간에 과학기술의 이해도가 커져 일부 첨단과학을 제외한 일반적인 과학기술은 평준화가 되어 가고 있다. 그리고 각 국가의 과학기술의 발전으로 점차 독점적 기술력을 향유할 수 없게 되어 가고 있다.

그래서 '우리가 할 줄 알면 남도 할 수 있다'는 점을 명심하지 않으면 우리도 모르는 사이에 산업의 각 분야를 남에게 추월당하기 십상이다. 특히 우리나라의 경우는 인접 중국으로부터의 과학기술산업에 대한 도전으로 현재의 산업과학기술에 대한 현상유지가 어려워질 것이다.

결국 우리는 우리를 대표한 첨단과학산업을 키우지 않고는 살아갈 길이 막막해진다. 다시 말해서 일반화된 과학기술인 반도체칩이나 자동차산업, 조선산업 등의 기타 중공업분야의 산업으로는 우리의 현 위치를 유지하기 어려운 때가 다가올 것이다. 점차 우리가 유리하다고 생각된 산업이 인접국가에 의해 잠식되면 결국 경쟁에 지게 되어 있다. 그래서 우리가 저성장국가 혹은 마이너스성장 국가화가 될 것은 자명한 일이다. 현재와 같이 일부 산업이 유리한 위치에 있다는 점만 믿고 착각을 하거나 허황된 생각을 갖고 있어서는 안 된다. 그리고 그것만을 믿고 앞으로의 국가정책이 계속되다가는 어느 결에 인접 중국에 의해 중요한 산업의 대부분이 잠식되거나 추월당할 것이다.

지금은 과거와 같이 이데올로기에 의해 공산주의 국가들과의 교역이 제한되거나 한정된 국가들과의 교역으로 서로 간의 필요한 무역을 하는 것이 아니다.

그동안 우리의 최대 시장인 미국의 경우를 보더라도 이미 소비재 및 생산재의 상당 부분을 과거 무역거래가 없었던 공산국가로부터 수입하고 있다. 그렇기 때문에 우리의 미국시장 의존도가 점차 떨어질 수밖에 없다. 그래서 우리가 미국시장만을 믿고 세워왔던 산업체의 기본구조조차 변경해야 할 시점에 와 있다. 그렇지만 아직도 그에 대한 적정한 정책을 세우지 못하고 있는 것 같아 우려스럽다.

우리에게 직접 교역적 혜택을 주던 미국은 이미 자국 보호주의로 전환했다. 그렇다고 교역에 다변화를 위해 기타 과거 공산국가였던 동구제국에 진출하고자 하여도 그에 대한 기본정보는 매우 취약하다. 그나마 과거 대우가 진출해서 기본적 바탕을 만들었던 것을 모 대통령시절 외환위기 해결이라는 정책하에 풍비박산하였다.

국가 간의 국제정보의 빈약과 내 닭 잡아먹듯이 국내에서만의 경기를 활성화시키는 것은 문제이다. 그리고 첨단산업에 대한 투자보다 외국에서 빌려온 돈으로 국내에서 돈놀이나 하고 개인적 부를 치부하려고 하는 행위 등이 어느 것도 국가의 백년대계에 도움이 되는 못한다.

그런데도 우리는 현재 상황에서 안주하려는 생각을 갖고 있다. 그리고 그것에 의해 국가가 이끌려가고 있는 것을 보면 정말 큰일이 아닐 수 없다. 외국에서 빌려온 돈의 상당수는 증권 및 부동산을 통해 다시 외국으로 유출되고 있다. 그러나 그것에 대한 구체적 대책 또한 없다. 설상가상 과거 정권에서는 외국에서 빌린 돈으로 남북 화해무드 조성을 위해 이북에다 퍼주기를 하였고, 그 과정에서 관련자의 중간착복까지 이루어졌다. 또한 금융기관을 통해 주택투기를 조장하거나 방치하여 그 모든 것이 국민의 빚으로 남아 우리 후손들이 갚아야 할 짐이 되었다.

이러한 빚은 우리가 다시금 '동방의 등불'로 태어나는 데에 심각한 저해요소로 남을 것이다. 21세기는 전 세계가 공통적으로 평준화되어 저성장화될 것이 자명하다. 그런데 우리는 과연 저성장이라도 할 수 있는 미래계획을 세우고 있는지 의문스럽다. 또한 이러한 사회적 무원칙주의와 정신적 이완이 우리 국가를 영원히 저개발 국가의 나락으로 떨어트리는 것은 아닌지 모르겠다. 더욱이 저성장이라는 것은 우리처럼 남의 빚을 진 경우에는 그 이자도 물기 어려운 상황이 될 수 있다. 그렇기 때문에 현재와 같이 빌린 돈을 마음껏 쓰며 전혀 절약하지 않으려는 국가정책이 장차 어떠한 화를 불러올지 심히 우려가 된다. 배럴당 100달러가 넘나드는 고유가 시대에 석유 한 방울도

나지 않는 나라에서 에너지 절약이나 소비절제 및 아껴쓰기의 구체적 정책 없이 지내고 있는 것, 이러한 것이 과연 정상적인 흐름인지 문제가 아닐 수 없다. 저성장화에 맞추어 우리 자신을 정확하게 알고 남에게 대응해야 함에도 불구하고 우리는 자신도 모르고 남도 모르는 것 같다.

2) 경제선진국의 착취

국가 내에서 자국민의 경제적 윤택함을 누리려면 우선 보유하고 있는 자산이 충분한 가운데 국민 전체에게 고르게 혜택이 갈 수 있도록 국가정책을 펴야 한다. 또한 국민이 소비해서 없애는 만큼의 외적 수입이 확보되어야 한다. 특히 수입이라는 점에서는 자기의 자산을 축내지 않고 수입이 되는 것이 바람직하다. 다시 말하면 타국으로부터 착취가 이루어져야 자국민의 윤택한 생활을 보장할 수 있다는 말이다.

우리 한국은 선진국의 경제적 착취대상이 될지언정 착취를 할 수 있는 역량이 확보되지 않은 국가이다. 그래서 우리 국가가 국민을 윤택하게 쓸 수 있도록 하는 방법이라고는 남에게 돈을 꾸어서 쓰거나 자기 보유자산을 축내서 쓰는 방법 외에는 없는 것이다. 우리가 충분한 수입 없이 윤택하게 쓸 수 있다는 것은 오히려 무언가 잘못되어가고 있다는 징후로 볼 수 있다.

우리처럼 외적 불로수익이 확보되지 않은 나라는 수출입으로 인해 발생된 수익을 적절한 범위 내에서 아껴 쓰고 절약해서 써야 한다. 그런데 오히려 과장된 경제적 윤택을 외부에 보여 주기 위해 너무 터무니없이 낭비하고 있는 것 같다. 이러한 결과는 결국 국가적 재정의 피폐를 낳고 그로 인해 장차 국민 전체가 어려움에 처할 수밖에 없게 될 것이다.

미국, 선진유럽, 일본 등의 금융주도국은 자국민의 윤택한 생활을 위해 타국의 경제적 착취를 일반화시켰다. 그리고 그것에 대한 합리적 명분까지 만들어 장차 계속해 나갈 것이다.

과거 우리가 일본으로부터 식민상태에서 벗어나는 데 미국의 도움이 컸었다. 그 후에도 경제발전에 많은 물적 도움을 주어 현재에 이르렀다. 하지만 지금의 미국과 일본은 우리를 잡아먹기 위해 잘 키운 돼지와 같이 취급하고 있다. 그래서 자국민의 잔치에 쓰기 위해 조금씩 두고두고 착취할 수 있는 종속경제 국가화시켰다. 일개 국민으로서 국가를 피상적으로 보고 자신의 개인적 이기심만을 취하는 국가 구성원은 그 국가를 망치기 십상이다.

여기서 가계와 국가경제를 비교해보자. 우리가 개인적으로 가계를 풍부하게 할 때는 어떻게 했는지를 생각해보자. 가계가 풍부하려면 우선 외부에서의 수입이 충분하여야 한다. 또한 그 수입을 절약하고 아껴 써야 하며 미래를 위해 저축해야 하는 점을 고려한다면 국가 차원에서도 어떠한 마음가짐으로 국가를 이끌어야 할지는 명백하다.

국가의 구성원으로 천세만세 혜택을 받으려면 국가가 부유해야 한다. 그리고 부유하다는 것은 남의 돈을 빌려서는 안 된다는 뜻이다. 쓸데없이 과도하게 빌린 돈을 비생산적 분야에 소모한다면 결국 우리는 그 대가를 톡톡히 받을 것이다. 외채를 빌려 부동산 투기나 하고 건설경기를 부양해 건물이나 짓는 행위는 망해가는 기업의 사장 부인이 집안 장식하겠다고 비싼 가구를 사들이는 것과 같다. 그렇게 해서 남들에게는 '나는 아직 망하지 않았다'고 허세를 부리는 것과 무엇이 다를 것인가? 그렇게 헛되이 사용된 비용은 우리들을 더욱 헤어날 수 없는 깊은 수렁으로 몰고 갈 것이다. 우리 격언에 '망해가는 친구에게는 돈을 빌려 주지 마라'고 했다. 그것은 망해가는 사람은 그 빌린 비용으로 사업을 되살리는 투자비용으로 사용하지 않고 빚 갚기와 체면유지에 모든 돈을 사용하기 때문이다. 그래서 '밑 빠진 독에 물 붓기'라는 상황이 될 수밖에 없다. 이러한 점에서 보았을 때 한국의 경제는 앞서의 망해가는 기업과 상당히 유사한 행보를 걷고 있는 것은 아닌지도 모르겠다.

우리는 빌린 돈을 조속히 갚아야 한다. 그리고 국민저축에 의한 내실 있는 자본 및 실제적인 외환보유만이 경제적 난국에서 벗어나는 길이다. 또한 근검절약에 의한 절제만이 선진국으로부터의 착취를 막는 방법이다.

3) 가계와 국가재정

'부자와 가난한 사람은 하늘이 갈라준다'고 한다. 이렇듯 재산을 사람들이 운명적 관념에서 체념적으로 접근한다. 그러나 어떠한 면에서 보면 부자란 미리 준비된 사람이고 가난한 사람은 준비가 없는 사람이다.

부잣집이라는 관점은 우선 큰 집이 있어야 하며 이는 국가에서 본다면 큰 땅을 차지하고 있다는 것이 된다. 집 안에 남들이 갖고 있지 않는 많은 물품을 소유하고 있다는 것은 국가가 수많은 건물 등의 부동산과 각종 산업시설물을 보유한다는 뜻이다. 그리고 가택 내에 수많은 편의시설이 있다는 점은 우리 사회에 기반시설이 구축되어 개개구성원에게 편의를 주어야 한다는 것으로 비유될 수 있다. 또한 부자라는 것은 상당량의 금융적 재산을 보유하여야 하며 빚이 없어야 실제적인 부자로서의 자격이 된다. 그러므로 국가의 경우는 우선 대외적인 부채가 없어야 하고 충분한 국민적 자산을 근거로 한 외환보유가 있어야 한다. 부자의 경우는 보유자산 외에도 항상 수지타산에서 소득이 더 커서 자신의 기본자산을 보유하고 유지하는 데 지장이 없어야 한다. 그러므로 국가의 경우 수출입 등에서 흑자가 되어야 국가경제가 부국으로서의 유지가 가능할 것이다. 우리나라의 부자라는 관념에서 또 하나는 부동산을 많이 소유하고 있다는 점인데 이는 국가 차원에서 보면 우리 국가가 대외자산을 얼마나 보유하고 있는가 하는 문제와 직결된다. 그러나 사실 몇몇 기업의 외국지사를 제외하고는 국가가 보유한 외국 내의 이익을 낼 수 있는 부동산적 가치의 자산은 없는 것으로 알려져 있다.

또한 부자는 가족 간의 부의 분배가 원만하여 가족뿐만 아니라 정원사, 요리사 등등의 그 영역 내에서 생활을 영위하는 사람 또한 고르게 혜택을 받을 수 있게 해야만 한다. 이러한 점을 국가 차원에서 본다면 부국이란 부의 분배가 전 국민에게 골고루 돌아갈 수 있는 것이어야만 부국의 조건이라 하겠다.

부잣집 내부에서의 활동을 살펴보면 우선 수입의 주도자인 주인이 외부에서 소득을 얻어 가계 내부로 들여와야 가계 자체를 풍부하게 할 수 있다. 내부에서의 소비자(처자식)는 들어오는 수입에 맞추어 적절하게 사용하고 보다 저렴한 가격을 주고 더 좋은 물건을 사도록 노력해야 한다.

그러나 국가적 차원에서 우리는 수출로 인한 소득의 상당 부분이 과소비와 증권 그리고 불필요한 해외여행을 통해 유출되고 있다. 그리고 빌려온 외국돈은 내수경기 활성화를 위해 경기부양에 쓰이기 때문에 전체적으로는 소비적 낭비에 치중하고 있다. 가계에서 주인이 전문가라면 그는 전문가로서의 기술, 과학적 지식 근거하에서 대외적 상대가치가 인정되어야만 그로 인한 수입이 보장 되어질 것이다. 그러나 기본실력이 없는 전문가는 전문가인 척하다 도태되고 만다.

이와 같이 국가 차원에서도 국제사회에서 인정될 수 있는 전문가적 과학기술을 육성해야 한다. 그러한 과학기술의 근본이 없는 경우에는 그 국가의 모든 산업이 도태가 될 수밖에 없을 것이다.

가족구성원의 분배문제도 각 구성원의 특징에 맞춰서 적절한 분배가 되도록 집안에서 용돈을 주어 쓰게 하는 것이다. 이것을 국가 차원에서 본다면 각 분야, 각 단계별 구성원에게 적절한 삶의 유지를 위해 필요한 비용이 분배되어야 한다. 그리고 일부 계층이 과도한 이익을 취할 수 있는 경우는 규제가 필요하다. 또한 노력 없이 적당히 거저먹으려는 경우와 불로소득이 없도록 조치하는 등의 국가적 역할이 필요하다. 앞서의 여러 가지 부자가 되는 조건에 대하여 나열해보고 우리나라의 경우와 비교해보면 실제적으로 우리가 국제사회 속에서 부국으로 될 수 있는 여건은 별로 없는 것으로 보인다.

오히려 장차 우리 스스로가 보유한 자산까지 축내 어쩔 수 없는 중하위 국가로 전락할지도 모른다. 개인의 가계는 적절한 원칙에 의해 부를 축적해 가고 있으나 국가 차원에서는 근본적인 원칙도 없이 즉흥성과 포퓰리즘 등에 의해 소비만 커지고 있다. 이렇듯 미래에 대한 대비와 장래 비전 없이 국가가 운영되어 진다면 우리의 미래 국가적 경제상황은 좋아질 수 없을 것이다.

4) 정보산업의 미래

정보산업이란 IT산업으로 통칭되는 미래형 산업을 뜻한다. 그래서 정보산업이란 첫째로 지역성을 탈피해야 되고, 둘째도, 셋째도 또한 같다. 왜냐하면 정보란 말 자체가 개인적인 것이 아니고 각각의 상호 관계에서 발생되는 것이기 때문이다. 우리의 정보산업은 기껏해야 국내적인 효용성 이상을 가지고 있지 못하다. 그래서 정보산업의 발전을 위해서는 보다 선진화된 국제적 네트워크와의 연결이 필요하고 선진화된 세계의 정보를 자유스럽게 사용할 수 있도록 하여야 한다. 그러나 현재 한국에서 진행되는 정보산업이라는 것은 폐쇄적이며 지역적인 성격이 강하다.

과거 일본이 우리나라를 식민화시킨 후 제일 먼저 취한 행동은 국내 철도의 부설이다. 즉, 다시 말하면 국내의 유통망을 발전시켜 국내의 산업착취를 쉽게 하도록 조성한 것이다. 그 결과 국내지역 산업 간의 연결성이 증가된 점도 있지만 신속한 착취에 더욱 큰 기여를 한 것이다. 즉, 현대에 있어서 정보산업이 국내의 정보유통망처럼 되어 버리면 결국 우리의 정보산업은 발달된 미국, 일본, 중국 등의 국가 간의 정보조직 체계 속에서 착취의 원활화만 도을 뿐이다. 더욱이 그것을 통해 장차 우리의 산업이 국제화되는 발전을 하기는 어려울 것이다.

진정한 정보산업화가 되려면 국제사회 속에서 국가 간의 정보를 재빨리 취득할 수 있는 정보체계를 갖춘 후 국내의 정보산업이 병행 발전되어야 한다. 그러나 지금의 우리나라 정보산업은 국내 소비적인 단계에서 가분수적으로 발전되어 있다. 그리고 실제로 국가 산업적 차원에서 국제정보를 신속 정확하게 얻지 못하는 내수소비적 산업범주를 벗어나지 못하고 있는 실정이다. 정보산업의 미래를 위해서 우리는 일본이나 미국처럼 국가 간의 정보 확보에 총력을 기울여야 한다. 그리고 그것을 이용하여 국가의 발전단계에 적절한 생산, 투자 등의 결정을 도출할 수 있는 정보산업화가 필요하다.

단순 내수소비적 정보산업만 활성화된 경우는 처음부터 의도한 바가 아니라도 국내의 정보유출 및 외국의 국내 착취의 길을 터주는 효과 외에는 없는 것으로 생각된다. 마치 정보산업이 미래산업의 총아인 것처럼 생각하는 그릇된 관념부터 고쳐야 한다. 정보산업이 내측으로 발달하면 할수록 그것을 통해 우리는 쉽게 다른 국가에 노출된다. 그렇게 되면 우리 스스로 국가정보를 방어하기 어렵게 된다.

우리가 장차 선진국과의 경쟁에서 살아남는 정보산업체계를 가지려면 지금과 같이 소모성 국내적 정보산업을 배제하고 국가 간의 정보를 빠른 시간 내에 취하고 이용할 수 있도록 체계를 만들어야 한다. 그래서 우리에게 적절한 정보를 전환시킬 수 있는 국가 차원의 국제적 정보산업이 필요하다. 오히려 국내의 개별적 정보산업은 우리에게 자충수가 되어 우리의 취약성 및 약점만을 노출시킬 수밖에 없다.

5) 한반도의 통일

북한은 사회주의 국가체계를 갖은 후 반백 년이 지났다. 그리고 이미 3세대가 흐른 지금은 우리와는 전혀 다른 체계에서 살아온 국가이다. 고령자 중에 가족 일부가 남북한에 나뉘어 이산가족화되어 있어 지금까지는 서로의 연결고리가 될지 모르나 장차는 그러한 연결고리가 소멸해지면 실제적인 동족이라는 개념조차도 희박해질 것이다. 지금도 같은 언어권의 단일민족이라는 기치 아래 통일을 논하고 있다. 그렇지만 쌍방 간의 경제적 차이와 사상적인 차이의 격차가 너무 커져 있다. 그래서 어떠한 연결고리를 통해 통합되어야만 원만한 통일을 이룰지에 대해 심사숙고할 필요가 있다. 우리보다 앞선 독일의 경우에서 나타났듯이, 어떻게 해야 통일로 야기될 문화·사회·경제적 문제들을 피해갈 것이며 국가의 지속적 발전에 도움을 줄 수 있을 것인지에 대하여 생각을 해보아야 할 때이다. 이러한 점에서 우리는 통일의 관점에서 북한을 살펴보아야 한다.

첫째, 북한 사회에의 투자문제를 남한 측 일부 기업들이 너무 희망적으로 보고있으나 이는 중요한 사항을 잊은 것 같다. 북한이 사회주의 국가로 노동에 대한 성실성이 부족한 노동인력 위주라는 것과 사회적 인프라가 구축이 되어 있지 않다는 점이다. 그리고 남한과 달리 정보통신에 대한 규제가 심하고 사회주의 국가의 특성인 복지 우선 정책이라는 점, 또한 공산당이라는 특유한 관료체계에 의해 극도로 심한 공적 부패구조가 형성될 수 있다는 점이다. 더불어 우리가 구축할 공단의 위치가 북측에만 설치되어야 하므로 언제라도 쉽게 폐쇄될 수 있다는 점이 중요한 투자 리스크에 해당된다. 실제로 과거에 적성국가에 투자해본 많은 사람들이 그들의 유도책에 걸려 많은 손해를 보고 끝났다는 것을 감안할 때 앞서의 여러 조건에 대하여 심각한 고려가 필요하다.

둘째, 북한 핵문제이다. 북한은 핵을 보유하고 있는 것으로 예측되고 더욱이 사거리 6,000㎞에 달하는 대륙 간 탄도미사일도 보유하고 있는 군사강국이다. 우리가 미국을 등에 업고 북한과 군사적 대응관계에 있다고는 하지만 이것은 마치 살얼음 위에서 얼음 치기를 하는 것과 같다. 그리고 언제 어떠한 조건에서 균형이 깨어질지 모르는 위태한 상황이다.

이것은 우리에게 심각한 위험이 아닐 수 없다. 한국에 주둔해 있는 미군은 북한의 도발 시 도화선이 되어 자동적으로 전쟁에 참전한다는 전략적 개념을 가지고 있다. 그렇지만 북한의 탄도미사일의 사거리가 미국 동부 및 일본 전역을 범위로 하고 있어 만일 미국 본토가 직접 공격을 받을 수도 있다. 이때에는 한국은 오히려 미국의 전방 교두보로서 북한을 공격하는 위치가 된다. 그렇기 때문에 미국과 북한의 불편한 관계가 한국을 전쟁터로 몰고 나가는 꼴이 될 수 있다는 것을 좀 더 심사숙고해봐야 한다.

셋째, 통일에 따른 경제전략을 세움에 있어 정보의 부재가 문제다. 우리가 어떠한 경쟁에서라도 이기려면 자신과 남에 대해 정확히 알아야 각종 대책과 방법을 적절하게 선정하고 추진해 나갈 수 있다. 그런데 우리는 사실 북한에 대하여 거의 모른다고 할 정도로 정보가 확보되어 있지 않다. 물론, 미국이 보유한 폐쇄된 북한정보를 우리 일반인들이 얻어내기에는 불가능한 상태이다.

과거 '로버트 김 씨'의 경우와 같이 그가 애국적인 행동에서 북한 관련 정보를 제공해주기 전에는 국가 차원에서도 정보취득이 사실상 불가능하였다. 이렇듯 북한정보에 대해 알고자 하는 길이 차단되어 사실을 왜곡 판단할 수밖에 없는 것이다. 또한 우리 국가기관에서도 얼마나 정확한 정보를 갖고 있는지 모르겠다. 그리고 그러한 정보는 국가안보 및 기타 권력유지에 필요한 정보로서 정권유지 차원에서 정보의 공개를 꺼리고 있다.

넷째, 통일이 된 경우 경제적으로 어려운 북한사람들이 남한으로 무작정 유입될 것이다. 그러면 그때 그들에게 부여할 수 있는 일과 삶을 유지할 수 있는 비용 등은 어떻게 할 것이며, 일자리를 찾아 그 많은 인원이 대도시로 집중되었을 때 주택문제 등등의 기하급수적으로 불어나는 통일비용에 대한 대책과 대비는 어떻게 할 것인가가 문제이다. 더불어 이에 대한 준비 없이 피상적으로 판단하는 것은 우리 모두에게 불행이 될 수밖에 없다. 특히, 현재 우리는 엄청난 외채를 빌려 쓰고 있는 상황의 국가이기 때문에 통일과정에서 발생되는 고통분담을 누가 질 것인가도 깊은 통찰이 필요하다.

이러한 점에서 본다면 지금까지 우리는 너무 조급하게 북한과 접근하거나 갈등하면서 실적 위주로 접해왔기 때문에, 이제까지 오랜 동안의 통일에 대한 염원을 인내로 견디어온 노력이 막판에 가서 망쳐지지 않을까 걱정이 된다.

6) 불황의 일상화

한국의 경제가 복합불황에 빠져 들어가고 있다는 것이 경제학자들의 일반적인 평가인 것 같다. 이중의 불황구조로 인해 내수경기의 진작도 효과가 별로 없을 것 같다는 경제연구소의 평가는 상당수 호응이 된다.

한 가지를 부양시켜 다른 분야가 활성화가 되는 시기를 우리는 발전단계에 있다고 본다. 그런데 어떤 것을 부양시켜도 기타의 경제구조가 변화 없는 것은 침체기에 있다고 본다. 이것을 기준하면 우리 경제는 심각한 침체기로 들어가고 있다는 것이 된다.

경제적 운영 패턴을 금융산업 활성화에 의존하면 초기에는 일시적으로 상황이 호전되는 것같이 느껴진다. 그러나 결국 과학기술산업의 지속적 발전 없이는 돈놀이에 불과하다. 그래서 이러한 정책은 국가 전체로 보면 기존 산업체에 타격을 입힐 수밖에 없을 것이다. 우리는 외환위기 이전에 우리가 보유한 자산을 교만과 허영으로 소모했다. 그리고 '내 집 뜰에 뛰어노는 닭을' 미래에 대한 대책 없이 모두 잡아먹어 국가적 자산 축적이 이루어지지 않았다. 더욱이 지금은 남에게 꿔온 닭을 미래에 대책 없이 국민 전체에 나누어 잡아먹고 있는 실정이다.

내 뜰의 닭이 내 것이든 빌려온 것이든 잡아먹기는 쉽다. 그러나 먹을 때는 즐겁지만 모두 잡아먹은 후에는 어떻게 할 것인지 대책이 어렵다. 우리가 오늘만 살고 내일은 없어져야 할 국가가 아니기 때문에 미래를 위해 저축도 하고 재투자도 해야 한다. 그럼에도 불구하고 무조건적인 포퓰리즘에 의해 빌려 올 능력이 있으니까 쓰고 보자는 식의 경제정책에 의해 우리는 돌이킬 수 없는 상황으로 가고 있다. 따라서 우리는 이 점을 어떻게 인식하고 어떠한 대책을 세워 국가를 이끌어 가야 하는지에 대해 심각하게 고려해야 할 시기에 와 있다.

지금 우리는 국민 전체가 무기력과 적당주의와 은행 빚에 의한 채무자가 되어 가고 있다. 이미 은행권의 모럴 해저드는 기본이고 일반인들과 은행직원 등에 의해 저질러지는 고등 범죄가 다반사로 늘어나 심각한 도덕불감증 상태에 있다. 이로 인해 사회의 각 요소가 삐걱거리고 있는 상황인데도 집권층에서는 인식을 못하고 있는 것 같다. 현재의 위기상황은 근원적으로 외환위기와 유동성 위기에 대한 대처를 금융 해결법으로 쉽게 해결하고자 하는 데에서 왔기 때문이다. 이것은 추후 더욱 심각한 경제위기를 불러올 수 있으며 상황 여하에 따라서는 우리 스스로가 헤어날 수 없는 상황에 빠질 수 있다. 지금 일시적으로 호전되었다고, 장차도 계속 이러한 상태를 유지할 수 있을 것이라고 판단하는 것은 잘못된 생각이다. 이미 우리는 외환위기의 해결법에 대한 첫 단추를 잘못 끼웠으며, 그 결과는 우리 국민 모두를 갈수록 깊은 수렁에 빠트리고 있는 것이다.

7) 벤처기업의 오류

벤처기업이란 말 그대로 모험적 기업으로 생산활동에 참여하는 초기단계의 기업을 말한다. 이는 국가적으로 볼 때, 새로운 고용창출이 되는 것으로 보고 지금껏 계속 외채를 빌려와 지원해주고 있다. 그로 인해 많은 사람들이 새로운 분야에 사업을 이루도록 노력하고 벤처기업을 설립하여 국가로부터의 혜택을 받고 있다.

그러나 벤처기업이란 말 그대로 모험기업이라는 뜻이다. 모험이 일회성이듯이 이러한 기업들도 아무리 좋은 사업성을 가지고 시작해도 결국 일회성에 불과한 것이다. 새로운 신소재로 벤처기업을 만들었다고 해도 결국 신소재란 얼마의 기간이 지나면 구소재가 된다. 새롭고 기발한 착상으로 벤처를 만들어도 그 또한 단기간의 일회성에 불과할 것이다. 그러한 이유 때문에 결국 벤처기업은 성장만큼 쉽게 사라지는 것이다. 미국의 경우를 보아도 우리보다 벤처기업이 살아남기 쉬운 환경에서도 몇몇 지속적인 조건을 가진 벤처기업을 제외하고는 대부분 쉽게 사라졌다. 이것을 보아도 한국의 경우는 더욱 쉽게 소멸될 것으로 보인다.

그런데도 국가에서는 아직도 벤처 육성이라는 허위명제에 집착하여 국민의 천금 같은 예산을 소모하고 있으며 상당수의 벤처들이 이러한 돈을 떼어먹는 등의 도덕적 해이현상까지 팽배해지고 있다. 우리의 격언에 '쉬 온 것은 쉬 간다'라는 말이 있듯이 벤처라는 그 자체가 대부분 즉흥적이고 단발적으로 생긴 것이기 때문에 쉽게 소멸될 가능성이 크다. 그럼에도 불구하고 국가는 그곳에 국민의 혈세를 투입하여 일시적인 고용해결을 획책하고 있는 것이 문제이다.

그러나 결국 벤처기업을 통한 고용은 고용 왜곡현상만 심화시켜 오랫동안 사회적 고용을 유지해온 건전한 중소기업에 결과적으로 큰 손해를 끼치고 있는 상황이다. 모험 어쩌고 하면서 일확천금만 노리게 되고 허황된 꿈만 키워 우리 사회에 큰 병폐현상을 만들어 놓았다. 그래서 결국 누구도 오랜 노력에 의해 자수성가하려는 사람이 없어지게 된 것이다. 이 때문에 지속적인 고용을 제공한 선의 다수기업들이 피해를 받게 되었다. 그렇다고 해서 벤처를 통해 고용이나 국익이 커지기는커녕 오히려 지원하는 자금을 횡령하여 국민적 부담만 키우고 있다.

우리의 지속적인 고용은 오히려 10년 이상 유지되어온 기업들이 하고 있다. 그런데도 즉흥적이고 일확천금적인 벤처육성에 더 많은 자금을 투여하는 것은 결국에 가서는 헤어날 수 없는 상태에 빠져 '밑 빠진 물동이에 계속 물을 붓는 꼴'이 될 것이다.

벤처기업 육성책의 시발점은 미국의 1990년대로, 극심한 불황과 과도고용이 된 기업들의 구조조정 과정에서 퇴출된 사람들을 고용확대하기 위한 일원책에서 만들어진 것이다. 그래서 우리도 외환위기 이후에 구조조정 과정에서 퇴출되거나 고용되지 않은 실업자를 고용확대하기 위해 본떠온 것이다.

다만 여기에서 우리와 미국과의 산업적 현저한 차이를 간과하고 채택한 것이 앞으로도 큰 문제로 남을 것이다. 미국의 경우는 벤처로 기업이 만들어지면 그 후 지속적인 영양공급이 자체 산업 내에서 충분히 가능하게 되어 있다. 국가와 개인 구별 없이 내재된 자본 등으로 캐피털 펀드를 조성, 그 벤처기업의 지속가능 여부와 발전가능성 여부를 민간 차원에서 엄정한 심사를 거쳐 결정한다. 그러나 우리의 경우는 빌려온 외국돈으로 국가가 마음대로의 기준을 선정하여 비전문가인 공무원에 의해 결정된다. 그리고 마치 구호품 밀가루 분배하듯이 하였기 때문에 벤처육성은 결국 실패로 끝나는 것이다. 미국의 경우, 장기간 고용을 계속해온 주도산업에 대하여 벤처기업의 고용확대 비중을 크게 기대하지 않는다. 이것은 벤처의 특성상 전체의 벤처기업 중 극소수만이 살아남아 계속 고용을 유지해줄 수 있다는 것을 충분히 인식하고 취해진 정책이다. 그런데 우리는 아무 벤처 육성에 대한 경험적 기준 없이 일시적이라도 고용을 증대시킬 목적으로 국민의 혈세로 갚아야 할 공적자금을 함부로 집행한 것이 문제이다. 그리고 이에 대하여는 장차 우리 후손들에게 비난을 받아야 할 것이다.

8) 거품경제와 부동산 투기

우리의 경제형태를 일상적인 것에 비유해 보면 비누 경제와 스펀지 경제로 구분할 수 있다. 비누 경제란 단단하게 다져진 내실 있는 경제형태이고 스펀지 경제는 규모는 크나 내부가 비어 있는 형태라 말할 수 있다.

한국과 같은 중앙집중 국가의 경제는 국가 주도의 내실을 다져온 비누와 같다. 그리고 중국이나 미국 등의 연방제 국가는 스펀지형 경제에 속할 것이다. 비누 경제는 수출입이 흑자 기조를 유지하여 내실을 다지고 절약하면 경제규모를 크게 키울 수 있다. 그러나 외부차입에 의존하면 마치 비누가 물과 접촉하여 거품이 일듯이 경제적 거품이 일어난다. 이로 인해 외적 경제규모는 커져 일시적으로 윤택해진 것처럼 보인다. 그렇지만 실제로는 거품에 의해 제 살 깎아 먹는 형태가 될 수밖에 없다. 또한 거품이 제거될 경우 비누가 녹아 없어지듯 국가의 부가 심각하게 손상되어 경제규모는 훨씬 작게 될 것이다. 이로 인해 깎여 먹힌 만큼 경제는 침체 및 불황으로 갈 수밖에 없다. 이에 반해 스펀지 경제는 형상 변화 없이 외부 유입을 빨아들여 자신에게 유익한 경제재로 변화시킨다. 그렇기 때문에 스펀지와 같이 주변의 거품경제국가의 거품을 빨아들여 착취할 수 있는 시장주도형의 경제체제이다.

우리나라의 경제가 거품경제냐 아니냐에 대한 논의를 제쳐두자. 그 대신 자신의 실제자산이 아닌 외채에 의해 경제운영을 하거나 외환보유 및 자산을 불려서 마치 아무 경제적 문제가 없는 것처럼 행동하는 것은 장차 더 큰 문제를 일으킬 수 있다. 이렇게 빌려온 외채가 서민에게는 카드빚으로, 중상위층은 부동산 투기자금으로 운용되어 심각한 거품을 일으켰다. 그리고 그 거품의 결과가 노력 없이 살면서 일확천금을 바라는 국민적 사고체계를 확립시켜 가기 때문에 더욱 나쁜 상황으로 국민을 몰아가고 있는 것이다.

경제적 능력기반이 취약한 서민들은 이미 카드빚에 의해 신용불량자가 되는 1차적 거품경제의 후유증을 맞고 있다. 이러한 상태의 연장선상에서 부동산 경기의 하락으로 중상층의 부동산 투기자금이 묶이거나 하락하는 경우 국가 전체는 또 다른 경제적 위험에 봉착할 것이다. 이때는 우리가 외환위기와 유동성 위기를 남의 돈을 빌려다 쉽게 넘긴 것과 같이 쉽게 해결할 수는 없을 것이다. 이미 외환위기 같은 경제적 어려움도 적당히 해결될 수 있다는 잘못된 인식이 국민들에게 주입되어 있어 앞으로의 경제적 어려움은 해결이 더욱 어려울 것이다.

우리가 만든 거품은 이미 스펀지 경제체계를 갖는 미국, 중국 등에게 이미 빨려가고 있는 상태이며 앞으로도 그들은 우리 경제에 더욱 큰 거품을 내게 만들어서 계속 착취하려고 할 것이다.

9) 인구문제와 고령화

지난 세기는 지구 인구 과밀화에 대한 우려와 그에 대한 대책으로 산아제한을 국가적으로 권장하였다. 그리고 정책적으로 인구증가에 대해 억제책을 썼던 시대였다. 이것은 그 시대의 인간이 쓸 수 있는 자원의 고갈에 대한 우려에서 기인한 것이다. 그러나 그 후 과학 및 의학의 발달로 식량 등의 생산성이 증가되고 인간의 수명은 점차 늘어나게 되었으며 그에 따라 인구도 급속도로 증가하였다. 그러나 이러한 인구증가와 인간의 수명연장은 고령화라는 새로운 문제를 일으켰다. 이로 인해 실제적 노동인구가 줄어드는 기현상이 발생하게 되었다. 이것은 인간의 수명연장이 인간 활동능력의 연장이 아니라 단순한 생명연장이라는 측면에서 나타난 현상이다. 더불어 고령화가 되면 사회적으로나 개인적으로 무기력해져 인구대비 생산성이 감소하게 되어 있다. 그래서 전체 사회 측면에서 고령화는 짐이 될 수밖에 없다. 따라서 이에 대한 대책으로 신생아에 의한 인구 증가율을 높여 대처하자는 정책이 세워지고 수행되고 있다. 그러나 이것은 증가시킨 인구가 장차 어떠한 문제를 일으킬 것인가에 대한 조사나 분석 없이 행해지는 정책이다. 다시 말해서 단지 인간의 수명연장에 대한 새로운 노동력 창출의 효과만을 기대하고 노령인구를 부양한다는 희망적인 판단하에서 세운 정책이다. 그러나 작금의 청년실업과 신세대의 이기적 사고방식 및 과학기술의 발달로 인한 인간의 직접적 노동력의 필요성이 점차 줄어가고 있는 마당에 인구의 증가를 방조하는 것은 너무 근시안적 정책인 것 같다.

오히려 수명연장을 단순한 생명연장이 아니고 생산능력과 노동력의 능력을 연장시킬 수 있는 측면에서의 의학적 발전이 필요하다. 그러한 경우에는 고령화라는 용어조차도 불식시킬 수 있으며 단순 노동력보다는 경험에 의한 두뇌노동이 주종이 되는 산업구조 형성으로 노령층을 흡수할 것이다. 그래서 노령자 스스로 삶을 영위할 수 있는 정책이 세워져야 한다.

10) 과학기술교육의 퇴보

교육은 '백년지대계'라고 한다. 이는 교육의 목적에 당장 어떠한 효과를 갖기보다는 장기적인 안목에서의 결과를 기대한다는 뜻이다. 특히, 과학기술교육은 국가의 미래와 직결되어 있어 추호도 소홀히 해서는 안 되는 분야이다.

그러나 현재의 우리나라 과학기술교육은 '남이 하니까 따라한다'

는 식의 교육정책에 의해 미래산업에 대한 구체적 대안도 없이 선진국 따라잡기만 하고 있다.

또한 대부분의 핵심기술은 그들에게서 로열티를 주고 기술을 사와서 제조하고 있는 실정이다. 과거 박정희 정권에서는 기술입국의 기치 아래 재외과학자, 기술자들을 좋은 대우로 입국시켜 학교 및 연구소에 전진 배치시켜 연구를 하게 하였다. 그리고 그 결과를 산업에 접목시켜 과학기술교육의 구체적 효과를 보아왔다. 그렇게 해서 이루어진 교육이 현재 국가산업의 근간을 이루고 있는 것이다. 다시 말해서 과학기술분야에 많은 인적자원을 얻으려고 억지 춘향격의 교육과정에 자금투자만 한다고 이루어지는 것이 아니다. 오히려 그들이 사회에 나가 산업역군이 되었을 때 어떠한 대우를 받을 수 있는가에 달려 있다.

즉, 보다 나은 대우가 우수인력을 과학기술분야로 이끈다. 그리고 교육도 정상화되어 국가 미래에 희망을 줄 수 있게 되는 것이다. 그러나 지금과 같이 투기로 일확천금을 할 수 있고 금융 등의 돈놀이 분야나 연예, 스포츠 등의 분야가 활성화되어 있고 과학기술분야의 전문가나 인재들보다 더 나은 대우를 받을 수 있다면, 누가 공부하고 연구하기 힘든 과학기술분야로 갈 것인가? 오히려 기존의 과학기술 분야의 사람들이 상대적 박탈감으로 인해 다른 분야로 이탈하거나 자신에게 부여된 일에 소극적이 될 것이다.

우리나라는 과학기술분야의 전문성을 가진 많은 사람들이 국가정책에 직접 참여하여야 한다. 그래야 우리의 과학기술교육과 산업의 문제점에 대하여 보다 적극적으로 연구하고 분석하여 미래지향적 정책을 세울 수 있다. 그럼에도 불구하고 해당분야와는 전혀 관계없는 사람들이 정략적인 자리를 차지하여 자신들 멋대로 정책을 세우고 추진한다. 그 때문에 과학기술교육의 활성화가 어려운 것이다. 또한 이러한 상황이 호전되지 않으면 미래 우리나라의 과학기술은 주변 중국이나 일본에 비해 열등하고 낙후될 것이다.

지금도 우리보다 후발국인 중국은 국가주요 직책에 과학기술분야의 사람들을 대거 영입하여 과학기술발전에 전력을 다하고 있다. 그렇기 때문에 중국과 비교하여 상대적으로 등한시하는 우리는 조만간에 과학기술산업분야의 모든 영역에서 중국에게 추월당할 것은 불을 보듯 뻔한 것이다.

중국이 인공위성을 성공적으로 쏘아 올렸다는 것은 이미 내재적 과학기술력이 우리를 추월했다는 것이다. 다만 산업화에 따른 기술숙련도가 우리보다 다소 뒤져 있어서 아직도 우리가 과학기술분야에서는 중국을 앞질러 있다고 착각하게 되는 것이다. 그러나 이 또한 몇 년 안에 중국에 산업기술에 대한 숙련공이 확보된다면 이제까지 우리의 영역이라고 생각하는 전자, 자동차, 조선, 철강 등은 쉽게 추월당할 것이다. 그리고 장차는 중국에 의해 우리 과학기술산업들이 도태될 수도 있다.

11) 에너지 전쟁

세계는 바야흐로 고유가시대에 들어가고 있다. 기름 값이 오르는 데는 여러 가지 이유가 있겠으나 가장 중요한 것은 점차 고갈되어 가고 있기 때문이다. 그래서 그 상대적 가치가 높아가고 있는 것이다. 우리와 같이 에너지 및 산업의 대부분이 석유에 의존하고 있는 나라는 전 세계적 석유의 부존량이 줄어들수록 타격이 더욱 커질 것이다.

이러한 이유로 대체에너지의 개발이 절대 필요하며 에너지 자원개발에 더욱 큰 투자가 이루어져야 한다. 그중 원자력에너지의 경우는 그 절대적 가치만큼 어느 것과도 견줄 수 없는 에너지원이다.

물론 방사능 위험성과 폐기물처리의 어려움을 감안하여 더욱 심도 깊은 기술개발이 필요한 점도 있다. 그러나 그러한 점을 제외하면 그 에너지에 대한 경제성과 효용성은 다른 어떤 에너지보다 크다.

우리의 산업은 생산 측면에서도 석유의존형 산업일 뿐 아니라 소비 측면에서도 대부분을 석유에 의해 얻어진 에너지를 이용하고 있어 석유에너지 과소비형 체제가 되어 있다. 이러한 이유로 장차 석유의 고갈은 우리에게는 치명적이 될 수밖에 없다. 미래산업의 일환으로 생명공학이나 반도체 전자공학, 메카트로닉스, 우주항공, 컴퓨터 정보 산업공학 등을 이야기하고 있다. 그러나 그 밑바탕에는 모두 석유에너지가 깔려 있기 때문에 모든 산업의 기초공학으로서 에너지공학이 미래를 주도해 나갈 수밖에 없을 것이다.

한 방울도 나지 않는 석유에 대해 우리는 너무 방심하고 있지나 않은 것인가 반문해보고 싶다. 해외에 우리가 끌어다 쓸 수 있는 유전을 탐구하고 그것에 대한 채굴 권리를 확보한다고 하여도 결국에는 남의 것이다. 다시 말해서 국제 정세변화나 그 채굴량의 한계성 때문에 그 또한 여유로울 수가 없을 것이다. 경제 후발국인 중국, 인도, 파키스탄 등의 국가들 또한 점차적 산업화로 인해 석유에너지의 사용량이 커지기 때문에 장차 우리에게 나누어 쓰일 석유에너지 몫이 적어질 것이 틀림없다.

지금까지 에너지 수급에 문제가 없다고 대체에너지 개발에 방심하고 있는 것은 장차 에너지 위기가 올 때에는 국가적 큰 화를 입을 수 있을 것이다. 과거 우리가 오일쇼크를 겪었을 때 얼마나 큰 어려움을 당했는지에 대한 기억을 잊은 것 같다. 물가가 급등하고 경제는 침체되어 산업 전반에 불황의 그림자가 드리워졌던 시절이었다. 지금은 오히려 석유 값이 오일쇼크 때보다 훨씬 비싼데도 불구하고 서서히 올라 마치 '개구리가 미지근한 물속에서 점차 뜨거워졌을 때 자신이 삶아지는지도 모르고 죽어가는' 그런 상태에 처해 있는 것이다. 석유 자체가 국가산업의 근간이기 때문에 최근에 미국이 장래의 안정적인 석유공급을 위해 쿠웨이트를 방어하고 이라크를 침공, 점령한 것은 이와 같은 맥락에서 이해할 수 있다. 바야흐로 세계는 또 다른 에너지 전쟁을 시작하였는데 우리는 아직도 무릉도원에서 '신선놀음에 도낏자루 썩고 있는 것'을 모르고 있는 것이나 아닌지 모르겠다.

12) 식량과 농촌문제

인간이 '살기 위해서 먹든 먹기 위해서 살든' 생명의 유지를 위해 반드시 필요한 것은 식량이다. 지금도 세계 각국에서는 먹지 못해 기아에 허덕이거나 목숨을 잃는 많은 사람들이 있다. 이렇듯 식량은 우리 삶에 중요한 요소이며 필수 불가결한 자원이므로 이를 주도하고 있는 농촌은 다른 어떤 산업공장보다도 중요하다고 할 수 있다.

다만, 국가가 점차 산업화되어 가는 과정에서 더욱 많은 사람들이 농촌보다는 도시에 거주하면서 기타 산업에 종사하고 있어 농촌의 비중 정도가 작아져 소홀히 대우되고 있는 것이다. 그러나 농촌은 가장 적은 외부의 자원 및 에너지를 사용하여 우리에게 생명의 양식을 공급하고 있다.

우리는 FTA 협정 등에 의해 외국산 농산물을 수입하고 우리가 생산한 공산품을 팔아 이익을 본다고 짧은 안목에서 판단한다. 그리고 이는 상대국은 식량산업을 육성하고 우리는 고부가가치의 기술산업을 육성한다는 취지에서 시작하는 것이다. 그렇지만 결과적으로 우리의 먹거리를 남에게 의존하게 되는 것이 문제이다. 그로 인해 식량무기화가 되는 경우 무방비상태가 될 수밖에 없다. 장차 식량무기화가 되는 경우에도 지금과 같이 고부가가치 산업이 명목을 유지할 수 있을 것인지 잘 판단해보아야 한다.

오히려 식량이 더 고부가가치를 갖게 되는 경우 어떻게 할 것인지 생각해 보자. 먹을 수 없는 자동차, 전자제품, 철강제품을 식탁에 올릴 것인가? 이와 같이 기타 산업을 위해 농촌을 희생시킨다는 것은 장기적인 안목에서도 더욱 큰 위험성을 내포하고 있는 것이다.

물론 당장 산업제품을 팔아 그 이익을 취해야 한다는 것도 이해는 된다. 그러나 식량산업은 우리의 백년대계와 연결되어 있다. 오늘만 살 것이 아니라면 또한 우리 국가가 영존하려면 농업 생산기반을 절대 포기해서는 안 된다. 우리의 산업기반은 자원과 에너지 대부분을 외부에서 의존하기 때문에 국제정세의 변동과 시대적 상황변화에 따라 큰 어려움에 처할 수 있다. 특히, 곡물메이어들이 금융자산을 이용하여 식량을 무기화 하거나 허생전의 허생같이 식량곡물을 독과점하여 가격을 무한정 올리는 경우 식량 생산기반이 없는 상태에서는 국가의 발전도 미래도 보장 받지 못한다. 1차 산업이고 순수 노동력에 의해 이루어지는 식량산업이라고 여타산업에 비해 등한시한다면, 우리는 우리의 선조가 부르짖는 '농자천하지대본(農者天下之大本)'이라는 말을 다시 한번 되새겨야 힐 것이다.

13) 빈부의 양극화

외환위기와 유동성 위기 이후 우리 사회의 중산층은 중대한 위기를 맞았다. 기업의 구조조정 및 불황 등의 각종 악재가 우리 사회의 쐐기 역할을 하던 중산층을 붕괴시킨 것이다.

그 당시까지 우리 사회에서 중산층은 50∼60% 정도 차지하고 있었다. 그리고 국민의 상당수가 자신이 중산층이라고 여길 정도로 중산층이 지극히 일반화되어 있었다.

그러나 외환위기를 헤쳐 나가는 과정에서 상당수의 중산층이 하위계층으로 몰락하고 하위계층은 극빈자층으로 전환되어 사회의 또 다른 부담이 되고 있다.

특히, 외환위기의 해결이 외채를 빌려와 금융활성화를 통해 이루어졌기 때문에 국가의 산업 기본체계가 망가져 기업 간의 빈익빈 부익부가 형성되었다. 대기업은 더욱 자금 및 인력에 대한 자본 집중력이 커지고 중소기업은 점점 설 자리를 잃어버리게 되는 악순환이 일어났다. 그리고 그 과정에서 부의 균형분배가 깨지게 되었다. 또한 외국 자본의 영향을 받는 대기업들은 장차를 위한 투자보다는 지금 당장의 나눠먹기에 충실하게 되어 사상 유래가 없는 임금호황을 맞게 되었다.

과거 대기업들은 국가발전 단계에서 국가를 담보로 외국에서 차관을 얻어 형성되었다는 점을 간과하고 있으며 그들의 국가 사회적인 책임을 망각하고 있다.

기업이 국가로부터 혜택을 받은 만큼 사회에 돌려야 한다. 그러나 일부 계층이 국가의 부를 독식하는 과정에서 이러한 당연한 덕목은 무시되고 있다. 그래서 소득계층 간의 불균형분배가 이루어져 계층 간의 빈부격차만 심화되고 있다.

역사 속에서 빈부격차 심화는 결국 계층 간의 갈등 반목을 유발하여 계급투쟁 형태로 나타났다. 그리고 그 결과는 국가사회의 변혁과 몰락을 초래하였다. 이러한 위험을 미연에 방지하기 위해서라도 '모두에게 떡을 주기 전에는 누구에게도 꿀을 주어서는 안 된다'는 균형분배의 기본원칙을 잃어서는 안 된다. 이기적 자본주의 사고의 극대화는 결국 빈부격차의 심화로 갈 수밖에 없다. 그 때문에 미래의 안정적인 우리 사회를 위해서는 부익부의 통제가 필요하며 빈익빈이 되지 않도록 국가의 강력한 정책적 변화가 이루어져야 한다.

14) 중국의 도약과 우리의 위상

우리 주변에는 경제선진국인 일본이 있고 점차 경제대국으로 성장해 가는 중국이 있다. 일본은 오래전부터 세계적 경제대국으로서의 역할을 해오고 있으며 우리 경제산업에 지대한 영향을 주고 있다. 그러나 중국의 경우는 우리보다 후발국으로 시작하여 점차 우리 수준에 도달해오고 있으며 상황 여하에 따라서는 쉽게 추월할 것으로 보인다.

중국과 우리나라를 비교해보면 '토끼와 거북이'의 우화가 생각나는 것은 기우일까? 느릿느릿하나 꾸준히 발전해가는 중국은 거북이와 같고 마치 발전을 다했다고 생각하고 놀고, 쓰고, 쉬고 있는 한국은 잠자는 토끼와 같이 보이는 것은 잘못된 생각일까? 이 우화는 우리에게 이미 미래가 어떻게 될 것인가를 잘 알려주고 있다. 다만, 잠자는 토끼만 모를 뿐이다.

지금 우리가 소모하는 시장의 공산품 대다수는 중국산이며 먹고 있는 농수산품 또한 중국산이다. 우리 산업이 어떤 수준에 와 있는지도 모르면서 마치 첨단 고부가가치 산업화된 국가처럼 필수품의 대다수를 수입해서 쓰고 있다. 이러다가는 결국 중국의 변방국가로서의 위상을 벗어나지 못할 것이다.

중국은 최첨단 산업인 항공기와 인공위성을 자체 생산하고 쏘아 올리는 능력을 소유한 국가이다. 그러나 우리는 미국의 전략적 통제에 의해 첨단 항공기나 미사일 개발조차 통제받는 국가이다. 미래산업이 최첨단 산업에 달려 있다면 우리가 과연 중국과 견줄 만한 기술을 보유한 미래국가로 남아 있을 수 있을 것인지 다시 한번 생각해 보아야 할 필요가 있다.

우화 속에서는 느릿하지만 꾸준한 거북이가 이겼다. 졸고 있다가도 다시 노력하면 거북이를 추월할 수 있다고 생각하는 것은 착각이다. 따라서 우리가 동북아의 중심국가로 자리매김을 하려면 더 이상 흥청거리며 지내서는 안 된다. 그리고 우리의 위치가 어디에 있는지를 정확히 인식하여 조속히 다시 뛰는 자세를 가져야 하겠다.

15) 미래 선진화 사회

우리 사회의 발전단계를 우리는 산업화에서 민주화를 거쳐 지금에 이르렀다. 과거에는 먹고사는 것이 모든 것의 기준인 시절이 있었다. 그리고 군사 독재시절에는 국민적 총화를 이루어 산업화에 몰두하였으며 그 결과 비약적인 경제발전을 달성하였다. 그러나 모든 일에는 대가가 있듯이 산업화 속에서 우리 사회의 민주화는 유보되었던 것이다.

그 후 많은 사람의 희생과 국민적인 노력으로 우리 사회가 염원하던 민주화가 이루어졌다. 그러나 지금은 민주화라는 것이 도가 지나쳐서 방종으로 나아가고 무절제와 방임 속에 우리 사회는 퇴락의 나락으로 떨어지고 있다.

민주화라는 것은 국민이 보다 자유로우면서 삶의 행복 척도가 높아져야 한다. 다시 말해서 최대다수의 최대행복으로 나아가야 한다는 말이다. 그러나 지금의 상태를 보면 무엇을 위한 민주화인가 의문스럽다.

갈수록 계층 간의 빈부격차는 커지고 사회적 부조리와 불공평만 심화되는데, 이것이 민주화를 외치고 희생을 감수한 대가로 얻은 것인가 되묻고 싶다.

더욱이 지금은 미래를 위해 선진화 사회로 나아가자고 한다. 이 또한 무엇을 위한 선진화인가? 선진화가 되면 민주주의도 잘 실현되고 우리 사회의 행복지수가 높아진다는 말인가? 아니다. 지금의 추세로 보면 오히려 사회적 격차만 더욱 커지고 지금과 같이 없는 사람은 더 어려워지는 상황으로 나아갈 것이다. 그런데도 명확한 대책 없이 이상만 앞세우고 선진화를 외치는 것은 미래에 대한 뜬구름 잡기이다.

과거의 미래는 현재이듯이 앞으로의 미래는 현재의 흐름으로 충분히 예측이 가능하다. 다시 말해서 지금의 상황을 보면 미래의 싹을 알아볼 수 있다는 의미이다. 지금의 우리 국민이 겪고 있는 경제적 어려움은 그 근본을 치유하기 전에는 해결되기 어려운 것이다. 이것은 지금의 어려움이 당장 해결되지 않으면 미래에도 해결되지 않는다는 의미이다.

지금 우리 국민들이 겪고 있는 어려움은 민주화도 선진화도 아니다. 커져 가는 빈부격차와 불공평한 사회 그리고 가진 자와 빚진 자 사이의 사회적 괴리 등이 복합적으로 작용하여 우리 사회를 갈등 속으로 몰아가고 있는 것이다. 우리가 바라는 미래선진화 사회는 이러한 것들이 해결되어야 비로소 이루어질 수 있는 것이다.

16) 통합금융의 횡포

우리 사회의 기업이 집중되는 것으로 재벌과 통합적 금융지주회사를 들 수 있다. 여기서 특히 통합금융지주회사는 자본집중이 가능하도록 다수의 금융기관이 모여 한 개의 집단형태를 갖는 것으로 명백한 기업집중이다. 그리고 국가 차원에서도 금융산업의 세계화라는 명목 아래 금융지주회사들은 금융에 대해 우월한 지위를 가질 수 있도록 혜택이 부여되어 있다.

더욱이 금융통합을 빙자하여 고용을 축소하고 전산화처리에 의해 자체 이익만을 극대화시켜 가고 있다. 이렇게 통합금융회사들이 취하는 이익은 금융에 보장된 예대상계에 의한 이익으로 1년에 수십조에 달하고 있다. 이것을 역으로 말하면 금융통합회사들이 국민을 상대로 엄청난 돈을 벌어들이고 있다는 의미이다.

우리의 통합금융기관은 위기에 처하면 국민의 혈세로 이루어진 공적자금에 의존하여 살아난다. 그리고 금융산업이라는 사업의 주종은 국민을 대상으로 하는 소매금융이다. 그래서 주택담보대출이나 전세대출 그리고 금융 파생상품으로 돈놀이를 하는 것이다.

이렇게 하는 돈놀이는 결국 국민 개개인의 빚으로 남아 지속적인 착취구조를 형성하고 있는 것으로 우리의 미래에 지속적인 어려움을 줄 수밖에 없다.

금융산업의 또 다른 문제점은 자유 시장경제를 표방하면서 폭리를 취하고 있다는 점이다. 특히 시장경제라고 하는 것은 시장의 원리에 맡겨서 국가의 개입을 배제한다는 명목이다. 그리고 보이지 않는 손이 금융시장을 조절하도록 방임하자는 것을 뜻한다. 그러나 이것은 명백한 허위이다. 왜냐하면 시장의 원리라는 것은 판매자와 구매자가 동일한 조건에서 거래가 이루어져야 성립되는 것이다. 그러나 금융시장은 특성상 판매자인 금융기관과 구매자인 일반서민이 동등한 지위에서 거래가 이루어지지 않기 때문에 시장의 원칙에 맡긴다는 것은 명백한 기만이다. 그래서 금융기관의 폭리를 막을 수 있도록 금융시장에는 국가의 전폭적 개입이 필요한 것이다.

2. 우리에게 미래는 없다

1) 미래는 없다

한국의 미래는 어떻게 될 것인가에 대한 결론은 현시점에서는 '한국의 미래는 없다'이다. 이는 현재 우리의 사회가 처한 현실과 그 속에 살고 있는 우리들의 정신적 자세로는 한국사회가 더 이상의 지속적 발전을 기대할 수 없으며 장차 오히려 형편없는 삼류국가로 전락할 가능성이 크기 때문이다. 이러한 점에서 현재 우리는 미래지향이라는 목표에 어떠한 문제점이 있는가를 살펴보자.

① **원칙을 잃어버린 사회**(무원칙):
상호신뢰가 되지 않음, 자신만의 원칙을 남에게 강요함, 말만 앞세

우고 지키지 않음, 자신보다 남의 탓만 함.

② **패거리 문화**(집단 이기주의):

압력단체, 귀족노조, 이기적 시민단체, 파벌과 지·학·인맥 중시

③ **노력을 하지 않음**(딴따라 문화):

놀고먹는 사회, 로또, 도박, 청년실업, 연예인 동경, 극적이고 영화적 삶 추구

④ **개인 및 가족주의의 심화**(나뿐인 사회):

개인 및 가족주의, 족벌주의, 배타적 이기주의가 사회에 팽배

⑤ **정책부재의 사회**(무정책, 갈피를 못 잡는 사회):

전문가의 조언이 무시되는 사회, 정치인 등 비전문가들이 활개 치는 사회, 우왕좌왕하는 정책, 정권에 따라 달라지는 정책

⑥ **금전만능주의로 인한 도덕적 이념 상실**(금전만능주의):

돈놀이 국가, 불로소득으로 쉽게 살아가려 함, 청년의 잠재적 실업, 수단과 방법을 가리지 않는 돈벌이

⑦ **경제적 식민화**(종속경제):

외채 및 외국 자본유입에 의한 경제운용, 종속적 착취구조가 형성됨, 증권 및 환투기에 무방비

⑧ **자기기만의 통계**(엉터리 통계):

과장을 통한 자기에게 유리한 통계구축, 의도적인 발표로 인해 통계의 신뢰성 상실, 통계 및 자료 축적으로 상대적 불이익 되는 경우도 있음.

⑨ **중산층의 붕괴**(빈부격차 심화):

금융기관에 의한 전 국민의 채무자화, 청년층의 카드 무분별 사용으로 인한 신용불량, 중장년층의 주택담보 은행대출로 인한 소비 위

축, 지속적인 물가상승에 따르지 못하는 임금

⑩ **기업하기 어려운 나라**(기업관 부재):

적대적 기업관, 공직자의 부패, 정경유착, 불필요한 규제로 인한 부대비용 상승

⑪ **정치적 불안**(권력투쟁):

집권욕, 당파적 이분법적 대립논리(언론관, 국가관, 세계관), 상호 적대적 정치관으로 타협할 줄 모름, 민생정치 실종, 대립적 각종 정책 남발

⑫ **이기적이고 과격한 노조**(노사문제):

자기 몫 챙기기, 포퓰리즘, 귀족노조, 노조 간 분배 불균형, 노조 지도부의 부정부패, 해마다 반복되는 임금투쟁

⑬ **과학기술분야의 상대적 박탈감**(금융 위주의 정책):

과학기술정책부재, 중국의 제조업 잠식, 미래지향적 과학기술부재, 과학기술교육의 낙후성, 기술자의 양성 부족, 젊은 세대 숙련공의 감소

⑭ **남의 나랏돈으로 흥청거림**(외채국가):

개인 가계부채로 내수부진, 모라토리엄과 복합적 불황이 예고됨, 외국 투기세력의 국부잠식, 증권 및 부동산 투기 만연, 빈부격차 심화

⑮ **개혁과 보수의 갈등심화**(이분법적 정치):

상생의 정치 부재, 말만 앞서는 정치, 막말 하는 정치, 코드를 강요하는 패거리 정치

⑯ **자원이 없는 나라**(자원의 수입):

두뇌교육 및 과학기술교육 부재, 산업생산을 위한 자원 부족, 에너지 절약의 의식 부재, 자기 자본이 부실하여 외국 자본에 의존

⑰ **무책임한 사회**(부정부패):

잘못된 일에 대한 것은 누구도 책임지지 않음, 무책임한 언행, 법의 자의적 해석, 공직자의 투기 및 도덕적 해이

⑱ **외국정보부재**(IT산업의 국내화):

자국의 정보는 노출되어 있고 타국의 정보는 얻기 어려운 국가, 미국·일본에 의존한 정보체계, 범세계적 차원의 정보산업 육성 부재

⑲ **제조업이 무너지고 있음**(3D업종):

고임금에 의한 공장 해외이전, 외국근로자 고용, 비정규직 근로자 양산, 서비스업, 금융 등의 비생산적 산업화

⑳ **언론의 자기 역할 상실**(패 가름 언론):

국민의 가치판단을 혼돈시킴, 기준이 바로 세워지지 않아 사회적 합의 도출 어려움, 신뢰 못 할 언론, 정치정략의 도구화

㉑ **젊은 세대의 무기력증**(놀고먹자 주의):

청년들의 잠재적 실업, 카드에 의한 신용불량, 노령화 사회에 대한 대비불능, 고임금 추구로 직업선택의 어려움

㉒ **자기 자신에 대한 처지를 모름**(지피부지기):

현실에 대한 과대평가, 언론의 호도, 상대 평가할 수 있는 대외적 정보부재, 타산지석의 교훈 무시

㉓ **지역감정 심화**(배타적 지역주의):

지역감정을 정치인의 정략적으로 이용, 국민의 부화뇌동, 지역적 상생의 정책 부재

㉔ **농어촌 경제의 몰락**(도시만을 위한 정책):

식량무기화에 대한 대비 부재, 도농 간의 소득격차 심화, 과격한 농어민 운동 유발, FTA 협상에 농민 제외

2) 미래는 있다

한국의 미래를 위하여 우리에게 무엇이 남아 있는가를 살펴보고 그것을 근간으로 하여 무엇을 보충해야 하며 어떻게 활용해야 할 것인가를 검토하는 것이 우리 미래의 살 길이다. 나를 알고 남을 알면 백전백승이라고 했듯이 우리의 장점을 살리고 단점을 보완해 나가는 것만이 앞으로의 우리를 보장할 것이다.

① **자원은 없어도 두뇌는 있음**(교육 및 인적자원):
재능 있는 손재주, 숙련된 기술자, 과학기술의 우수한 두뇌
② **우리는 과거의 어려움을 헤치고 국가번영을 이룬 민족임**(은근과 끈기):
근면성, 성실하고 진취적 기질
③ **사회기반 시설이 확충되어 있음**(정보, 산업인프라 구축):
자동차 도로 및 철도 항만 등의 사회기반 시설 구축, 내부정보화
④ **수출기반 산업이 유지되어 있음**(공장설비와 숙련공 확보):
플랜트 시설 및 산업기반 시설 확보
⑤ **국가신용등급이 상위에 있음**(외국 자본 유입):
건전한 외국 자본유입 유도, 투자 요건이 좋음
⑥ **경제대국 일본과 중국에 인접해 있음**(연결통로):
지역적 유리성과 교류의 중개지로서 동북아에서의 역할, 국내산업의 다양성 확보가 수월
⑦ **대외적 어려움이 있을 때 국민적 통합이 잘됨**(협동심):
금 모으기, 88 서울올림픽 및 2002 한일 월드컵대회 때의 단합
⑧ **통일 후 경제 시너지에 대한 가능성이 큼**(통일대비와 인적·물적 자원 확충):

북한 쪽의 경제발전을 위한 내수활성화, 지하자원과 에너지 자원의 개발여건이 좋음 북을 통한 만주, 시베리아, 유럽의 연결로 확보.

3. 미래를 위하여

1) 정치적 안정이 필요

우리는 4년마다 총선을 통해 국회의원을 뽑고 있다. 국회의원은 국민이 뽑는데도 정당정치라는 개념 속에서 당선 후에는 국민의 선량이라는 직분을 잊어버린다. 그리고 자신을 뽑아준 국민보다는 당의 일원이라는 조직원 역할에 더 충실하고 있다.

정당정치의 장점 또한 간과해서는 안 되지만 결국에는 정당이라는 개념에서의 패거리 정치를 벗어날 수 없게 되어 있다. 그래서 아무리 정치적 능력이 훌륭하거나 국가발전을 위한 위대한 식견을 가진 사람이라해도 그 역량을 발휘하기 어렵다. 오히려 자기 조직이나 당내의 친화력 또는 당과 당 간의 인간적 유대관계를 조정할 수 있는 조정력이 우선된다. 그래서 개인적이고 훌륭한 역량을 가진 사람은 도태되기 쉽게 되어 있다.

우리에게 국민을 위하고 장차 국가의 발전을 위해 정말 필요한 지도자가 나오지 않는 것도 이러한 이유 때문일 것이다. 위대한 지도자를 못 얻을 수밖에 없는 현실에서는 당과 당의 협상이나 타협에 의해 결정되는 정치적 조화라도 이루어져야 할 때이다.

그러나 지금의 정치적 상황은 권력을 쥔 자들의 패거리 정치(패도

정치)에 의해 모든 것이 결정된다. 그래서 정당 간의 이전투구가 되어 결국 권력 투쟁화하는 양상으로 전개될 수밖에 없다. 그 때문에 정치적 안정이란 쉽지 않은 것으로 보인다.

우리가 선택하고 맡겨 놓은 국회는 지금 어떠한가? 국회의 구성이 여러 정당으로 분리된 것은 상호 간 야합하지 않고 절대 권력자를 견제하여 부패된 권력을 만들지 못하게 하고자 함이다. 그리고 절대 독재로 나아가는 권력체계를 미연에 방지하고자 하는 국민적 깊은 혜안에서 나온 것이다. 그러나 지금의 국회는 권력의 견제도 국민을 위한 화합도 이루지 못하고 있다. 그래서 우리의 국회를 좀 더 심도 있게 평가해볼 필요가 있다.

우리의 지도자도 마찬가지이다. 만일 진정으로 국민을 위한 지도자라면 우선 자신부터 개혁하여 몸을 깨끗이 하여야 한다. 그 후 자신의 주변에 있는 권력지향형 인사들을 정리하여 토사구팽시키고 친인척비리 등을 미연에 방지해야 한다. 그다음에는 당을 정갈하게 하여, 현실정치에서 국민에게 피해가 갈 정쟁이나 정치적 불안정을 피할 수 있도록 솔선수범해야 한다. 타협과 신의가 바탕이 되는 협력체계하에서 점진적 개혁으로 가야 상생의 정치가 된다. 그리고 그것을 통해 민생을 우선하는 방식으로 나라를 다스리는 것이야말로 우리 국가의 앞날을 위한 왕도정치를 만세계에 펼치는 것이다.

이러한 왕도정치야말로 진정한 국민의 지도자가 되는 것임에도 불구하고 지금의 지도자들은 자신의 권력기반을 더욱 다지고 패거리들을 확보하기 위해 노력하고 있다. 그래서 자신도 결코 면죄될 수 없는 상대방의 허점을 들춰내어 문제를 삼고 그것으로 논쟁을 삼는 것은 마치 '오십 보 도망간 사람이 백 보 도망간 사람'을 비난하듯 하는 것이다. 이러한 형태의 정치는 결코 좋은 결과를 이루어내지 못할 것이다. 그로 인해 국가의 정치적 안정은 또다시 요원해질 것으로 보인다.

어차피 우리가 선택한 지도자가 못 해준다면, 국민이 선택에 의한 정치적 안정이 될 수 있는 방법을 선택할 수밖에 없다. 결국 어떠한 방법이든 선거의 결과가 정치적 안정을 기할 수 있는 방향으로 선택되어야 한다. 이러한 국민적 선택이 여대야소냐, 여소야대냐 그 각각의 결과에 대한 것은 이미 과거정권에서 충분히 겪어 왔다. 과거 박정희, 전두환, 노태우 정권에서는 여대야소를 겪었고, 김영삼, 김대중 정권하에서는 여소야대를 겪었기 때문에 우리 국민은 어떤 것을 선택해야 할지 충분히 판단하고 있으리라 본다.

정치적 안정이 이루어져야만 불필요한 정쟁의 낭비적 요소를 줄일 수 있다. 그리고 그것이 발판이 되어 우리 한국의 미래는 큰 추진력을 얻게 되는 것이다. 또한 미래 선진사회로 갈 수 있는 기틀을 마련할 수 있기 때문에 반드시 이루어져야 한다.

2) 적절한 정책과 지속적 집행

우리는 머피의 법칙에 대하여 자주 이야기한다. 애써서 세차를 했더니 비가 온다거나, 어쩌다 행한 일이 반대로 잘못된다든지 하는 경우 우리는 머피의 법칙이라고 한다.

그러나 머피의 법칙 속뜻은 '어떠한 일이든지 일어날 일은 반드시 일어난다'는 뜻이다. 이것을 우리 사회에 비추어 본다면, 사회의 발전은 발전의 기틀이 되어야 할 여러 가지 조건들이 잘 진행되어야 발전되는 것이다. 그렇지 않고 그러한 조건들이 서로 어긋나고 계속적으로 불협화음이 진행된다면 결코 발전보다는 퇴보가 된다는 것이다.

우리 사회는 각 분야에 있어서 개인적 이기심과 배타주의가 사회 속속들이 만연되어 있다. 그리고 이것이 도덕적 해이와 원칙이 없는 사회 분위기와 결합되어 제대로 되는 일이 없다.

야간에 음주단속을 하면 많은 사람들이 음주단속에 걸려 구속, 면허취소, 정지, 훈방 등을 당하나 그중의 상당수 사람은 여러 차례 반복해서 단속된다.

단속이 되는 사람 중에는 단속이 되지 않은 기간 중에도 여러 차례 음주운전을 했어도 요행히 걸리지 않거나, 그 기간 단속을 하지 않은 행운에 의해 적발되지 않은 것이다. 그래서 자신도 모르게 음주운전 후에도 그다음 날의 불편함을 피하기 위해 차를 끌고 가는 경우가 많다.

그러다 단속이 되면 재수 없이(?) 걸렸다는 표현을 쓴다. 그러나 자신이 취해왔던 행동의 결과는 반드시 일어날 일은 일어나고야 만다는 점이다. 그래서 음주 후 운전을 하면 언젠가는 반드시 단속이 된다는 것이다. 현재의 세계는 과거 10년, 20년 전보다 훨씬 밀착되어 상호영향을 주고 있다. 그렇기 때문에 국가 간의 생존에 대한 경쟁은 어느 때보다 심화되어 있다. 이것은 장차 더욱 치열해질 것이다. 더불어 국가 간의 상대적 영향력은 사회, 문화, 경제, 교육 등의 각 분야에 미치고 있다. 그리고 언제나 그랬듯이 강자가 약자에게 종속화를 요구하게 되고 그러한 사회 각 분야의 종속화는 총체적 식민화로 귀결된다.

과거의 식민주의란 영토를 종속시켜 피식민국가의 경제적·물적 수탈을 통해 자국민의 경제적 혜택을 주는 것이었다. 그리고 종국에는 사회 모든 분야를 복속시켜 영원한 부속 국가화시킨다. 현재와 같이 각국이 서로 직접적인 영향을 주는 시대에 있어서는 군사력에 의한 영토의 복속보다는 경제적 착취가 가능한 체계를 만드는 방법으로 경제 종속적 식민경제를 형성시킨다.

그러한 일례로 자신이 보유한 잉여자본을 낮은 금리로 금융시장을 통해 외국에 빌려 주어 그 해당국이 채무를 지게 하고 그 돈에 대한 이자를 장기간에 걸쳐 착취하는 수법을 쓴다.

또한 그 돈을 빌려 쓴 국가는 '남의 것이면 소도 잡아먹는' 심정으로 빌려와 국가의 발전지향적인 부분에 사용하기보다는 자국 내에서 투기 및 소비적 용도로 사용한다.

이렇게 빌려 쓰는 돈으로 인해 일시적으로 내수산업이 활성화되는 듯한다. 그렇지만 결국에는 전 국민이 외국돈의 빚쟁이를 면치 못하게 되는 것이다. 내수소비로 써야 할 돈이 낭비되어 고갈되면 그 사회는 또 다른 불황기로 들게 된다. 그래서 아무리 수출이 잘 되어도 빈곤 속의 성장이 되는 것이다. 그리고 결국에는 외국 빚을 갚기에 역부족이 되면 국가 파산 상태에 이르게 되는 것이다. 이 또한 머피의 법칙이다.

이러한 일련의 시리즈는 우리 한국이 현재 처한 상황이다. 그래서 현재에서 가장 절실하게 필요한 것은 우리의 상황인식이 올바르게 되어야 한다. 그리고 그에 따른 적절한 정부정책이 필요하다. 특히, 남의 돈에 대하여는 흥청거리지 말고 조속히 갚아 버리고 금리 등을 조정하여 국가 내 자기 자본을 확충하여 경제산업에 활용토록 하여야 한다.

또한 선진국과 같이 국민적인 근검절약 생활방식으로의 전환이 필요하다. 더불어 일시적 효과를 노리는 포퓰리즘을 경계하여야 한다. 이러한 것들을 시의 적절하게 적용한 정책이야말로 우리 한국을 앞으로 닥칠 파탄에서 구해낼 유일한 방법임을 인식하여 정책입안자들은 대승적 견지에서 정책을 세워나가야 하겠다.

3) 정치적 논공행상을 금하라

과거의 고려나 조선의 역사 속에서 살펴보면, 쿠데타 형식으로 왕이 집권하면 자신을 왕으로 밀어준 패거리들에게 논공행상을 하였다. 그 방법은 전 왕조의 벼슬아치들이 가지고 있던 전답 등의 재산을 빼앗아 자신의 추종자인 공신들에게 나누어주는 것이었다. 또 이렇게 생긴 새로운 왕조는 정치적으로 안정될 때까지 상당한 기간이 소요된다. 그래서 그 기간 국민들의 폐해는 상당했다.

이러한 경향이 현재의 5년 단임 대통령제에서도 매 5년마다 대통령이 바뀌면서 반복되고 있다. 새로이 선출된 대통령은 자신의 마인드와 일치되는 사람들을 대거 발탁하여 주요 공공기관의 장으로 임명하고, 그들이 교체되는 과정에서 더욱 부정적인 부패 고리가 형성된다. 또한 그들이 임명되어 수행하는 동안에도 앞서의 정책 및 국가경영 패턴이 전반적으로 뒤바뀌는 등 연속성이 없는 즉흥적 정책으로 일관되는 폐해가 발생된다.

중국 역사 속에서 한나라의 유방은 자신의 천하통일을 도운 한신, 팽월, 장자방 등을 한 왕조의 안정적 발전을 위해 토사구팽 하였다. 그리고 그러한 연후에 비로소 천년의 한나라 기틀이 만들어진 것이다.

이에 비추어 보면 대통령이 짧은 기간 국민을 위해서 봉사를 하고 명예롭게 은퇴하고자 할 때에는 자신과 자신의 추종자 패거리를 위한 패도정치의 논공행상을 버려야 한다. 그리고 국민을 위하는 마음에서 국정을 수행해야 한다. 논공행상에 의한 자리매김은 어떻게 보면 매관매직과 일맥상통한다. 대통령 선거 기간에 돈 대주고 노력봉사 등의 지원을 해준 사람들을 당선 후에 입각시키거나, 공사의 높은 자리를 마련해준다는 것은 매관매직의 또 다른 형태일 수밖에 없다.

마치 당선 후 논공행상에 의한 벼슬자리 나눔이 개혁의 일부인 것처럼 당연시되는 것은 기만이며 장차 한국 미래에 커다란 해악을 끼칠 수밖에 없을 것이다. 선거 지원자들, 그들이 나중에 무엇인가를 바라고 지원해줬다면 그것은 국민의 입장에서 보면 대단히 해가 되는 위험한 발상이다.

모 대통령의 임기가 끝나고 나서 유독 심한 경제적 부정부패가 드러났다. 이것은 모 씨가 대통령이 될 때까지 수십 년 동안 뒷바라지하기 위해 헐벗어가며 쫓아다녔던 추종자들 때문이다. 모 씨의 당선 이후 그들은 자신들이 그동안 고생해왔던 손실에 대한 보상을 논공행상을 통해 취하려 했기 때문이다.

그러한 점을 간파하지 못 하고 대통령 당선 후 그 추종자들을 토사구팽하지 않은 것이 결국 국민 전체에 피해로 돌아온 것이다. 이렇듯 토사구팽 없이 치러지는 논공행상은 부정부패의 온상이 된다. 그러므로 대통령으로 당선된 사람은 국민을 위해 과감하게 추종자들을 멀리해야 한다. 그리고 선거과정에 도움이 되었다고 그것으로 논공행상을 해서는 안 된다.

4) 부정부패로부터 국민의 신뢰를 회복하라

정치적 안정을 위해서는 위정자와 국민 간의 신뢰회복이 필수적이다. 재벌기업과 정치권의 유착관계는 어제오늘의 이야기가 아니다. 고대사회에서부터 경제권은 정치권에 혜택 및 불이익을 받지 않기 위해 권력의 뜻에 따라 움직인다. 그래서 경제가 정치에 자금을 대주고 상호결합에 의해 사회적인 해악을 끼치게 되는 악순환을 계속해 왔다. 현재 우리의 자본주의적 민주사회는 배금주의 사상에 의해 지배되고 있다. 이러한 바탕에서 모든 일이 돈과 관련하여 처리되기 때문에 결국에는 금권정치가 될 수밖에 없다. 그리고 그에 대한 뒷받침이 되는 돈은 정경유착의 필요악이 될 수밖에 없다.

돈 거래에 의해 자신과 연루된 집단의 이기심을 충족시킬 수 있다면 수단이 목적보다 우선이 되는 현대사회에서는 누가 망설이겠는가? 선의적으로 주고받는 금전거래야 타인에게 무슨 해를 끼칠까마는, 음성적 뒷거래의 공통적 특징은 자신만의 배타적 이익을 취하기 위하여 진행되기 때문에 남에게 해를 끼치는 결과를 가져온다. 그래서 우리는 이러한 것을 부정에 의한 부패라고 하는 것이다.

국가적인 차원에서 위정자와 재벌 간의 결탁은 그 자금의 모금과정과 처리과정에서의 절차적 부정요소가 들어있다. 그래서 그로 인해 전체 국민에게 해가 되어 되돌아온다. 그 때문에 우리가 경계하고 삼가는 것이다.

역사 속에서 살펴본다면 이러한 부정부패 행위는 방법과 형태는 달라도 계속되어 왔다. 그리고 그에 대한 철저한 규제와 반성이 없으면 앞으로도 계속 이어갈 것이다. 그래서 우리가 부정부패를 근절할 수 없다면 최소화시키는 것이 최선의 방법이다.

그러나 누구도 그것을 위해 노력하는 것 같지는 않다. 다만 겉치레적인 수준에서 이슈화한 후 잠복되는 식의 절차적·형식적 행위에 그치고 있다. 그렇기 때문에 갈수록 내성만 키우게 되어 오히려 부정부패의 척결만 어려워지는 것이다. 일단 시작했으면 끝을 명확히 해주는 처리방식만이 부정부패에 대한 척결방법이다. 또한 완벽히 척결은 못 해도 장차 발생될 소지를 최소화시킬 수 있는 것이다. 그러나어느 누구도 자신에게 해가 되지만 국민에게는 득이 되는 이타적 결정을 내리지 않고 있다. 그 때문에 개혁이라는 차원에서의 여러 가지행위들조차도 신뢰를 할 수 없게 되는 것이다.

부정부패의 척결을 정적들을 제거하기 위한 수단 혹은 자신의 세력을 구축하기 위한 책략의 일환으로 이용하고 있다. 그렇기 때문에더욱 국민의 신뢰성만 잃게 된다. 잘못된 점을 교정하고자 할 때는자신의 희생까지도 감수해야 한다. 그러나 비겁하고 더러운 음모에의해 의도적으로 개혁을 말하고 실행한다면 국민의 신뢰 및 상호 간믿음만 상실할 수밖에 없다. 그래서 또 다른 사회적 해악만 키우는결과가 되는 것이다.

우리 사회의 모든 발전의 근간은 상호신뢰에서 나와야 한다. 그런데도 남을 이기기 위한 수단으로 권모술수 및 모략을 일반화하였기때문에 상호신뢰의 구축이 어렵다. 국민구성원 상호 간의 신뢰회복을위해서는 위정자의 헌신적 노력이 필요하다. 그리고 국민과의 협의에의한 부정부패 방지만이 국가발전에 절대적 필요요소라는 것을 명심하여야 하겠다.

5) 권력의 공정성과 투명성을 가져라

우리나라의 과거 왕조시대에서도 왕은 자신이 살아 있는 동안에는 왕권을 자식에게 물려주지 않는 것이 전통이다. 이는 권력에 대한 욕망이 자식에 대한 애정보다 크다는 것을 단편적으로 표현하는 것이다. 특히, 권력의 주도권 문제에서 쟁탈이 치열해질 수밖에 없는 것은 자신이 권력을 잃으면 모든 것을 잃는다고 생각하기 때문이다.

그렇기 때문에 일단 잡은 권력을 무슨 수를 써서라도 유지하려는 극단적인 권력투쟁의 양상이 나타난다. 정권의 유지를 위해서라면 국가와 민족과 국민의 안위조차 내팽개치는 작태를 우리는 과거의 역사 속에서 무수히 보아왔다.

이러한 권력투쟁의 결과는 국민 각자에게 크나큰 피해로 돌아왔으며, 어떤 시절에는 외세에 의해 국가가 치욕적으로 식민합병까지 되는 때도 있었다. 조선 말기의 대원군과 민비의 권력야욕에 의해 일제에 식민화되는 예가 그것이다.

그런데도 지금에 와서 또 다른 형태의 권력투쟁이 진행되고 있다. 일제식민사에 대한 정확한 평가와 일제 앞잡이에 대한 적절한 처벌이 장래 국가의 안위를 위하여 절대 필요한 것이다. 그렇지만 해방 후 아무 처리도 없이 대충 넘겼기 때문에 대한민국이 사회적 공정성과 투명성을 잃어버리게 된 것이다. 이러한 점에서도 과거사 규명과 처벌은 반드시 정확하게 하고 넘어가야 할 필수불가결한 사안이다. 다만, 과거사 규명을 정권적 차원에서 남을 몰락시키기 위한 목적으로 이용해서는 안 된다.

권력의 집행에 있어서 또 다른 문제점은 권력자나 고위공직자들이 자신의 책임하에서 행해진 정책이나 발언이 잘못되어진 경우 그 누구도 책임을 지지 않는데 있다. 구구한 변명으로 책임을 모면하려 하고, 그 소속집단에서는 자기편 감싸기를 하며, 잘못을 희석시키려는 행위로는 권력의 공정성과 신뢰성을 얻을 수 없다.

6) 고위직에 청렴한 공직자를 임용하라

우리는 고위공직자를 임용할 때 청문회를 실시한다. 그러나 항상 그렇듯이 임용대상자들은 사회적으로 부정적인 평가가 가능한 과오들을 가지고 있다. 예를 들면 가족 중의 누군가가 이중국적을 가지고 있다든지, 부동산 투기 의혹이 있다. 탈세의혹 등등 각종의 국민들이 인정하기 어려운 이기적 탈법행위를 가지고 있다. 그렇지만 결국에는 국민적인 정서를 무시하고 임용이 강행된다.

어떻게 보면 이러한 결과가 일어나는 청문회 자체는 국민 우롱 행위이다. 이렇게 멋대로 임용을 하려면 무엇 때문에 청문회를 하는 것인지 모르겠다. 청문회를 통해 면죄부를 주고 멋대로 사면해주는 임용으로 이용되는 것이 문제이다.

얼마나 임용후보자가 훌륭한 사람인지 모르나, 국민들에게 의혹을 준다면 그것으로도 그는 충분한 결격사유를 가진 것이다. 우리 사회는 고위공직자의 도덕성을 요구하는 것이 아니다. 그가 그 자리에 있으면서 얼마나 공직자로서 자신보다 국민을 위해 일할 것인가를 확인하고 싶은 것이다. 그렇게 하려면 그의 이제까지 살아온 형태에서 살펴볼 수밖에 없다. 그래서 국민들은 자신만을 위해 부동산 투기를 한다든지 이중국적을 갖는다든지 논문을 표절했다든지 따져보는 것이다.

그래서 이러한 의혹을 가지면 남을 위한 공직자로서 결격이라는 것이 올바른 판단이다. 그러나 이러한 올바른 판단이 정치적 판단과 당리당략이나 집권자의 의도에 의해 무시되고 있다. 이렇게 해서는 국민들에게 권력의 공정성을 얻어내기 어렵다.

이에 대한 대책으로 청렴한 공무원을 찾아 고위공직에 임용하여야 한다. 여기서 청렴한 공무원이란 주변의 모두에게 청렴함을 인정받는 사람이어야 한다. 그리고 현재의 직책은 관계가 없으며 해당 분야에서 충분한 경력을 쌓고 50세 이상이어야 한다. 왜냐하면 50세 이상이 될 때까지 청렴함이 유지되면 그 사람의 평생 청렴함이 인정될 수 있기 때문이다.

또한 고위공직자 청문회에 항상 하는 이야기가 있다. 장관으로서 전문성이 있느냐이다. 그러나 우리는 과거 군사독재시절에 고위공직자인 장관에 육사출신들이 대거 임용되는 것을 보았다. 그리고 우리가 인정하기 싫어도 그들은 전문성이 부족한데도 자신의 직책을 무리 없이 잘해내고 그 당시 국가발전에 기여했다. 이것을 보아도 고위직은 아주 특별한 전문성이 없어도 무리 없이 수행할 수 있는 정략적인 자리인 것 같다.

그래서 앞으로의 장관임용은 해당부서에서 15년 이상 근무한 3~7급 공무원 중에 청렴성이 인정된 사람을 뽑아 임용해야 한다고 생각한다. 왜냐하면 그래야 청렴하고 해당 분야에 전문성을 가질 수 있기 때문이다. 그리고 이러한 경우에는 전체 공무원사회가 청렴해질 수밖에 없다. 다시 말해서 기존고위직에 있어도 청렴하지 못하면 최고위직 장관에 임용이 될 수 없을 뿐만 아니라 장차는 자신보다 낮은 위치에 있던 청렴한 공무원에 의해 도태되기 십상이기 때문이다. 그리고 공무원의 사회는 청렴하지 않으면 출세할 수 없다는 것이 일반화되기 때문에 자동적으로 깨끗해질 수밖에 없다.

7) 통일기금을 마련하라

남북한은 오랜 역사 속에 동질성을 유지해온 단일언어의 단일민족이다. 일제식민 후 공산주의 대 민주주의의 이데올로기 속에 강대국들의 외세에 의해 강제로 분할되었다. 그래서 언제든지 통일되어야 한다는 것이 정치, 사회, 문화적 당위성을 갖고 있다. 그리고 국제적으로도 인정을 받고 있는 상황이다. 다시 말하면 기회만 주어지면 통일이 되어도 무방한 영토적 조건을 갖고 있는 것이다.

남북한에 현존하고 있는 이산가족들은 반세기 이상 서로 헤어져 있어도 서로를 그리워하고 만나고자 노력하고 있다. 그것만으로도 통일은 우리 한민족의 염원이 될 수 있다. 그러나 우리의 통일은 우리가 예측 못 하는 시기에 불현듯 찾아올 수 있기 때문에 반드시 준비를 해서 맞아야 할 중요한 과제이다.

독일 통일은 동서 간의 합의에 의해 자연스럽게 이루어졌지만 우리는 또 다른 대가를 치르는 방법에 의해 통일될지도 모른다. 그러나 원만히 통일된 세계 경제대국의 하나인 독일조차도 동서 간의 빈부격차, 실업률, 경제성장률 하락 등의 통일로 인한 수많은 후유증을 겪고 있다.

하물며 우리와 같이 이념적 통합도 되지 않고 경제적으로도 선진국에 종속화되어 있는 남북경제 수준에서 갑작스럽게 통일이 된다면, 그 후유증 및 통일에 대한 대가를 어떻게 지불할 수 있을지가 의심스럽다. 정상적이고 순리적인 남쪽주도형 통일일지라도 갑작스럽게 개방된 휴전선을 통해 이북의 비숙련적인 노동력이 대거 남향할 것이다.

그것에 대한 대책이 없다면 그들은 실업자로서 대도시 주변에 포진하여 또 다른 난민으로 도시 전체의 안정된 생활을 위협하게 될 것이다. 또한 국가적으로 준비가 되어 있지 않은 사회보장, 복지 등 재정적 뒷받침이 되지 않아 남북 간의 차별화가 될 수밖에 없다. 더욱이 북측에 일시적으로 쏟아 부어야 할 천문학적 경제원조 자금 등은 어쩌면 통일이 국가 경제적 파탄으로 더 쉽게 이끌어 갈지도 모른다.

그래서 우리는 북핵 및 북한과의 경협문제를 남북통일이라는 거대한 밑그림하에 처리하여야 한다. 그러기 위해서는 남쪽 자체의 외채에 의하지 않은 자립경제가 이루어져야 하며 통일자금이 충분히 축적되어야 한다. 또한 통일 시 북한 측을 수용할 수 있는 충분한 산업시설 및 기반시설이 확충되어야 한다. 단순히 정치 정략적인 햇볕정책과 이념적 융화정책만 가지고는 통일로 인한 대가를 감당하기에는 무리가 있다. 그러나 정책 당국자들은 통일 후 닥쳐올 상황에 대해 너무 안이하게 대처하고 있다. 내·외적 여러 가지 국제 정치적 조건 및 동북아의 국가 간 세력 균형문제와 북한 지도층의 급변 등의 흐름으로 보아 우리는 머지않아 남북통일이 될 가능성이 크다.

이러한 시기에 남북통일에 대하여 너무 쉽게 접근하다가는 사전에 준비할 기회를 놓치게 된다. 또한 통일 자체가 국가 전체에 부담이 되어 어떻게 수습할 수 없는 어려움을 겪을 수 있기 때문에 말로만의 통일대비가 아니라 통일기금 비축에 의한 실제적이고 가시적인 통일대비를 하여야 하겠다.

8) 과학기술을 통한 경제성장

인간은 빈약한 도구를 사용했던 원시인에서 진화되어 21세기의 과학문명사회를 이루었다. 그러나 지금의 발전속도로 보아서는 미래에 어느 정도까지 더 진화되어 어떠한 과학기술문명을 이룰 것인지조차도 상상하기 어려울 정도다. 미래의 세계는 더 먼 우주로 나아가고 깊은 바다의 심연에까지 인간의 손이 안 미치는 곳이 없을 것이다.

이러한 미래세계의 근간은 결국 과학기술의 발달에 의존할 수밖에 없다. 국가의 보다 나은 선진기술과 과학에 기초한 산업발달은 국가 간의 경쟁력에서 우리를 우월한 위치에 놓이게 할 것이다. 그리고 미래의 경제적 우위를 확보해주고 민족의 생존에 절대적 영향을 줄 것이다.

과거에는 아메리카에도 발달된 인디언 문명이 있었다. 그러나 그보다 과학기술이 발달된 유럽의 국가에 의해 유린되어 지금은 그 흔적조차 찾아보기 어려운 상황이다. 지금도 과학기술에 의한 혜택을 받지 못하는 인디오들은 그 사회에서도 하층계급을 형성하고 있다. 이렇듯 과학기술은 국가와 민족의 안위에 절대적인 영향을 미치고 있는 것이다.

그럼에도 불구하고 지금의 한국은 누구도 과학기술분야(이공계)로 진로를 선택하는 사람이 없다는 것이 큰 문제이다. 그래서 정책 입안 자들은 과학기술분야의 육성에 대하여 예산배정 등의 여러 가지를 고려하여 정책을 세우고 있다. 그러나 이는 과학기술분야가 어떠한 이유 때문에 소홀히 되고 있는지 모르면서 추진되기 때문에 일시적인 미봉책이 되어 예산만 낭비할 뿐이다.

그나마 예산이 고갈될 경우 그다음에는 과학기술진흥이란 정책 자체가 도루묵이 된다. 그리고는 실효성 없는 정책이 되어 과학기술분야의 상황만 더욱 나빠질 것이다.

왜 우리나라가 이공계를 경시하게 되었는지에 대한 원인을 정확하게 알고 그에 대해 적절한 조치가 이루어져야 한다. 그럼에도 불구하고 지금까지도 그 원인에 대한 분석은 전혀 이루어지지 않고 있다.

우선, 외환위기 이전을 보면 그 당시 이공계 대학의 진학률 및 우수학생의 지원율이 월등히 높았다. 그러나 외환위기 이후 모 정권의 말기로 가면서 점점 이공계를 기피하고 그 정도가 심화되고 있다. 이것은 과거정권의 무엇인가의 잘못된 정책이 이공계 기피현상으로 나타났다는 것을 우리는 추론해볼 수 있다.

그러면 그러한 가장 큰 원인은 무엇인가? 우리는 과거 모 정권 초기에 외환위기, IMF를 넘기려고 공적자금 투입이라는 미봉책을 썼다. 그래서 그 과정에서 외국돈을 200조 가까이 빌렸고, 그 대부분이 아직도 한국사회에 남아 경제, 사회, 문화 등 모든 면에 영향을 미치고 있다.

경제적인 면에서 외국에서 빌려온 돈은 은행의 잉여자금으로 존재하며, 결국 부동산 투기 자금화되었다. 그리고 그 돈은 국민 전체를 알게 모르게 채무자로 만들었다. 외국에서 싸게 빌린 돈으로 은행은 개인대출을 통해 이자놀이를 하였다. 즉, 자신의 예대상계의 이자를 붙여 주택담보대출을 통하여 개인월급 착취용 자금으로 활용하였다.

그리고 개인은 주택담보 및 전세대출이라는 미명하에 자신도 모르는 외국돈의 이자를 월급에서 착취당하고 있는 것이다. 이러한 이유로 내수에 쓸 돈들이 외국에 자동 유출되기 때문에 내수산업이 피폐화될 수밖에 없었다. 그리고 거품에 의해 집값은 상승하고 물가만 오르게 된 것이다. 이러한 순환과정에서 제조업은 취약해지고 도산되는 상황이 벌어졌다. 또한 부동산 투기에 의해 집값 상승 혜택을 본 사람은 부동산의 실물가치가 하나도 늘지 않은 것은 무시해버리고 마치 쉽게 돈을 벌 수 있다는 착각에 빠지게 되었다. 더불어 금융, 증권 등의 분야의 고임금화와 활성화가 이공계 근무자들을 좌절하게 한 것이다. 그래서 머리 쓰고 힘들여 연구 노력하는 과학기술분야가 3D 업종화된 것이다. 그에 따라 과학기술자들은 사회적 박탈감을 갖게 되어 전반적으로 이공계 기피현상이 일어난 것이다.

그러나 정부는 이러한 현상이 무슨 새로운 사회현상인 양 원인에 대한 분석 없이 적당히 얼렁뚱땅 정책을 세워 나가고 있다. 그렇기 때문에 아무리 좋은 정책을 세워도 효과가 없는 것은 당연하다. 원인에 대한 구체적 조치로는 국민경제 속에 숨어들어간 불필요한 외채를 빨리 제거해야 한다. 그리고 노력 없이 쉽게 돈을 벌 수 있다는 사회적 의식을 뿌리 뽑아야 한다.

또한 한국은행을 통한 국가의 개입을 최소화하고 은행의 금리를 현실화하여야 한다. 그렇게 해서 떠도는 외채성 투기자금을 억제시키는 방법이 이공계 살리기의 최선의 정책임을 인식해야 할 것이다.

한국경제의 중요한 특성은 자본의 부족과 자원의 부족이다. 다만 과거의 경제개발 과정에서 보여 왔듯이 부족한 부분에 대하여는 해외자본과 외채를 통해 보충해왔다. 그리고 그것에 인적자원을 적절히 활용하여 유례 없는 경제성장을 해왔다. 그러나 경제성장은 스프링의 경우와 같다. 초기에는 적은 힘으로도 잘 수축하다가 어떤 단계에 이르면 더 큰 힘으로 가입하여도 수축의 정도가 적어진다. 이렇듯 경제선진화도 가면 갈수록 노력만큼의 성과가 비례되는 것이 아니다.

오히려 지수 함수적으로 성과가 감소한다. 그래서 후기로 갈수록 경제개발 초기와 동등한 성장을 이루려면 몇 배나 더 큰 노력이 필요하다. 그럼에도 불구하고 노력 없이 분배를 요구하는 계층 및 집단 이기심만이 늘어나 더 적은 노력으로 더 많은 성과를 바라고 있다.

국가의 재정은 적자기조를 유지하고, 우리의 자원 및 자본부족에 대하여는 상당수 외부에 의존하고 있다. 그러나 실제적으로 중요한 장점인 인적자본에 대한 활용 극대화에는 실패하고 있는 것이다. 더욱이 국가 최고지도자들이 과학기술에 대한 정확한 관념조차 없는 비전문가 출신들이 계속되고 있다. 그래서 과학기술진흥에 실제적으로 도움이 되는 정책이 나오지 못하고 있는 것이다. 또한 돈놀이(금융, 증권, 펀드 등)와 부동산 투기 등에 대하여 미래에 그 폐해가 어떻게 나타날지에 대한 판단을 정확하게 갖고 있지 않아서 더욱 문제이다.

더불어 우리의 미래에 대한 유일한 희망인 두뇌 양성과 과학기술의 선진화에 대하여는 어떻게 하여야 하는지에 대한 대책이 전혀 없다. 과학기술의 발전을 위해서는 그 분야의 투자도 중요하다. 그렇지만 그들이 사회에 참여할 때 돈놀이하는 분야들과의 비교에서 상대적인 박탈감이 없도록 하는 것이 중요하다.

그래서 금융 등의 분야에 규제를 가하여 과학기술분야의 종사자들이 명예롭게 살 수 있도록 하여야 한다. 단순히 투기 및 돈놀이에 의해서는 잘 먹고 잘살 수 없다는 것을 인식하게 하는 것만이 사회 전체의 균형발전에 필요불가결한 요소이다.

9) 친기업적 분위기를 조성하라

자본주의 국가는 자본에 의해서 사회의 기본체계가 유지된다. 그래서 그 내부구성원이 삶을 유지하고 생활을 영위하는 데 절대적으로 필요한 요소로서 돈이 요구되는 것이다.

개인은 자신에게 필요한 돈을 기업에 소속되어 노동을 제공함으로써 얻을 수 있다. 또한 기업은 그 노동력을 근간으로 또 다른 재화를 창출하여 그 이익을 취한다. 그리고 그것을 자신에 소속된 구성원에게 재분배를 하는 서로 보완적인 관계에 있는 것이다. 다시 말하면, 기업은 그 구성원의 노동력을 착취하여 자신이 살찌우기에 힘을 쏟는 배타적 대상이 아니다. 기업의 발전이 곧 구성원 자신의 발전이라는 뜻이다.

지금 우리나라의 기업은 노동착취자로서 경계되고 적대시되고 있다. 심지어는 정경유착에 의한 반사회적이라고까지 여겨지고 있는 상황이다. 인간은 자신이 속한 사회에서 구성원의 한 사람으로 존재한다. 그리고 적절한 노동행위를 통해 자신을 구현할 수 있는데 그 장소는 기업이라는 틀이다.

자신이 속한 사회를 부정할 수 없듯이 기업 또한 어떠한 경우에도 부정해서는 안 된다. 기업에 대하여 부정적 사고를 갖게 되면 기업이 정상적으로 유지되기 어렵다. 그렇기 때문에 기업을 통해 자신이 필요한 재화를 구할 수 없다. 이러한 사회는 정상적 체계를 유지할 수 없다. 사회의 구성원이 개인 사업가나 TV 등 언론매체, 공무원, 군인, 교사, 정치인 등 서비스 산업에 종사하는 사람의 비율이 높아질수록 기업에 대하여 부정적이 되기 쉽다. 그래서 그들의 의식개혁 없이는 친기업적 사회분위기를 유지하기는 더욱 힘들다.

특히, 우리와 같이 오랫동안 노동쟁의로 얼룩지고 정경유착의 고질적 폐해가 계속되어 왔던 경우에는 더욱더 그렇다. 그러나 과거의 잘못에 연연하여 미래를 포기할 수는 없는 것이다. 우리 사회의 미래를 위하여 기업발전을 위한 차원의 노사협력의 체계가 구축되어야한다. 그리고 정치적 행위에 필요한 자금원으로서의 역할을 배제한 기업의 위치전환이 필요하다. 더 이상의 정경유착에 의한 정치권의 부패구조는 기업의 이미지를 해친다. 그러므로 친기업적 사회분위기를 조성하는 데 있어서는 금물이다.

과거 우리나라가 발전도상에 있을 때는 사업을 통해 자수성가하는 사람에 대하여 무척 호의적이었다. 그리고 그들 자신도 자랑스러워했다. 이러한 사회분위기 때문에 우리는 고도성장을 할 수 있으며, 사회 구성원 개개인들 또한 근면과 자조, 협동 등의 덕목에 의해 융합 발전되었다. 그러나 요즈음에 와서는 사회적 조화에 의한 부의 축적보다 불로소득, 사기, 도박, 일확천금에 의한 개인적 부에 힘쓰게 되었다. 그래서 기업발전에 의한 점진적이고 지속적인 부의 축적을 경원시하게 되어 반기업적 분위기가 팽배하게 된 것 같다.

이러한 반기업적 분위기는 결국 사회를 내부에서부터 병들게 하여 회복할 수 없는 상태로 이끌 수 있다. 그래서 기업의 사회적 이미지를 재고할 수 있는 정책적 배려가 필요하고 새로운 사회철학 정립이 필요하다.

10) 제조업 중심의 산업구조를 키워라

20세기가 산업화 시대라면 21세기는 과학화 사회이다. 과학화 사회는 인류가 이제까지 이루어왔던 과학문명의 축적된 이론과 기계와 조직 및 정보 등을 체계화하여 더욱 고차원화한 인류문명으로 나가는 것을 말한다.

인류에게 축적된 과학이론과 정보 등을 통해 새로운 발명이 진행되고, 그 결과 인류에게 더욱 편리하고 효율적이며 삶의 가치를 높일 수 있는 기회를 제공해준다. 그러나 이러한 것들도 효율성을 구체화시킨 기계 등이 없이는 불가능하다. 우주로 나아가는 로켓 항공공학, 심해로 들어가는 해양공학, 에너지공학, 전자 메카트로닉스 공학, 정보체계 컴퓨터 공학, 생명 유전자공학 등 이루 말할 수 없는 여러 가지 분야의 과학기술산업이 미래를 위하여 발전되어 가고 있다. 그러나 이 같은 과학기술을 모두 인류가 편리하게 쓰려면 기계화나 장치화가 되어야 한다. 그렇기 때문에 그에 접근하는 산업은 모두가 제조업일 수밖에 없다.

또한 제조업은 그 자체가 생산산업이기 때문에 고용노동력이 필요하다. 그리고 그 노동력은 노동생산성에 따른 사회구성원 개개인의 재화취득의 근간이 된다. 이러한 산업구조의 연결 속에서 제조업은 근육과 같은 역할을 하여 그 사회의 건강척도가 되는 것이다.

1차 산업적 원료와 자원생산도 중요하고, 3·4차 산업의 사회서비스업도 중요하다. 그러나 그 사회의 건강을 유지하고 더욱 발전시킬 수 있는 것은 2차 산업인 제조업이다. 장차 과학 산업사회에서 제조업만이 그 역할을 다할 수 있기 때문에 기타 산업에 대한 육성보다 더욱 중요하다고 할 수 있다.

한국은 오랜 왕권사회의 폐쇄성 때문에 뒤늦게 세계경제의 흐름에 참여하게 되었다. 그리고 산업의 근간은 1차 산업인 농업에서 2차 산업인 제조업으로의 이양에 의해 이루어졌다. 그간 여러 차례의 경제개발 5개년 계획 및 실천을 통해 수출산업의 입지를 갖추었으나 그것도 제조업의 바탕 위에 이루어진 것이다. 더불어 제조업을 육성하여 경제적 부를 축적하여 온 것이다.

현재, 한국이 세계사회에서 차지하고 있는 위상은 과거 중화학공업 육성에 의한 결과이다. 우리가 개발도상국으로 시작하여 IT산업 및 전자, 기계 등의 첨단기술 산업이 중심이 되는 중진국형 과학기술국으로 자리매김한 것도 그 덕분이다.

그러나 최근에 들어와서는 그러한 근간이 무너지기 시작했다. 금융자본의 충분한 소유 없이 함부로 돈놀이(금융산업)에 의해 국가의 근간을 흔드는 경제정책을 세워 결국 국가의 채무만 양산했다. 그래서 이제까지 우리 산업의 중추적 역할을 해왔고 앞으로도 우리 삶의 기본이 될 제조산업의 기틀을 무너뜨리고 있다.

그리고 지금에 와서는 인도, 중국 등에게 차츰 산업분야의 여러 부분이 잠식되어 가고 있는 상태이다. 특히, 인접국 중국은 우리보다 늦게 산업화에 착수하였다. 그런데도 우리가 쉽게 교만하여 안주하고 있을 때, 그들은 끈기 있는 근성으로 우리를 모든 분야에서 추월해오고 있다.

자신의 기술로 유인 인공위성을 쏘아올리고 국가 전체가 이공계를 통한 과학기술발전을 획책하고 있다. 그들은 외환위기 이후 남의 돈을 빌려 돈놀이와 금융서비스 산업에 치중하는 우리보다 훨씬 건전한 발전을 추구하고 있다. 그래서 앞으로 10년 후에는 우리를 추월하여 더욱 발전한 국가가 될 것으로 예측된다. 우리는 과학기술을 육성하는 형식적 정책으로 아직도 과학기술 지향적 국가인 것처럼 착각하고 있다. 그러나 이공계분야의 사회적 박탈감 때문에 점차 과학기술분야는 퇴보하고 있는 것이 현실이다. 과학기술분야는 원칙에 입각한 분야이다. 그렇기 때문에 금융서비스와 같이 투기나 일확천금이 일반화된 사회에서는 뿌리내리기 어렵다.

또한 과학기술산업에 연장선상에 있는 제조업 또한 마찬가지이다. 자신의 이익만을 취하는 것에 혈안이 된 금융산업의 착취구조에 견딜 수 없는 제조업들은 점차 임금과 은행금리, 세금 등이 싼 주변국으로 이전해갈 수밖에 없다. 그래서 고용과 자본 등의 유출은 불가피해질 수밖에 없다.

제조업을 육성시키려면 외국돈을 빌려 자국민을 상대로 돈놀이하여 쉽게 치부하는 금융산업을 억제하여야 한다. 그리고 과학기술분야에 종사하는 사람들이 상대적 박탈감을 갖지 않도록 하여야 한다. 또한 국민을 담보로 돈을 빌려주는 행위를 중지하고 우리 고유의 국민적 자본 확충에 필요한 정책적 전환이 필요하다.

11) 기업 통제를 줄여라

한국사회의 병폐현상을 일컬을 때 가장 큰 화두는 정경유착이다. 정치와 경제가 서로 권력과 금력을 상호 보조하는 형태로 이루어진 부패구조이다. 이는 과거 군사정권에서부터 계속되어온 관행처럼 정치권에서 일반화되어 있는 현상이다. 경제를 이끌어가는 대기업들이 정치권력자들의 간섭과 행정적 규제 등에 의해 손해를 보지 않으려고 보험 성격의 돈을 권력기관 및 입·사법기관에 상납하는 것이다.

그리고 정치인들은 그 상납금을 자신들의 정치자금으로 사용하는 일종의 공생관계이다. 특히, 대선 때에는 기업들이 차기 대통령에 의해 기업 활동상 불이익을 당하지 않으려고 많은 자금을 제공해왔다. 만일 이것을 원만하게 처리하지 못하면 기업은 보복 차원에서 분해

되거나 사라져 버릴 수도 있기 때문이다.

이러한 정경유착은 반드시 없어져야 할 반부패의 1차 대상임에는 틀림없다. 그러나 정경유착의 근원이 정치권력에 있기 때문에 정치나 행정을 통한 기업의 규제가 없어지기 전에는 정경유착이 없어지는 것은 공염불에 가깝다. 어떠한 시기에는 일시적으로 없어지기도 했지만 실제 기업이 보험료 성격으로 정치자금을 제공하지 않으면 종당에는 불이익을 받게 되는 것이 문제이다. 이 때문에 정치 행정적 보복 및 정부 간섭이 배제된 자유로운 기업활동이 보장되어야 한다. 그렇지 않으면 형태는 바뀌어도 또 다른 방법으로의 정경유착이 생길 수밖에 없다.

그러므로 반부패 성격의 정경유착의 고리를 끊을 수 있는 방법은 정부규제를 혁파하여야 한다. 그래서 임의로 기업활동을 규제하지 못하도록 하여야 한다. 또한 공기업 모두 사기업으로 전환시켜야 한다. 그리고 자유로운 경쟁하에서 모든 기업이 활동할 수 있도록 보장해주는 방법 외에는 정치자금으로부터 기업의 자유성이 보장되기 어렵다.

시장경제에 맡겨두고 보이지 않는 손에 의해 기업이 자율조정이 되어야 기업의 경쟁력이 향상된다. 그래서 불요불급한 경우를 제외하고는 정부 간섭이 배제되어야 기업이 살아날 수 있다. 정책적으로 기업에 혜택을 주면 그것으로 인해 기업의 자생능력이 상실되고 사회 전체에 짐이 된다. 그러므로 정책적 배려라는 것은 기업에게는 오히려 해가 된다. 외환위기 때 정부는 몇백 조나 되는 돈을 외평채로 빌려다 벤처기업 육성이라는 명분하에 쏟아 부었다.

그러나 이러한 정책적 혜택을 받은 기업 중 과연 얼마나 살아남아 현재에도 운영되고 있는지 의문이다. 그리고 그러한 것에 타성이 붙은 기업들이 앞으로 얼마간 존속될 것인지는 심히 의심스럽다. 초기에 부여되었던 대출금도 과연 모두 회수될 수 있는지? 그렇지 않으면 결국 국민 전체에게 부담으로 떠넘겨져 우리 사회의 장래에 어두운 그림자 하나를 늘린 경우가 될 수밖에 없다.

이러한 정부의 개입이 결국 국민적 부담으로만 남고 기업의 사회적 역할을 왜곡시켰다. 그 때문에 모럴 해저드를 유발하게 되어 또 다른 부패구조를 형성하므로 정부의 개입은 최소화되어야 한다. 또한 정부의 개입이 포퓰리즘을 유발시킬 우려가 있다는 점에서도 정부의 기업 간섭은 억제되어야 한다. 국가 개입에 의한 인기영합을 위한 포퓰리즘은 그 대가를 우리 후손들이 치러야 한다. 그러므로 신중히 고려하여 정책에 반영되지 않도록 해야 한다.

12) 국내자본의 육성

산업의 발전은 풍부한 자본과 과학적 이론이 뒷받침된 기술력 및 노동생산성에 의해 결정된다. 특히, 현대에 와서 국제화, 세계화에 따른 거대자본의 형성으로 전 세계가 단일권에 속해 자본의 유동성은 더욱 커져 가고 있다.

기업의 활성화를 위해서는 자본의 역할이 절대적이다. 그래서 기업은 금융기관을 통해 자신의 제품생산 및 수출판매 등에 필요한 자금을 확보하는 것이다. 그리고 그 생산에 의한 이익 중 일부를 대여한 자금에 대한 이자로 금융기관에 되돌리는 방식의 자본을 운영하고 있다. 이러한 과정에서 형성되는 것이 자본시장이다.

이렇게 형성된 자본시장의 주도권은 금융기관에서 갖고 있으며 국가적 차원에서도 금리규제 등을 통해 자본시장의 유동성을 조절하고 있다. 그러나 가장 경계해야 할 대상은 자본의 왜곡에 있다. 외환위기 해결책으로 국내산업 육성을 위해 들여온 외평채의 대부분은 산업기반 자본으로 이용하지 못하고 주택자금 및 투기성 자금으로 전환되었다. 그래서 현재의 한국사회는 자본시장의 동맥경화와 같은 상태가 되어 있다. 더욱이 이러한 현상으로 인해 산업활성화를 위한 시설투자는 줄어들고 반대로 기업이 보유하는 고정자금은 확대되어 가고 있다. 그리고 이 때문에 외평채의 이자부담만 가중되고 있으며 증가되는 외채로 인해 자본시장의 불확실성만 커져 가고 있는 것이다.

현재 한국의 내부에는 불필요하게 유입된 외채가 잉여자금으로 남아 있어 그것을 이용하여 금융기관은 국민을 상대로 돈놀이를 하고 있다. 그리고 그 대출이자 중 일부는 외채 이자로 갚아가는 국민 착취형 자본구조가 형성되어 있다.

우리는 1997년에 외환위기를 겪었다. 그러나 외환위기의 원인이 외부유입 자금으로부터 기인했다는 것을 망각하고 있다. 그래서 또다시 외채에 싸여 국내자본을 잠식해가고 있는 어리석음을 범하고 있는 것이다. 남의 자본에 의해 산업이 가동되면 그에 따른 이익은 고스란히 남에게 넘겨주어야 한다. 그래서 우리는 자기 자본 없이 시작한 대가를 치를 수밖에 없는 것이다. 외채에 의해 무엇이든지 해결하려는 사고방식은 근로소득 없는 젊은이가 카드에 의해 자신의 욕망을 채우려는 것과 다름이 없다. 그 결과 또한 개인이 카드에 의해 신용불량자가 되는 것과 마찬가지로 국가 또한 신용불량 국가가 되거나 모라토리엄 상태의 종속국가로 전락할 수밖에 없는 것이다.

다시 말하면, 자본시장의 활성화는 외채에 의한 활성화가 아니고 건전한 외자유지 혹은 국내자본 활성화에 의해 진행되어야만 한다. 그래야 진정한 국부가 이루어지고 그에 따른 경제적 안정을 추구할 수 있다. 현재와 같이 정책적으로 낮은 금리는 국내자본의 형성을 막아 버리는 쪽으로 진행된다. 그렇기 때문에 장기적 안목에서 적절한 금리인상이 필요하다. 상대적으로 국내에 들여온 외채는 허용하는 범위 내에서 신속히 상환하고 국내자본을 확충시킬 경제대책을 마련해야 한다.

13) 경제종속으로부터 벗어나라

경제의 종속은 또 다른 식민주의이다. 우리가 남에게 돈을 빌리거나 어떠한 신세를 지는 경우 자신의 신체 또는 재산이 남에게 구속되는 상태가 된다. 특히, 자본주의 사회에서는 채무관계가 신체적 구속까지 이루어져 자본주의적 노예관계가 자연스럽게 성립되는 것이다.

국가 간에 있어서도 같은 조건이 성립된다. 채무국은 채권국에 대해 또 다른 종속적 노예상태가 된다. 그리고 채무관계가 정리되지 않는 한 영원히 종속상태를 벗어날 수 없게 되어 있다. 과거 중남미 국가들이 외채에 의해 모라토리엄 상태에까지 이른 것 또한 이와 같은 맥락에서 볼 수 있다.

경제종속은 철저한 착취가 뒤따른다. 그렇기 때문에 종속된 국가는 자신의 발전적인 혜택을 누리기보다는 국가경제가 파탄이 나기 쉽다. 그리고 그에 따른 또 다른 국민적 고통이 사회를 지배하게 되어 국가의 존망에도 영향을 미치게 되어 있다. 우리는 외환위기를 극복하기 위하여 많은 외채를 빌려왔다. 그것을 통해 IMF로부터 빌린 돈을 갚고 그 돈으로 유동성 위기를 해결했다. 그러나 문제는 빌려온 외채를 은행을 통해 국민들에게 대출하여 결국 전 국민이 채무자화가 진행된 것이다.

이는 개개인의 월급이 대출이자로 인해 실질소득이 감소하는 결과를 가져왔다. 그러나 개인별 채무가 급격히 늘어나자 가계지출을 억제하여 이번에는 내수소비가 급격히 냉각되는 현상이 일어났다. 그래서 그 후에 또 다른 유동성 위기를 유발하게 된 것이다.

주택담보대출이 만기에 다가오면서 개개인 가계 대출자들이 월급으로 갚을 수 없는 상황이 벌어지자, 국가와 은행은 모기지론이라는 장기대출상품을 만들어 해결하려고 했다. 그러나 그것은 국민의 모가지를 잡고 장기 빚쟁이로 만드는 것이며 결국 서서히 몰락해 가도록 유도하는 것이다.

사업을 하는 사람은 대출을 통해 제품 또는 부가가치를 창출하여 원금과 이자를 갚는 방식으로 부를 창출한다. 그러나 개개인은 자신의 고정적 월급을 담보로 무리한 자금을 대출받아 부를 축적하려고 하나 방법이 없다. 그래서 기껏해야 부동산 증권투기 외에는 할 수 없는 상태에서 빚쟁이가 되는 것이다. 특히, 부동산 투기 등은 그 거품이 제거될 때 걷잡을 수 없는 가정경제의 파탄이 일어난다. 그리고 가계 대출한 은행은 부실채권으로 인해 국가 전체가 또 다른 경제적 위기에 빠지게 되는 악순환을 유도하게 된다. 우리는 이러한 악순환을 방지하기 위해서 외채로 인해 국내에서 겉도는 투기성 잉여자금을 없애야 한다.

특히 불필요한 외채는 조속히 갚아야 하며 가계대출로 인한 국민 개개인의 채무가 더 이상 확대되지 않도록 하여야 한다.

14) 적정임금보장제를 실시하라

적정임금이란 국가 차원에서 해마다 결정 고시하는 직종별 노임에 따라 적절하게 정해지는 임금을 뜻한다. 이때 직종별 노임단가는 물가에 직접 영향을 주는 노무비로서 생산원가에 반영되어 물가를 결정하게 된다. 더욱이 모든 국가 공사나 개별적인 기업 자체 공사의 원가계산에서 국가가 정한 노임단가를 직접적으로 적용한다. 그리고 그에 따라 계산되어 공사비를 결정하기 때문에 그 중요성이 크다.

그러나 관공사든지 개인 공사든지 공사원가에는 정확하게 산정하여 공사비를 결정해놓고 실시과정에서는 각 경우에 따라 적당히 임금을 조정하여 지불한다. 그렇기 때문에 정당한 공사에서 밖으로 새는 비용이 발생되며 기업에 따라서는 비자금의 확보 용도로 사용하는 경우가 많다.

특히 국민의 세금으로 집행하는 관청공사에서는 기업의 노임단가를 정확히 견적하여 공사비로 지불을 받으면서 정작 노임을 줄 때는 형편없이 낮은 가격으로 노무비를 책정하여 지불하고 나머지를 기업의 이윤으로 돌리는 사례가 비일비재하다. 이것은 명백한 국가기만 행위이며 국민의 세금을 중간에서 착복하는 행위이다.

이러한 무책임한 기업의 이윤 남기기는 명백한 불법행위이다. 공사비는 국가에서 결정하는 높은 노임단가로 책정하여 받아내고 노무자는 저가의 외국근로자를 사용하여 적당히 처리하여 실제적인 폭리를 취하고 있으므로 크게 잘못된 예산 집행이 아닐수 없다.

이렇게 중간에서 편취한 노임은 기업의 비자금으로 돌려지고 정치인이나 관청 상대의 뇌물 등으로 변질되거나 기업가의 투기자금으로 만들어져 건전한 사회를 해치는 사회악의 증가에 일조하고 있다.

이렇듯 부적절한 임금 지불 혹은 일방적 저임금의 외국인 근로자 고용은 공사의 질적 수준을 떨어지게 할 뿐만 아니라 국민의 혈세를 횡령하는 방편으로 이용되므로 반드시 고쳐져야 한다.

다시 말해서 국가가 설정한 노임단가를 기준으로 적정한 임금이 책정되고 지불이 보장되어야 공사비에서 편취하여 조성된 비자금이나 투기자금을 없앨 수 있다. 그리고 이렇게 함으로써 비자금으로 이루어진 정경유착 등의 사회부정적인 요소를 제거할 수 있다.

15) 물가를 적극적으로 통제하라

우리 사회에서 물가를 결정하는 요소는 여러 가지가 있다. 우선 생산원가를 결정하는 것에는 원자재비와 노무비가 있다. 여기서 원자재비는 재료비로 원료의 비용변화에 직접 영향을 받으며 노무비는 고용임금에 따라 결정된다. 그래서 생산비는 재료비의 상승에 따라, 임금의 상승에 의해 인상이 될 수밖에 없다. 그리고 생산원가에 임대료 및 제반경비에 속한 운영비와 기업이윤이 가해지고 세금이 부과되어 최종 물가가 결정된다.

여기서 생산원가는 원초적 상황에 따라 결정되나 제반 운영경비나 기업이윤은 고무줄 잣대와 같아서 기업의 의도에 따라 자의적으로 정해지기 때문에 물가상승에 심각한 영향을 준다.

그래서 적절한 물가를 유지하려면 원자재의 수급에서 임금 및 기업의 이윤 등의 제반 요소를 국가 차원에서 관리하고 통제하여야 한다.

이때 통제의 대상은 서민물가를 주도하는 품목을 대상으로 하여야

한다. 더불어 국민경제에 직접적으로 영향을 주는 공공요금의 특성을
갖는 분야의 가격은 통제 대상이 되어야 한다.

16) 임금상한제를 실시하라

개개인의 임금은 천차만별이다. 고임금에서 저임금까지 그자신의
역량에 따라 임금이 결정되고 집행된다. 그러나 현재에 와서는 임금
의 결정요인이 재능이나 능력보다도 기득권 및 법적 보장에 의해 결
정되고 있다.

더욱이 고임금의 구성요건을 보면 금융이나 공기업의 임직원에서
많이 나타나는데 이것은 잘못된 고임금이다. 왜냐하면 금융의 경우는
국민을 대상으로 돈놀이에 의한 차액이 임금을 결정하고 있다. 그리
고 공기업의 경우는 공공요금 혹은 외채에 의해 임금을 조성하기 때
문에 결과적으로 그 부담이 아무 힘이 없는 서민에게 부담 지워지는
것이기 때문이다.

임금 그 자체가 정당한 노동의 대가라는 것이 자본주의의 원칙이
라면 금융산업이나 공공기관의 턱없이 높은 고임금은 자본주의의 원
칙 자체를 무시하는 방임적 자금주의일 것이다.

또한 대기업의 고임금도 마찬가지이다. 기업의 소득은 생산품의
판매가에 의해 결정된다. 그러나 지금과 같이 터무니없는 고물가의
시대는 그 자체가 국민의 부담에 의해 고임금을 취하게 되는 것이므
로 이 또한 임금상한제의 대상이 되어야 한다.

전문직종의 고소득도 마찬가지이다. 법적 보장에 의해 독점적·배
타적 권리에 의해 취해지는 소득은 결과적으로 국민의 부담이다. 이

렇듯 고임금이나 고소득의 틀 속에서 우리는 알게 모르게 민주주의와 자본주의를 운용하면서 실제로는 독점주의와 자금주의의 기만적인 틀 속에서 살아가고 있는 것이다.

진정한 민주주의가 추구하는 자본주의가 되려면 공정한 제도 아래 소득의 형평성을 되찾아야 한다. 그것을 위해서는 임금의 격차를 줄여서 빈부격차를 감소시켜야 하는 것이다. 그렇기 때문에 저임금을 높여 줄 수 없으면 임금상한제를 실시하여 합리적으로 임금격차를 줄여 주어야 하며, 전문직 고소득에 대한 고율세금 등의 법적 규제를 가해서 사회적 형평성을 이루어야 한다.

17) 일자리를 나눠라

일자리 나누기는 우리 사회의 건전한 고용과 직접 관련되어 있다. 특히 대기업 등의 고임금 직업의 경우는 더욱 그러하다.

일자리 나누기의 가장 좋은 방법은 첫째, 대규모 재벌기업을 분산시키는 것이고 둘째, 적정 근로시간의 준수이다. 여기서 대규모 재벌기업의 분산은 기업의 수를 늘여서 고용을 확대하는 것이다. 그리고 적정 근로시간을 준수시키는 것은 기업의 잉여시간을 초과수당 등의 방법과 값싼 임금의 비정규직 고용으로 임금을 절약하거나 노동착취를 하지 못하게 하는 것이다.

대기업이나 재벌기업의 분화는 기업이 자신만의 이익을 극대화하기 위해 줄였던 고용을 늘릴 수 있다. 그리고 추가 고용된 사람들의 구매력을 키워주어 기업 자체의 생산을 키워줄 수 있다. 더불어 기업의 이익을 더욱 증대시키는 효과도 얻을 수 있다. 다시 말해서 지금과 같이 기업의 고용이 극도로 축소되고 일자리의 확보가 어려우면 돈이 돌지 않아 경기가 침체된다. 이때문에 기업에 직접 이익이 되는 생산품의 소비가 감소하게 된다. 그래서 고용을 늘리고 실업을 줄이기 위해 기업을 분산시키면 초기에는 기업 자체에 손해가 되는 것처럼 보이나 종당에는 큰 이익으로 돌아오게 되어있다.

또한 주당 근무시간의 준수를 통해 기타 잔업시간을 새로운 인력을 고용하여 실업도 줄이고 대기업으로 돈이 집중되는 것을 막아 자금의 순환을 원활히 하자는 목적도 있다.

특히 다수의 고용확대로 자금의 순환이 원활해지면 전체적인 소비가 활성화되고 그로 인해 내수가 증가하여 또다시 생산을 자극하고 기업의 일거리도 늘어나며 이익도 보장이 되는 것이다.

그리고 노동시간이 줄어들어 충분한 휴식시간이 조성되면 작업의 능률도 향상되어 생산성도 증가되므로 기업에는 더욱 큰 이익이 보장된다. 더불어 지금의 불공평한 고용체계를 막고 양질의 일자리가 증가되어 우리 자본주의 사회의 가장 큰 문제인 빈부격차도 줄일 수 있는 일거양득의 방법이다.

18) 과학농업이 미래산업

산업화가 되어갈수록 농촌과 도시의 격차는 증가하고 있다. 그리고 농촌 인구도 도시로 전입하여 점차 줄어들고 있는 현실이다. 특히 FTA 및 개발의정서(DDA)에 의해 앞으로 농·수산물에 대해 전면 개방이 진행되면 농민의 설 자리는 더욱 좁아질 것이다. 이러한 일련의 사회적 현상에 우리는 중요한 것을 무시하고 있는 것 같다. 우리가 전문가로서 사회에서 대우를 받는 것은 그들 개개인의 역량을 인정하는 것이다. 그렇지만 사실상 따지고 보면 법적으로 보장된 배타적 권리에 대한 혜택이 더욱 크다고 할 수 있다.

변호사 외에는 법원에서 변호를 할 수 없다. 그렇기 때문에 그들은 자신의 수임료 등을 마음대로 조정할 수 있다. 그리고 그들은 배타적 기득권에 의한 사회적 대우를 받고 있는 것이다. 또한 의사, 세무사, 회계사 등등의 전문가들도 법률의 보호 내에서 수많은 혜택을 받고 있는 상황이다.

우리는 농촌의 어려운 문제를 농가 부채, 수입 농수산물 등으로 단정하고 있다. 그러나 보다 큰 문제는 그들이 사회적, 정치적, 법적으로 수혜자라기보다 피해자 입장에 서 있는 것이라 하겠다.

성서에 보면 바리세인들이 예수님을 시험하기 위해 로마에 세금을 내는 문제를 거론했을 때 '가이사(동전)의 것은 가이사에게'라고 현명한 답변을 하셨다. 이렇듯이 우리도 또한 농촌문제에 대하여 현명한 판단이 필요하다. 즉, 농림수산식품의 문제는 농어촌에서 해결하고 가능한 국가가 개입을 하지 않는 것을 전제로 하여야 한다.

다시 말하면 농어민들을 농어업전문가로 인정하고, 법적 혜택을 부여하여야 한다. 즉, 농수산물의 수출입 권한을 농어민 혹은 농·수협 및 농어민 단체에 넘겨야 할 것이다. 실제 농수산물은 농어민의 영역인데도 불구하고 국가가 개입하거나 몇 푼의 돈을 가진 무역업자 및 중개, 유통업자의 손에 의해 좌지우지되고 있다. 그리고 그 혜택을 누리고 있다. 그 때문에 결국 농어민은 국민의 먹거리에 대한 총체적 책임을 지는 농어업 전문가로 승화되지 못하고 피해자인 농사꾼 및 어부로 전락하게 된 것이다. 농수산물 수입과 판매 등에 대한 혜택은 농수산물 생산과 직접 관계없는 유통무역 분야에서 받고 있다. 그렇기 때문에 결국 농어민은 소외될 수밖에 없는 것이다. 여러 분야의 전문가들이 큰 노력 없이 살아갈 수 있는 것은 법이 그들에게 부여한 배타적 특권 때문이라는 것을 우리는 잘 알고 있다. 왜 농어민은 이러한 배타적 특권을 갖지 못하게 하는가? 농수산물 수입, 판매에 대한 농어민의 배타적 권한을 갖게 되면 농촌과 어촌은 자동적으로 살아날 것이다.

자신의 분야도 아닌 분야에 무역이라는 미명하에 자본가들이 접근하여 수혜를 받고 있는 것은 자본주의의 횡포이다. 그리고 그 결과가 사회적 불평등만을 심화시키는 것이다.

농어민들에게 농어업 수출입에 대한 법적 혜택이 이루어지면 가짜 농어민의 농촌 유입 등으로 혼란이 야기되지 않겠느냐는 등의 문제점이 제시될 수 있겠다. 그렇지만 그 또한 경제정책의 큰 줄거리가 정해지면 각각 사안에 따라 조건을 부여하여 쉽게 처리될 것으로 생각된다. 지금과 같이 농어민의 권한을 엉뚱한 무역, 유통 등에서 착취하고 있고 가공식품은 대기업이 맡아서 부가수입으로 하는 것은 결국 농어촌으로 가야 할 혜택을 부자연스럽게 자본가에게로 집중하는 것이다.

사실 이러한 측면에서 보면 자본가는 농어촌의 권리를 착취하고 있는 것이다. 한국의 조화로운 미래산업을 위해서는 농어민의 권한은 농어민에게로 돌려주어야 한다. 그럼으로써 자연스럽게 조화된 사회가 될 수 있을 것이다. 기득권을 가진 자의 저항은 있겠지만 남의 땅에 수십 년 살았다고 자기 땅처럼 행세하는 것은 어불성설이다. 이러한 측면에서 본다면 아무리 FTA 및 자유로운 수입개방을 하여도 농어민들에게 직접 해당 분야의 이익이 돌아가기 때문에 문제가 생길리 없다.

오히려 공동의 적정분배에 기여할 수 있기 때문에 이러한 것이 반영되면 물 흐르듯 자연스러운 국가정책이 될 것이다.

19) 고부가가치 산업을 개발하라

한국의 미래산업을 육성할 중저가 제조업은 이미 중국에 의해 심각할 정도로 잠식되어 있다. 또한 장차 앞으로도 그 정도는 더욱 심화될 것이다. 그리고 현재 생산재의 핵심부품을 일본으로부터 수입하는 상태이다. 그래서 우리가 대외적으로 내세울 상대적 고부가가치 산업은 희소하다. 그 때문에 오히려 중국을 대상으로 하여 보다 충실한 교역을 확보하여야 한다. 그리고 교역망을 더욱 치밀하게 구성하는 것이 타당하다. 한국산업의 고부가가치화는 우선 과학기술의 육성책이 실질적이어야 한다.

과거 외환위기 때 우리는 위기해결을 위해 실제로 소중한 과학기술의 육성을 포기하였다. 그리고 금융산업 살리기 등과 돈놀이에 치중하였기 때문에 과학기술분야는 상대적 박탈감으로 침체되었다. 그 이후 지금까지 침체된 과학기술분야를 육성하려고 하여도 활성화되지 않고 있다. 이는 잘못된 정책이 국가의 장래에 얼마나 나쁜 영향을 미치는지를 잘 보여 주는 선례이다. 기껏해서 추진된 정책은 장기적 과학기술육성보다 벤처라는 돈벌이에 치중하는 얕은 기술을 지원하여 실제적 정통 과학기술은 무시되었다. 더욱이 현시점에서도 다음 세대의 젊은이들은 어렵고 힘들며 소득이 별로 안 되는 과학기술분야로 들어가길 꺼려하고 있는 상황이다. 그래서 과학기술의 발전이 보장되지 않는 우리의 미래가 우려된다.

고부가가치 산업은 기초과학기술의 발달에 의해 응용과학기술의 역량이 향상됨으로써 이루어지는 것이다. 그래서 앞으로 20~30년 후를 바라보고 장기적 재투자가 필요하며 해당 분야의 전문가들이 사회적 박탈감이 생기지 않도록 국가정책을 세워야 한다.

우리는 고부가가치 산업의 수출대상으로 중국이라는 거대시장을 바로 옆에 두고 있다. 그러므로 고부가가치 산업의 육성은 무한의 가능성을 가지고 있다. 그리고 고부가가치 산업의 수출이라는 것은 유통의 저렴성보다 신속성에 있기 때문에 일본과의 경쟁상대로서 중국에 더욱 가까이 있는 우리가 유리한 입장에 있다. 그래서 중국에 고부가가치 산업의 제조물을 전달할 수 있는 유통체제를 빨리 확보하는 것이 필요하다.

즉, 대중국 간의 교역에 필요한 기간산업의 절대적 확충이 되어야 한다. 다량수송의 경우 황해를 이용하여 교역이 진행되어야 한다. 그러므로 서해안 전역이 대중국 고부가가치 산업의 수출 전진기지가 되어야 한다. 그리고 서해안의 특성상 조수간만이 크기 때문에 조수간만의 영향을 받지 않는 유통선박이 필요하다. 그에 대한 최선책으로는 육지에서 바로 출발할 수 있는 호퍼크랩트선과 전용 화물여객선 개발이 시급하다.

중국은 앞으로 10~20년간 중저가의 제조산업을 기반으로 점차 고부가가치 산업으로 전환될 것으로 보인다. 그렇기 때문에 우리의 산업은 이러한 틈새를 잘 이용하여야 한다. 그리고 우리 나름대로의 틈새산업의 자리매김이 필요하다. 21세기의 중반에 가면 중국의 산업

능력이나 경제 능력이 우리를 훨씬 앞지를 것으로 예상된다. 그래서 당장 핵심적 고부가가치 산업과 유통을 확보하지 않고는 우리의 살길이 막막해질 것이다. 그러므로 오히려 고부가가치 산업의 육성과 교통정보통신의 범세계화가 절실하다.

현재의 미국시장은 앞으로 계속되는 자국산업 보호 및 규제로 인해 점차 축소될 것이다. 또한 우리의 수출산업에 있어서 효자지역으로서의 한계가 보이기 때문에 수출입 다변화가 필요하다. 그에 대한 일환책으로 중국을 상대로 우리 미래산업의 방향을 잡아야 할 것이다.

20) 저금리와 금융 주도 정책을 버려라

이제까지의 한국 경제발전은 제조업을 중심으로 한 중화학 공업의 육성에 의해서 주도되어 왔다. 이러한 제조업 및 중화학 공업의 근간은 과학기술교육 및 당해 분야에 대한 직간접적 투자에 의해서 성립된 것이다. 그러나 금융산업은 해당 산업의 보조적인 역할에서 비롯된 것이므로 지금과 같은 금융주도 정책은 앞뒤가 바뀐 것이다.

특히 남의 나라 돈을 싸게 빌려와서 그것으로 금융기관을 육성하는 것은 국민경제 전체를 병들게 하는 것이다. 그리고 그로 인해서 결국 전 국민의 빚쟁이가 되어가고 있는 것이다.

최근 20~30세의 신용불량자 양산은 저금리 기조에 의한 젊은 세대의 무분별한 소비심리에서 기인되었다. 또한 이러한 저금리는 서민의 저축심리를 와해시켜 왔다.

1990년대 미국은 국민들에게 'BUY NOW, PAY LATE'의 쓰고 보자는 소비심리만 키워놓아 근검절약의 기본 틀을 흔들어놓았다. 그래서 지금도 미국은 적자재정의 어려움에서 헤어나지 못하고 있는 것이다.

지금 세계 각국이 저금리를 유지하는 근본이유는 기업이 낮은 대출 이자를 통해 생산비를 줄이고 수출산업의 경쟁력을 키우기 위함이다.

그러나 우리의 경우는 오히려 기업의 투자심리를 약화시키고 부동산 같은 투기적 자금을 운용하게 하고 있다. 그리고 더불어 국민 개개인에게 저축하고자 하는 마음을 상실하게 했다. 또한 노인복지 차원에서는 연금 생활자의 생활을 불안정하게 만들어 국가의 노인복지에 대한 부담을 가중시켰다. 더욱이 젊은 세대의 무분별한 쓰고 보자는 심리를 자극하여 신용불량자를 양산하였다. 설상가상으로 개인대출이 증가하면서 개개인의 월급을 담보로 한 대출이 부동산 투기 자금으로 변해 사회에 큰 해악을 끼쳤다.

이렇듯 개개인 대출이 증가하므로 인해 결국 대출금 이자에 대한 부담 때문에 국민 전체의 소비심리는 위축되었다. 그리고 그로 인해 경제 전반적 불황이 심화되고 있는 것이다. 이러한 사회적 불황은 결국 실업자를 양산시키고 실업자가 증가되는 과정에서 신용불량자는 더욱 늘어나게 되는 악순환 고리가 형성되었다. 그 때문에 장차 사회 전체는 심각한 타격을 받을 수밖에 없을 것이다.

우리의 경제가 반석 위에 세워지기 위해서는 국민 자본에 의한 산업이 육성되어야 한다. 그럼에도 불구하고 외채에 의해 수출산업을 유지하려는 정책이 결국 실속 없는 수출산업을 양산하고 있다.

이렇듯 외채부담에 의한 생산비의 계속적인 증가는 물가를 천정부지로 올려 결국에 국가의 기반산업을 몰락시킬 것이다. 계속되는 경기침체를 억지로 부양시킬 경우 빈익빈 부익부의 불균형 분배를 유발시켜 사회적 불평등만 심화 시킬 것이다. 그리고 그것이 사회불안

요소로 남아 그에 따른 혹독한 대가를 치러야 할 것이다. 더욱이 인접국가인 중국의 상대적 제조산업 발달로 인해서 더욱 우리 산업의 입지가 약해지는 것이 문제이다. 그래서 결국은 우리가 원하지 않아도 중국에 추월당해 중·저개발 국가로 전락될지도 모른다. 더불어 우리 경제는 선진국의 채권국가로 식민화되어 또다시 100년 만에 또 다른 의미의 경제 식민국가가 될지도 모른다.

21) 선진자본의 경제침략을 경계하라

한국의 산업 및 경제의 가장 큰 단점은 현시점에서 대외의존도가 높다는 점이다. 특히 자본 및 산업기술 면에서 일본에 대한 의존도가 심각할 정도로 크게 되어 있다. 그리고 점차 그 의존 정도가 증가하고 있다.

외환위기는 국내증권시장에 있었던 일본 및 미국의 투기자금들이 빠져나감으로써 생긴 것이다. 우리는 외환위기 해소책으로 돈을 다시 외국으로부터 빌려 와서 일시적 방편으로 땜질식 처방을 하였다. 현재까지도 계속 외채를 발행하여 빌려 온 돈을 갚을 생각도 하지 않고 자꾸 빌려 오고 있다. 그렇기 때문 장차 어떤 변수로 인해 수출산업이 침체되어 갚을 능력이 없어질 때에는 유럽의 재정위기 국가들처럼 국가 위기상태로 갈 수 있을 것이다. 또한 그러한 위기를 이용해 일본 등의 선진자본이 우리나라를 지배하려 할 때는 속수무책이 될 것이다.

이것을 통해 살펴보면, 우리가 지금처럼 방심하여 지내다가는 과거 우리 민족이 일제 식민지가 되어 경제적·인적 수탈을 당했던 때와 같은 재판이 될 것이다.

최근 일본은 우리나라의 제3금융권 및 사채시장 지배를 위해 금융자금을 투입하고 있다. 일본 야쿠자들이 앞장서서 국내에서 사채놀이를 하면서 점차 영역을 넓혀가고 있는 것이다. 이러한 것을 보면서 과거 민비가 일본의 모리배에 의해 시해당하던 상황이 연상되는 것은 기우일까?

일본의 경우 자위대라는 군사적 한계성 때문에 미국식으로 군사력에 의해 채권을 회수하는 방법은 어렵다. 그래서 만만한 국가와 개인을 상대로 증권과 사채를 이용한 돈놀이로 방법을 전환한 것으로 보인다.

이것은 결과적으로 우리를 알게 모르게 경제식민 국가화시키려는 일본의 신제국주의적 경향에서 나온 것이다.

100년 전에 민비와 대원군 간의 권력싸움과 개화당과 수구파의 정권암투 등의 내적 갈등이 결국 일제식민이라는 결과를 가져왔다. 그러나 최근에 소위 정치를 하는 권력구조 내에서도 인사불성의 이전투구를 하고 있다. 그러면서도 여당, 야당이 서로 권력의 주체가 되려고 민생을 돌보지 않는 것이 또다시 그들에게 기회를 주는 것은 아닌는지 모르겠다. 우리는 주변국가의 경제적 탐욕 앞에 두 손을 묶고 국내의 권력투쟁에만 몰두하고 있다. 그러면서도 장차 어찌 우리나라가 온전히 보전될 수 있을 것인지 의심스럽다.

최근에는 국가를 군사적으로 점유하여 자신의 이익에 맞도록 지역적 국토식민화의 방법을 쓰는 선진제국은 없다. 오히려 보다 교활하고 교묘한 방법으로 경제적 식민화를 시키고 수탈하는 신제국주의적 경향이 강하다. 특히, 우리 한국과 같이 국내자본(저축 및 자기 보유자본)이 빈약한 나라에 돈을 빌려줌으로써 국민 전체를 빚쟁이화하여

골수까지 빼먹는 방법을 취하고 있다.

그런데도 소위 위정자라는 사람들을 그러한 것에 대한 인식도 없이 능력껏 돈을 빌려 포퓰리즘에만 힘쓰고 있다. 이렇게 허비된 돈은 나중에 무슨 돈으로 그것을 갚을 것인가? 그리고 갚지 못할 경우의 경제 식민국가가 되는 것을 무엇으로 막을 것인가?

우리가 경제 식민국가가 되는 것을 왜 두려워하는가 생각해 보자. 과거 일제 식민지시대에 한국사람들 중에도 만석꾼이나 일제에 아부하여 잘 먹고 잘사는 사람이 많이 있었다. 그러나 국민의 대다수는 경제적 수탈로 인해 극빈상태의 생활을 하였다. 이를 현재식으로 표현하면 빈익빈 부익부의 극단적 상황으로 간다는 것이다.

따라서 국가 차원에서 이를 경계하자는 것이다. 국가의 보다 나은 발전은 적절한 균형분배를 통해 국민경제를 안정시키는 것이다. 그렇게 함으로써 국가의 장래지향적 지속 가능한 발전을 도모할 수가 있는 것이다.

경제식민의 상태는 경제안정을 저해하고 계층 간의 분배 불균형을 심화시킨다. 그로 인해 국민계층 간의 위화감이 팽배될 수밖에 없으며 국민계층 간의 소모적인 투쟁만이 확산될 뿐이다. 이렇듯 우리는 선진자본의 경제적 간접침략과 식민화를 경계하여야 한다.

22) 양질의 노동력과 생산성 향상이 필요

'나는 앞으로 차를 바꿔야 할 경우에는 절대 국산차를 사고 싶지 않다.' 내가 1980년대 말부터 사서 타고 다닌 차종의 대부분은 모 자동차 제품의 차량(엑○, 포○, 소○○, 그○○, 뉴○○○, 에○○, 갤○

○, 스○○○)이며, 현재도 에○○를 가지고 있다.

한국사람이 국산제품을 이용하는 것이 내수활성화나 국내산업 발전에 보탬이 된다는 것을 모르는 바가 아니다. 그런데 왜 굳이 성능 좋은 국산차를 마다하는 마음을 갖게 되었는지 그러한 현실이 나로서도 정말 가슴 아프다.

모 자동차의 경우 노동쟁의가 있으면 쉽게 노조의 뜻에 따라 모든 것이 결정된다. 왜냐하면 그들은 거의 독과점화되다시피 된 자동차 생산의 주역이기 때문이다. 임금을 아무리 많이 올려도 회사는 손해 보지 않는다. 오히려 덩달아 더 큰 이익을 취할 수 있기 때문에 노동쟁의를 부추기지나 않는지 모르겠다. 임금 및 기타 인상비용은 바로 그를 소비해주는 국민에게 모델만 바꿔서 차량가격 인상이라는 방법으로 손실보전을 하고 있다. 그리고 그 결과는 자동차를 사서 이용하는 사람에게 손실을 떠맡긴다. 더욱이 임금인상 정도는 모 자동차의 하청회사 직원이나 기타 중소기업의 직원들 월급에 비해 터무니없이 높게 결정되어 있다. 그래서 대다수의 혜택을 받지 못하는 바깥의 근로자들에게 상대적 박탈감을 느끼게 하여 근로 의욕을 상실케 하고 있다.

지금 청년실업이 수백만을 넘어서고 있다. 이 안에는 직업선택의 능력이 없어서 실업상태에 있는 사람도 있다. 그렇지만 상당수의 청년이 회사선택에 대한 눈높이 조정이 안 되어 잠재적 실업상태에 있는 경우가 많다.

결국, 사회 각 계층 간이나 대기업과 중소기업 사이의 임금격차 등이 노동력의 상당수를 사장시켜 버리고 있다는 것이다. 그리고 더 나쁜 것은 그것을 통해 사회적 위화감을 조성해 가고 있다는 점이다.

그런 상태인데 중소기업을 하고 있는 내가 무엇 때문에 나 자신에게 손해를 끼치는 국산자동차를 사서 이용해야 한다는 것인지 모르겠다.

국내에 판매되는 내수용 자동차 값에는 우리가 외국에 판매하는 수출용 자동차의 가격 손실 부분까지 추가되어 있다고 들었다. 정말 우리 국민이 봉인가, 아니면 멍텅구리인가? 사기꾼들은 설득하기 어려운 남보다는 쉽게 인정이나 의리에 구속되는 친인척 및 친구들을 대상으로 삼는다고 한다. 그래서 상호 간의 정에 의해 보증을 서주거나 사기행위에 동조되어 결국 직접 피해를 받게 되는 상황이 벌어지게 된다.

자동차 산업이 국가경제에 기여하는 바를 모르는 것은 아니다. 그러나 앞서의 사기꾼의 경우와 같이 자신을 키워주고 발전시켜줄 국민에게 상대적 박탈감이 생기게 만들거나 쉽게 이용해 먹을 대상으로 만들지 말았으면 좋겠다.

양질의 노동력은 사회 일부에서의 잘나가는 분야에서 표출되는 노동력을 대상으로 말하는 것이 아니다. 실업상태에 있든지 소규모의 중소기업에 있든지 간에 어떤 분야에서든지 열과 성의를 다해 일하고, 자신의 노동행위가 국가경제에 기여할 수 있다면 그것이 양질의 노동력일 것이다. 또한 높은 생산성은 사회 일부 분야에서만 따지는 것이 아니다. 전체 사회의 각 분야에서 상호 박탈감 없이 보람을 가지고 일해야 이루어지는 것이다. 그렇기 때문에 현재와 같이 대기업과 중소기업 간에 노동이 상호 괴리되는 사회에서는 부분적 높은 생산성을 얻을 수 있어도 오히려 전체 사회의 생산성은 낮아질 수밖에 없는 것이다.

국가 전체의 높은 생산성을 가지려면 노동자 간의 격차를 줄여야 한다. 그리고 대기업과 그 소속 노동자들의 이기심을 통제하여야 한다.

"기분이 나빠도 할 수 없이 또다시 국산차를 사야겠지……."

23) 고용에 필요한 중소기업을 육성하라

우리의 사양산업은 중국에서 부양되는 산업일 경우가 많다. 왜 사양산업이 우리에게 기업으로서의 가치가 낮아지고 있는가를 생각해보자. 이는 고용과 임금문제에 의해 경쟁력을 상실했기 때문이다. 선진국의 사양산업 및 퇴출산업 중 일부 산업은 우리에게 경쟁력이 있는 산업이 되듯이 각 국가 간의 경제적 수준 차에 의해 산업의 적부문제가 결정된다. 그 때문에 우리는 어떠한 것이 미래지향적 산업인지 쉽게 파악해낼 수 있다.

즉, 우리는 고도로 기술화된 선진국도 아니고 저임금의 노동집약적 산업국가도 아니다. 그래서 양측의 틈새에서 우리의 산업의 앞길을 선택해야 한다.

벤처 육성을 통한 고용확대는 구두선이 될 수 있다. 왜냐하면 벤처의 특성상 일회성의 고용이 될 가능성이 크기 때문이다. 그리고 이러한 즉흥적 고용은 임금을 비정상적으로 증가시킨다. 그래서 전통적으로 오랜 고용을 유지하고 있는 여타 중소기업에게 임금격차에 의한 고용문제를 야기시킬 수 있다.

현재 중소기업이면서 우리의 특성산업으로 자리매김을 해야 할 제조업의 대부분이 이러한 국가의 잘못된 판단과 정책으로 인해 사양산업화되고 있다. 그리고 3D업종이라는 명목하에 고용이 쉽지 않으며 임금의 상승으로 경영이 어려워지고 있는 것이다. 항상 어떤 일에든 오랜 지속성이 있는 사람만이 신뢰를 바탕으로 모든 일을 해나갈 수 있다. 그러나 그럼에도 불구하고 국가정책은 즉흥적 벤처육성에 의해 '구관이 명관'이라는 말을 망각하고 전통적 산업을 궁지로 몰아놓는 우를 범하고 있다.

현재에도 중소기업에는 일자리가 남아돌고 있다. 그러나 지원자들이 없어 고용이 안 되고 있는 실정이다. 외환위기 직후에 우리 국민은 구조조정 과정에서 그러한 일자리라도 서슴지 않고 일할 마음의 준비가 되어 있었다. 그러나 외채를 빌려와 허리띠를 졸라맬 준비가 된 국민을 해이하게 만들었다. 그래서 또다시 고용이 어려워진 중소기업형 산업을 몰락시켰으며 앞으로 외환위기와 같은 어려움이 다시 생겼을 때에는 누구도 허리띠를 졸라매지 않을 것이다.

24) 원만한 노사관계 정립이 필요

인간의 사회성은 서로 돕는 협동심에서 발현된다. 특히, 협동심, 협조심, 협의 등의 모든 용어는 상호관계에서 이루어지는 말이다. 이것은 서로의 부족한 부분을 보충하고 개개인에 의한 독자적 행위 결과보다는 여럿이서 협업함으로써 더욱더 큰 능률과 효과를 얻을 수 있다는 의미이다. 이것은 인간의 경험에 의해 만들어진 특성이라 볼 수 있다. 이러한 경험에 의한 지혜로서의 협력은 상당히 중요한 역할을 한다. 다시 말해서 협력으로 얻어지는 승수효과는 인간이 현대문명을 이루는 데 절대적인 기여를 했으며 과학과 기술사회에 점진적 발전에도 중요한 역할을 하고 있다.

협업에 의한 개개구성원의 노동력은 인간의 삶의 질을 향상시키고 보다 적은 노력으로 보다 큰 이득을 취할 수 있게 한다. 또한 인간 욕망에도 잘 부합되어 집단노동 등의 노동결집력을 가져오게 한다.

그러나 노동과 노동관리의 합리적 문화는 여러 가지 측면에서 또 다른 사회적 계층구조를 형성하였다. 이러한 계층구조는 집단의 이기심에 의해 자본의 문화에 균형적 분배를 점차 불균형 쪽으로 몰아가고 있다.

균형분배든 불균형분배든 그것이 시행되는 과정에서 문제가 있는 것이다. 다시 말해서 우리 사회가 가지고 있는 개개인 혹은 집단의 이기심에 의해 타인 혹은 타 집단에게 불이익을 주게 되어 있는 것이다. 또한 이러한 현상들은 또 다른 사회계급 투쟁적 현상으로 나타난다. 카를 마르크스의 자본론이나 계급투쟁에 대한 내용도 투쟁의 전개 측면에서 보면, 우선 상위 노동자계급이 또 다른 하위 노동자계급을 갈취하는 것에서 시작한다. 그리고 상위계급이 하위계급을 딛고 군림하게 되는 상호계층의 분리적 현상이 생긴다는 것을 전제하고 있다. 이것은 결국 별개집단의 계층적 노-노 관계가 형성되어 상호관계는 악화될 수밖에는 없다는 것이다. 그리고 그 가운데에도 우월한 노동집단을 거느리는 조합 및 그 간부들은 또 다른 착취자로 자리매김하게 된다는 뜻이다. 원초적으로 노사관계의 원만함보다는 힘 안 들이고 형성되는 노-노 관계에서 자기끼리의 색다른 착취구조가 이루어질 수밖에 없는 것이다.

대기업의 노동쟁의는 중소기업의 노동자들에게 새로운 고통으로 남을 수밖에 없다. 그들의 이기적 노동쟁의는 직간접적으로 국민들에게 피해를 주고 있으며 그들만의 잔치로 끝날 수밖에 없다. 그래서 이러한 노동쟁의는 계층 간의 위화감만 키울 수밖에 없다.

대기업 고임금 노동자의 임금인상에 대한 요구가 커지는 것은 그들의 사회적 비용이 크기 때문이다. 그들이 별도로 벌인 주식 및 부동산 투기로 인해 은행에서 빌린 돈에 대한 이자를 손실 보전하기 위함이다. 그러나 그들의 집단행동에 의한 임금인상은 중소기업의 저임금 노동자들에게 상대적 위화감을 줄 수밖에 없다. 이러한 상대적 위화감에 대한 구체적 책임은 국가기관의 무능화와 잘못된 정책에서 기인되고 있다. 그리고 그 결과가 원만한 노사관계를 이루어낼 수 없는 방향으로 우리 사회를 유도해 나가는 것이다.

25) 중산층의 활성화

중산층은 어떤 의미에서는 보통사람을 뜻한다. 우리는 자신과 유사하거나 같은 부류의 사람을 선택하여 호의를 보여 준다. 그리고 지원해주며 선택해주는 것은 그가 우리와 동질이라는 점에서 혹은 장차 자신도 그렇게 될 수 있다는 희망에서일 것이다. 대통령을 뽑아준 많은 사람들의 마음 또한 그러한 점이 바탕이 되었을 것이다.

다시 말하면 우리가 평범한 사람을 대통령으로 선택할 수 있다는 것은 보통사람의 계층인 중산층의 사회지배의 일환으로 이루어진 하나의 성과라 할 수 있다.

노동자 계층에서도 노동운동만을 전담하는 전임노동가들이 있다. 이들을 우리는 노동귀족이라 부른다. 형식은 노조라는 틀에서 시작되는 것 같으나 그 결과는 그들이 절대 노동계층이 아니다. 그렇듯이 우리가 선택한 자신과 유사한 계층의 지도자라고 하더라도 당선 후부터는 절대 우리와 같은 계층의 사람이 될 수 없으며 되려고도 하지 않을 것이다.

어떻게 이룬 사회적 지위인데, 다시 평범한 계층으로 내려가려 하겠는가. 그리고 그렇게 하려고도 하지 않을 뿐 아니라 사회적으로도 불가능하다. 그러기 때문에 노동귀족이 되듯이 중산귀족이 되는 것이다. 그래서 결국에는 중산계층에서 선출이 되어도 사회의 중산계층의 대변자가 되지 못한다. 그리고 자신과 같은 부류에 의한 그룹을 재형성하여 같은 부류 내에서 권력유지에 전력을 다하게 되는 것이다.

사회의 진정한 중산층은 정치, 경제, 사회, 문화적으로 자기 영역을 가진 사람들이다. 그래서 각기 독립적인 특성을 통해 조직력을 형성할 수 있는 계층으로 과거의 부르주아와는 좀 다른 개념이다. 그리고 그들은 상, 하위 계층의 연결고리 역할을 하는 사회조직이다. 이렇듯이 중산층은 그 자체의 존재가 사회조직 체계의 중요한 구성원일 뿐만 아니라 전체 조직의 상호연결고리로서의 역할을 한다. 그렇기 때문에 이러한 중산층이 약화된다는 것은 전체 사회체계의 결속력을 약화시켜 조직 전체의 와해를 가져올 수 있다. 그래서 중산층의 건재가 더욱 중요한 것이다.

국가경제가 어느 정도 윤택해지면 실제적인 중산층 외에도 심리적 중산층이 생긴다. 이 때문에 중산층이 두터운 조직체계가 되어 사회 외적인 격변 및 영향에 대하여 조직체계가 비교적 흔들림이 없이 유지된다. 이러한 특징으로 중산층의 유지를 통해 우리 사회가 안정적으로 발전해 나갈 수 있다.

상대적으로 중산층이 약화된다는 것은 국가경제가 흔들리고 있다는 것을 의미한다. 그리고 그로 인해 중산층이 더욱 적어지고 사회계층구조는 취약해진다.

우리 한국의 경우는 실제적 중산층은 별로 없고 심리적 중산층만이 높은 비율로 존재해왔다. 그래서 상황에 따라서는 쉽게 사회 조직체계가 불안정해질 수 있다. 그리고 중산층의 역할이 약해져 계층 상호 간의 원활한 관계가 유지되기 어렵게 되어 있다.

소위 상위계층인 정치인과 재벌의 유착관계를 견제하고 척결할 수 있는 중산층의 몰락은 반부패를 어렵게 한다. 그래서 중산층이 살아야만 사회개혁의 길인 반부패가 이루어질 수 있다. 중산층의 몰락은 그들이 하위계층으로 유입되어 사회를 더욱 불안정하게 만든다. 그로 인해 국가발전의 역량 또한 줄어들 수밖에 없다.

우리 주변의 중국, 대만 등은 이미 성장 정도나 성장속도에 있어서 우리를 추월했고 또는 추월해가고 있는 상태이다. 그러므로 더 이상 사회체계 내에서의 중산층의 경제 지배를 늦추어서는 안 될 것이다.

중산층 지배란 국가통치에의 관여가 아니라 중산층을 더욱 두텁게 하라는 의미이다. 그래서 국민 전체에서 차지하는 비율을 늘려서 하위계층에 들어가는 사회간접비용을 줄일 수 있도록 하는 것이다. 또한 결집된 중산층의 힘으로 상위계층의 독단적 사회지배를 견제할 수 있도록 하는 것이다. 중산층은 경제발전의 수출과 내수의 두 축 중 하나인 내수의 중심에 있다. 그렇기 때문에 중산층의 몰락은 내수 경기의 침체로 이어질 수밖에 없다. 중산층의 몰락을 적극적으로 막아야 하며 이를 통해 우리는 사회적 안정을 가해야 한다.

26) 절약과 근면이 필요

우리의 미래는 자신들이 만들어 가는 것이다. 요행수를 이용하거나 일확천금을 통해서 미래가 보장된다고 생각하는 것은 결국 개인만의 삶의 변화일 뿐이다. 오히려 이것에 치중하면 외적으로 국가 간의 경쟁에서는 치명적인 잘못이 될 수 있다. 이러한 요행수를 바라는 마음은 자신을 무기력하고 나태하게 만들어 남에게 종속적 위치에 놓이게 한다.

그래서 한두 번의 요행수로 일이 잘 처리되었다고 미래의 희망을 이야기하는 것은 크나큰 잘못이다. 이것은 우리의 미래를 과거를 통해서 비추어 보면 더욱 쉽게 알 수 있다.

과거에 경제개발 5개년 계획이 계속되어 우리 스스로 잘살아가고 있다고 느꼈을 때는 우리 국민 전체가 절약 및 근면 등을 사회적 이슈로 삼고 있을 때였다. 그러나 지금은 국민 누구도 한국 경제가 발전되고 있다고 느끼지 못하고 있다. 이는 사회 전체에 요행수 및 일확천금 등의 불로 심리가 판을 치고 있고, 그에 따른 삶의 방식 또한 자연스럽게 받아들여지는 사회적 풍토가 형성되어 있어서이다. 그래서 더 이상의 발전이 불가능하게 된 것이다. 로또복권에 의한 대박, 경마장, 강원랜드에서의 일확천금, 은행원의 금융투기, 홈뱅킹 사기, 보이스피싱 등 이 모든 것은 어쩌면 서로 연결되어 있고, 이제까지 우리들이 행한 행동의 귀결인지도 모른다.

우리는 과거의 근면 절약을 통해서 무언가를 이루었고 이러한 성취를 통해 만족할 수 있었다. 그리고 서로 상조에 의해 국가발전을 이루어왔다. 그 결과 지속적 발전 속에 장차 선진국으로의 진입까지

바랄 수 있었다. 그러나 지금 우리 사회에서는 한강의 기적을 이룬 정신은 어디론가 사라지고 없다. 그리고 우리 스스로도 남에게서도 미래의 발전가능성을 찾아볼 수 없게 되었다.

우리는 병역의 의무를 다하는 군인, 신부님, 수녀님 및 스님들에게 감사해야 한다. 군인의 경우, 약 60만에 달하는 젊은이가 최소의 소유와 최소의 비용만으로 국가를 위해 살고 있다. 신부님과 수녀님 또한 자신의 재산을 갖지 않고 성직을 천직으로 살고 있으며, 스님 또한 최소의 소유로 수양에 정진하고 있다. 이것이 우리 보통사람들에게는 얼마나 많은 혜택을 주는 것인지도 모른다. 만약 그들이 지금 우리 개개인이 소유한 만큼을 사회 속에서 나누어 갖기를 원한다면 이 사회가 이렇게 유지될 수 있을지 의문이다.

우리 스스로가 소유욕에 대하여 자제하는 마음과 절약정신을 고양해야 하는 이유는 바로 여기에 있다.

사회분배의 불균형과 요행심에 따른 일확천금을 바라는 사고는 동전의 양면과 같아서 항상 함께할 수밖에 없는 것이다. 인터넷 혹은 세계의 단일정보화 체계를 통해 우리는 보다 월등히 잘사는 나라의 삶의 방식을 모방하고 있다. 그리고 우리의 경우에 비추어 적용하려하고 있으며 그것이 마치 당연하다고 생각하고 있다. 그러나 이것은 상당히 위험한 발상이다.

특히, 한국과 같이 점차 빈부의 격차가 커지는 국가의 상태에서 외국의 경우에 비추어보는 것은 잘못이다. 한국적 여건을 무시하고 일방적으로 비슷해지려는 것은 '뱁새가 황새를 쫓아가다 가랑이가 찢어지는' 오류를 범할 수 있다.

최근의 한국사람에게는 근면의 마음은 찾아볼 수 없다. 다만 절약이라도 유지되어야 국내자본이 유지되고 확충될 수 있다. 그래야 외세의 영향력을 줄여갈 수가 있음에도 불구하고 국가의 예금정책이 저금리화하여 절약과 저축의 마음을 잃게 하고 있다. 마치 전 국민의 빚쟁이화가 우리 국가의 목표인 것처럼 하고 있으니 문제이다. 대부분의 국민이 은행에 빚을 얻어 전 국토의 부동산 투기 개발화에 박차를 가하고 있다.

은행에서 대출받은 돈의 이자는 외적 수입 없이 지불이 불가능하다. 그 때문에 결국 월급에서 일정 이자를 물어야 한다. 그리고 지속적으로 월급이 깎이는 효과와 영원한 빚쟁이의 처지를 벗어날 수 없게 된다.

빚이란 처음 얻어 쓸 때는 즐겁지만, 장차 꼭 갚아야 하며 갚지 못하는 경우에는 여러 가지 혹독한 시련을 받을 수 있다. 이렇듯 빚이란 개개인의 처지 여하에 따라 감당하기 어려운 상황까지도 갈 수 있다. 그런데도 불구하고 나중을 생각지 않고 무조건 얻어 쓰기 쉽다고 돈을 빌려 쓰는 것은 우리의 미래를 암담하게 하는 또 하나의 요소가 될 수 있다.

이러한 빚은 근검과 절약을 통해서만 해결이 가능하고, 이것을 해결하여야 우리의 미래가 보장된다.

27) 사회원칙을 바로 세우고 지켜라

사람이 더불어 살아가는 데에 가장 필요한 덕목은 상호 간의 신뢰이다. 신뢰를 통해 우리는 많은 번거로움을 피할 수 있으며 보다 폭넓게 활동 영역도 넓힐 수 있다.

억지로 법제화시키고 규율화시켜서 인간 상호관계를 유지하려면 정당한 명분이 있어야 한다. 그러나 서로가 기본원칙을 지키고 그 원칙에 크게 벗어나지 않은 범위에서 행동영역이 형성된다면 서로 상호 간에 신뢰가 유지될 수 있을 것이다. 과거 모 정권 이후 우리는 그 이전 시대에서 이루어져왔던 기본적 원칙 모두를 상실했다. 그리고 이제는 누구도 원칙을 바로 세우고 지키려 하지 않는다.

금융기관을 통한 돈놀이 때문에 요령이 없고 원칙주의를 강조하는 과학기술산업이 몰락해가고 있다. 그리고 임기응변적인 투기로 국가 전체가 상호신뢰를 잃어가고 있다. 또한 낮은 금리는 열심히 일하고 말년에 평안을 맛볼 수 있게 해주는 연금 생활자에게 절망을 주었다.

더욱이 싼 금리 때문에 저축의 효용성도 없어지고 투자할 곳이 없어졌다. 그렇기 때문에 결국 부동산, 증권, 펀드 투기로 몰릴 수밖에 없는 현실을 정책 입안자들이 간과 또는 무시하고 있는 것이다. 그나마 싼 금리의 돈이라는 것은 은행 등의 금융기관이 외국에서 유입해온 미국, 일본 등의 투기성 자금이다. 그러한 자금을 필요 이상으로 빌려와 국민을 상대로 월급을 담보로 한 돈놀이를 하고 있으니 정말 누구를 위한 정책이고 누구를 위한 금융기관인지 한심스럽다.

모 자동차 노조가 주 5일 근무에 세계최고 수준의 급여를 확보하였다고 한다. 그러나 그들이 받는 증가된 급여는 결국 독과점하고 있는 자동차산업에서의 내수이익일 것이다. 그리고 그 이익은 국내자동차 산업의 특성상 내수판매 과정에서 소비자에게 떠넘겨진 것이다. 해마다 모델명만 바꿔서 가격을 인상하여 그 혜택을 받고자 하는 것은 모두가 무원칙주의의 산물이다.

이러한 사회 각 분야에서 생긴 집단 간의 이기주의가 국가 전체에

무원칙주의를 만연하게 하고 있다. 그리고 그 무원칙주의가 결국 국민 상호 간 각자의 마음을 닫게 하여 서로 누구도 신뢰하지 못하는 사회가 되어가고 있다. 원칙을 잃어버려 서로 신뢰 못 하는 사회는 그로 인해 사회적 비용이 상승할 수밖에 없다. 그렇기 때문에 더 큰 문제가 있는 것이다. 그래서 사회 속의 뼈대가 되는 원칙은 다시 세워지고 지켜져야 한다.

28) 개인 및 집단 이기주의를 버려라

한때 방사능 폐기물 처리장 문제로 전라북도 부안군이 위기의 지역처럼 일촉즉발의 상태에 놓여 있었다. 그 당시는 언제 어떠한 사유로 또다시 폭동에 가까운 시위가 재연될지 모르는 상황이었다. 청계산 원○○의 추모공원 또한 혐오시설이라 하여 해당 주변의 주민들이 반대했다. 쓰레기 매립장 설치 때 또한 거센 주민의 반발에 의해 쉽게 성사되지 않는다. 경제가 향상되면 사람들은 더 많은 삶의 질을 요구하게 된다. 특히 환경적인 측면에서 혐오시설을 거부하게 되어 필요 불급한 혐오시설은 어느 곳에도 설치할 수 없게 된다. 그래서 또 다른 환경재앙의 원인이 되고 있다.

개발 위주의 국가정책과 개발이익을 통해 쉽게 돈을 벌려는 사회구성원들은 이제 개발에 역행하는 시설 및 사회간접자본과 보호시설들을 어느 곳에서도 용납하려 하지 않는다. 선진국에서는 오갈 데가 없어진 시설물 폐기물들을 후진국에 경제원조를 하는 조건으로 설치하거나 갖다 버리는 상황이다. 많은 사람들은 자신의 주변 환경에 혐오시설이 들어오는 것을 못 하게 하고 있다. 그리고 남의 뜰에 설치하기를 바라는 개인적·지역적 이기심에 의해 모든 것을 결정한다면 어느 곳에도 혐오시설을 설치할 수 없다. 그로 인해 어느 누구도 상대적 혜택을 받을 수 없게 되므로 결국 모두가 어려움에 처할 수밖에 없을 것이다.

국가는 국가 전체를 대상으로 서로 집단 간에 최대의 이익이 될 수 있는 국토개발 및 경제계획을 추진해 나가야 한다. 그러나 국가 차원에서의 결정이 지역 차원의 반발에 의해 추진이 못 된다면 그에 따른 전체적 손실은 무엇으로도 메울 수 없다. 무조건 반대하는 지역의 주민은 자신이 살아가는 편의시설이 타 지역의 양보와 희생으로 이루어졌다는 것을 왜 모르는지. 국가 차원에서의 결정은 전체에 이익을 위한 것일진대, 개인적·집단적 이익만을 위해 무조건적으로 반대하여 계획에 차질이 생기게 된다. 더불어 정당한 계획이 추진이 안 된다면 결국은 모두에게 손해로 되돌아올 수밖에 없다.

노동자의 노동운동은 법으로 보장된 권리이다. 다만, 그들의 집단행동이 집단 이기심의 발로에 의해 진행된다면 결국 사회 전체에 해를 끼칠 수밖에 없다. 집단 이기주의는 아무것도 제대로 이루어지는 것이 없다. 이러한 점에서 그 결과가 공멸을 부른다는 것을 항상 명심하여야 하며 양보의 미덕이 지켜져야 한다.

29) 사회적 절제와 건전성을 키워라

문화란, 의미는 '보다 나은 지식화의 뜻'이 함의되어 있다. 그러나 지금에 사용되는 문화의 의미는 대중매체에서 주도하는 '어리석은 백성화가 더 가깝다.' 연예인들의 무분별한 언어사용 및 행동, 또한 그들을 부추기는 시청자의 사고 수준의 합작으로 이루어지는 행위가 문화라고 포장되어 있다. 더불어 시청률에 연연하여 즉흥적인 프로그램을 운용하는 방송국이 앞장서 이루어진 저질행위가 문화라고 자칭하면서 문화에서 더욱 멀어지는 기현상이 일어나고 있는 것이다.

스타라고 하는 사람들의 인기 영합주의와 배금주의 사상에 의해 우리의 새로운 세대 새싹들이 망쳐치고 있다. 그들이 연예인을 선호하고 미래의 희망으로 생각한다는 것은 장차 사회가 불건전하고 즉흥적 사회가 될 우려를 갖고 있는 것이다. 연예인은 사회의 조미료이다. 그들은 사회의 맛을 일궈주는 데에 기여하고 있다. 그러나 조미료가 과하면 오히려 음식의 맛을 해치고 또 몸을 상하게 한다.

현재의 우리 사회는 연예분야의 과도한 발전, 즉 사회적 조미료가 지나치기 때문에 오히려 사회적인 맛을 살리기보다는 오히려 해치고 있는 상황이다. 요즈음 가정에서 음식을 하는 경우 음식 맛을 내주는 조미료가 몸에 해롭다고 적게 사용하거나 거의 사용하지 않고 있다. 이와 같이 어쩌면 우리 사회에서 연예인들의 과도한 활동이 사회나 우리에게 해를 끼치고 있는 것이다.

오히려 조미료를 줄여 사회의 건전성을 확보할 때 비로소 한국사회가 보다 발전지향적으로 나아갈 것이다. 우리는 양념이나 조미료에 너무 길들여져 있어, 자기도 모르게 속으로 병이 들어가고 있는 것이다.

왜 사회가 점점 더 허약하게 느껴지는가 생각해 보자. 이는 아마 쉽게 돈 벌며 살아가는 연예인들의 생활이 일반인들에게 상대적 박탈감을 심어주는 것 때문일 것이다. 자기도 모르게 길들여진 조미료 맛에 자신을 해치는 악순환이 되고 있는 점을 고려한다면 양념이나 조미료에 대한 사회적 절제가 필요하다.

30) 삶의 목표 다양화가 필요

자본주의 국가에서 삶의 목표는 비교우위의 자본획득이 우선이 된다. 그래서 자본의 근원인 돈에 대한 추구가 자연스럽게 최상의 이념이 될 수밖에 없다.

이렇듯 배금주의 사상은 사회 전체의 기본사상이 되어 돈에 관한 만인의 만인에 대한 투쟁이 일어날 수밖에 없다. 그래서 수단과 방법을 가리지 않고 돈을 벌려고 한다. 그리고 우리는 '개같이 벌어서 정승같이 쓴다'의 저질적 관념을 갖는 금전만능의 사회를 만들어 왔다.

우리 사회는 총체적으로 한정된 부를 가지고 있기 때문에 어느 누가 그 대부분을 차지한다면 기타 대다수의 사람이 나머지를 나누어 가져야 한다. 그래서 부의 일부 계층의 집중은 부의 불균형 분배라는 문제를 태생적으로 가지고 있다. 즉, 자본주의 사회에서는 일부 사람들이 그 사회 속에서 선점하고 있는 기득권이나 사회가 보장하는 법률적 권한 등으로 다른 사람보다 쉽게 더 많은 부를 축적할 수 있다. 그렇기 때문에 금전만능주의는 균형분배의 원칙이 될 수 없다. 그래서 모든 사람이 돈과 같은 한 가지의 단일목표로 집중한다면 그 사회는 항상 불안정적인 상호 투쟁사회가 될 것이다.

과거 역사 속에서 살펴보면 충무공 같은 분은 군인으로서의 명예심에 자신의 생명까지 걸었다. 그리고 여타의 다른 분야에서도 그 분야에 존중이 되는 많은 인물들이 자신의 신념과 철학으로 살아왔다. 그러나 현대에 와서는 서양식 자본주의에 의한 배금주의 사고방식 때문에 존경하는 인물의 대상이 편협되게 경제와 권력 분야에 국한되었다.

그래서 삶의 목표는 획일화하게 되었으며 여타 분야는 등한시되었다. 그 때문에 우리는 돈이라는 이데아를 제외하고는 명예, 권력, 사회봉사, 희생심 등 기타 분야에 자신을 헌신하며 삶의 가치를 찾는 경우가 적어지고 있다.

돈이 모든 가치의 최상에 위치하면서 문제가 생긴 것이다. 정치인들은 권력을 잡아 그것을 이용하여 부정을 저지르고 돈을 취하려고 한다. 그리고 교수나 군인이 명예를 가지면 그것으로 돈이 될 수 있는 방법을 선택하게 되고, 공무원은 사회봉사의 이념을 버리고 부정부패를 통해 축재를 하려 한다. 또한 종교인들은 종교적 희생심을 이루면 종교단체의 이권에 개입하고, 사회봉사 정신에서 생긴 자선단체는 자선금을 횡령하려 한다.

이렇듯 사회의 모든 이데아가 돈으로 귀결되기 때문에 결국 우리는 한정된 부를 가지고 각 분야에서 서로 많이 차지하려는 부정적인 투쟁을 할 수밖에 없다.

우리의 선조들이 보여 준 선비정신은 '나물 먹고 물 마시고 팔을 베고 누웠으니 세상에 이만한 낙이 어디 있는가'와 같이 안빈낙도(安貧樂道)의 청렴한 선비의 기개가 사회의 또 다른 이데아를 보여 주고 있다. 이러한 선비들은 돈과 명예와 권력을 탐하지 않으며 청빈함을 자긍심으로 삼아 살아왔다. 그래서 우리는 다시 이들을 본받아야 한다.

미래 한국사회를 위하여 우리는 삶의 다양한 목표를 가치 있게 인정하여야 한다. 그리고 자본주의적 배금주의에 대한 절제와 경망스러운 재물욕심에 대한 평가를 새롭게 정립하여 우리 후손들에게 가르쳐주어야만 보다 나은 미래가 보장될 것이다.

31) 지역적 상생이 필요

망국적 고질병으로 우리는 지역감정이라는 배타적이고 적대적인 사고를 가지고 있다. 이것으로 인해 정치적·경제적·사회 문화적인 분열과 반목을 계속해왔다. 그리고 앞으로도 적절한 해결법이 없는 한 계속될 것이다. 우리의 미래는 결코 이제까지의 발전단계에서 보아왔던 것처럼 밝은 것이 아니다. 오히려 가면 갈수록 어렵고 어두워질 확률이 높다. 그래서 우리의 미래를 위하여 지역감정은 반드시 해결하고 지나야 할 것이다. 특히, 남북이 통일되었을 경우는 이러한 지역감정은 다방면으로 더욱 심각한 상황을 야기할 수 있다.

이러한 측면에서 우리는 지역감정을 해소하거나 줄이기 위해 무엇을 해야 할 것인가를 심각하게 고려하여야 한다. 우리 사회에서 지역감정의 근간은 지역 간의 상대적 차별에 의해 생긴 것이다. 그리고 오랜 세월 고착되어 왔기 때문에 그 원인에 대한 심도 깊은 연구와 대책 마련이 필요하다. 이는 어느 일부 지역에 국한되는 것이 아니고 국가 전체 차원에서 다루어져야 할 문제이다. 또한 정치적·경제적·사회적 측면에서 풀어야 할 우리의 숙제이다. 이러한 지역감정은 지역적 상생논리에 의해 국가가 운영이 되어야만 치유될 수 있는 고질병이므로 국민 모두의 부단한 노력이 필요하다.

32) 국제산업 정보화를 이루자

국제산업 정보화라는 것은 국내의 정보한계를 넘어 범세계적으로 통용되며 시시각각으로 변하는 산업분야의 정보를 말한다. 현재 우리는 우리 사회가 정보화되어 있다고 한다. 그러나 우리가 알고 있는 것은 국내정보가 대중을 이루고 있다. 이것은 세계화를 위해 모든 역량을 쏟아 붓는 선진국의 정보체제에 비하면 아직도 걸음마 수준에 불과하다.

지금 우리는 조급한 마음에 정보산업을 육성한다는 취지에서 국내의 모든 정보를 세계에 노출시켜 왔다. 그리고 오히려 선진국의 폐쇄적인 정보유출 금지로 우리에게 절실하게 필요한 국제정보는 전혀 보유하고 있지 못하고 있다. 그렇기 때문에 우리는 아주 불리한 입장에서 정보선진국과 경쟁할 수밖에 없다.

이것은 손자병법의 '남을 알고 나를 알면 백전백승'이라는 전술의 근본적 원칙을 무시하는 것이다. 그리고 무모하게 '하룻강아지 범 무서운 줄 모르고 덤벼드는' 것과 같이 세계를 향해 넘나드는 상황을 만들고 있다.

앞으로의 세계는 산업전쟁의 시대이다. 머지않아 이제까지의 이데올로기나 종교이념 또는 정권에 의한 투쟁 등의 내외적이고 소모적인 전쟁에서 벗어나게 된다. 그 후에는 국가 간의 경제적인 우위를 점하기 위해 치르는 경제전쟁의 시대가 도래할 것이다. 그렇게 되면 각 국가들은 과학기술에 의한 산업경쟁에 뛰어들 것이다. 그뿐만 아니고 에너지, 금융 그리고 곡물 및 광산자원 등 각각의 필요에 따라 국가의 경제를 타국에 비하여 유리한 고지에 점하려는 전면적인 경쟁의 시대에 돌입하게 된다.

이때 가장 필요한 것이 우리 경쟁국 산업 등의 국가정책이나 경향을 빨리 알아내는 것이다. 그리고 그에 대하여 적극적으로 대응할 수 있는 국제산업 정보체계를 구축할 필요가 있다.

지금과 같이 국내에서 자기 국민의 정보나 조사하고 그것에 안주하다가는 범세계적인 정보에 뒤떨어질 수밖에 없다. 그렇게 되면 우리의 주력 수출산업이나 미래를 위해 키워야 할 미래산업의 효용성 문제가 생길 것이며 또한 경쟁에서 유리한 고지를 선점할 수 없게 된다.

이렇게 하기 위해서는 우리가 앞으로의 산업전쟁에서 우리와 경쟁 상대가 될 선진제국을 정확히 알 수 있도록 정보체계를 갖추어야 한다. 그리고 지속적으로 조사하여 전 세계를 대상으로 종합적 정보체계를 운영하며 직접 우리의 주력 산업에 이용할 수 있는 국가 차원의 산업 정보체계를 수립해야 한다.

33) 청년실업에 대처하라

고용안정에서 일차적인 문제는 청년실업이다. 사회의 초년생인 청년들이 직업도 가져보지 못하고 졸업 후 바로 실업상태로 가는 것은 국가 사회적으로 큰 손실이 아닐 수 없다. 특히 우리나라와 같이 부존자원이 부족한 국가의 경우는 인적 자원이 가장 큰 자산이다. 그럼에도 불구하고 청년들을 무기력하게 하는 청년실업은 더 큰 사회적 문제가 아닐 수 없다.

더불어 청년실업의 또 다른 문제는 고령화 사회와 연계되어 있는 것이다. 다시 말해서 고령화를 통해 실제 근로의 인원수가 전체 인구수에 비례하여 적어진다는 점이다. 더불어 청년실업으로 인해 일을 하지 않고 놀고먹는 청년백수 인구가 증가하므로 사회 전체는 노동에 대한 불균형이 생길 수밖에 없다. 그리고 이러한 상태가 장기화되는 경우 우리 사회는 무기력하게 되기 쉽다. 그래서 누군가가 해야 할 일을 아무도 하지 않는 노동기피 사회가 될 수도 있다. 이처럼 청년실업의 해결은 우리 사회의 지속적인 발전을 이루는 데 필수적 요소이며 우리가 해결해야 할 첫 번째 단계이다.

현재 우리 사회에서 청년실업의 요인을 분석해보면 청년에게 일자리가 없어서 실업상태가 되는 것이 아니다. 더 좋은 일자리, 더 좋은 보수, 더 편한 직업이라는 중복된 목표에 의해 잠재적 실업으로 가기 때문이다.

이것은 금전만능주의의 만연으로 우리 사회를 왜곡시켜서 생겨난 현상이다. 돈으로 모든 일에 대한 가치평가를 하고 돈이면 안 될 것이 없다는 잘못된 사회 풍토가 우리 사회에 건전한 직업관을 훼손시킨 것이다.

청년들이 가진 좋은 직업에 대한 관점이 금전만능주의에 의해 변질된 것이 원인이다. 다시 말해서 좋은 직업이라는 것이 사회적 기여와 직업으로서의 자긍심을 주는 것이 아니고 쉽고 편안한 더 큰 보수가 목적이 되었기 때문이다. 그래서 이러한 문제점이 청년실업을 키우는 것이다.

더불어 사회의식에 직접 영향을 주는 방송이나 교육문화 분야에 팽배한 배금주의의 잘못된 사고방식도 일익을 담당하고 있다. 이렇게 만들어진 사회의식이 어렵고 힘든 직업을 멸시하게 하고 불로소득을 당연시하도록 하는 사회적 병폐현상을 키웠다. 이러한 것들이 우리 사회 청년들의 직업의식을 병들게 하고 있으며 청년실업의 당위성과 핑계거리를 제공하고 있는 것이다.

현재는 기업에서 무조건 대졸자를 신입사원으로 채용하고 있다. 그러나 모두가 자신이 선호하는 좋은 직장을 들어가기 원하기 때문에 중소기업의 경우는 자리가 있어도 대부분이 기피하고 있는 상황이다. 그래서 기업 간의 격차를 줄이려면 국가는 열악한 조건의 중소기업에 우선 채용의 기회를 제공해야 한다.

예를 들면 대학 혹은 학교를 졸업하고 모두가 선호하는 직장에 바로 취업할 수 없도록 하여야 한다. 다시 말해서 일정 기간 중소기업에 의무적으로 근무하도록 하게 한다. 또한 공무원이나 공기업, 금융기관, 대기업이 채용할 때는 중소기업의 근무경력자를 뽑게 해야 한다. 그렇게 되면 중소기업의 고용도 해결된다. 그리고 대기업의 직원들은 과거 중소기업에 근무했던 경험자이기 때문에 중소기업의 어려움을 잘 이해하여 기업 간 상생을 위한 방향으로 모색하기 쉽기 때문이다.

34) 적절한 세금을 부과하자

경제의 올바른 운영을 위해서는 국민 각자에게 부과되는 세금에 대하여 형평성과 투명성이 확보되어야 한다.

소득에 대한 투명성 그리고 소유한 것에 대한 정당성을 유지하기 위해 소득과 소유에 적절한 세금이 부과되고 집행되어야 한다. 특히 세금은 소유와 소득에 대한 재분배 성향이 크므로 고소득에 높은 세율을 적용하는 원칙이 세워져야 한다.

또한 세금의 집행에 있어서는 소득이 적은 계층의 소득을 확보해주는 관점하에 진행되어야 한다. 그리고 분배 시에는 하후상박(下厚上薄)의 원칙을 따라 하위계층에 많이 분배하여 상호 간의 빈부격차를 줄일 수 있도록 해야 한다.

이러한 규칙하에 적절한 세금부과를 할 수 있도록 세원에 대한 확보가 필요하다. 그리고 상위계층의 조세저항에 대응할 수 있는 세금에 대한 정당한 명분 찾기가 선행되어야 한다.

여기서 우리가 내는 세금 중에서 전형적인 이중과세이며 서민세인 부가가치세는 적절한 세금부과를 위해서 철폐되어야 한다. 부가가치세는 말 그대로 부가되는 가치의 부가가치세(Value Added Tax)이다. 이것은 제품이나 용역이 생산 및 유통되는 모든 단계에서 기업의 마진에 대해 부과하는 세금이다. 이러한 부가가치세는 생산품이나 용역에서 소비할 물건의 부가가치를 인정하고 그에 대한 세금으로 최종 소비자인 서민이 10%의 고정세를 내는 것이다.

그러나 부가가치세를 살펴보면 생산품의 경우 물품세로 일차적인 세금을 부과하고 추가로 최종 소비 시 다시 부과해서 내는 이중과세 성격이 큰 세금이다. 이것은 우리 사회의 중산층과 서민이 대부분의 생산물품에 대한 최종 소비자가 되기 때문에 부가가치세는 거의 이들에 의해 부담이 된다고 해도 과언이 아니다. 이것 때문에 서민의 담세 비율이 월등히 높아진다. 다만 여기서 물품세는 생산품에 부과되는 세금으로 당연히 내야 한다. 그러나 물품세에 부가가치세가 추가로 부과되면서 부과세처럼 되어버린 것이 문제이다.

이것은 세금을 통해 간접적으로 서민의 자산이 줄어드는 효과를 주고 있다. 그래서 이러한 부가가치세를 용역 부분에서는 줄이고 생산품 부분에서는 없애야 서민의 부담이 줄어든다. 그렇게 함으로써 역으로 하위계층의 자산 집중효과가 생긴다. 이러한 부가가치세 감축으로 인한 서민의 자산집중은 빈부격차를 감소시킬 수 있다.

더불어 우리 사회에서 당연히 재산으로 치부되면서 세금을 내지 않고 있는 것이 있다. 그것은 주식보유에 대한 세금과 유가자산 보유에 대한 재산세이다.

현재 주식시장에서의 주가 총액은 1,000조 원이 넘고 있다. 이러한 엄청난 세원을 방치하는 것은 우리 사회의 발전적 미래에 좋지 않은 영향을 줄 수 있다.

4. 속담을 통한 경제 바로 보기

1) 밑 빠진 독에 물 붓기(공적자금)

독 아랫부분에 금이 가거나 조금 깨졌다고 독을 버리기는 아깝다. 그러나 깨진 것을 무시하고 물을 저장하려고 하면, 독은 일시적으로 물을 모아두어 마치 자신의 역할을 다하고 있는 것처럼 보인다. 그러나 시간이 지날수록 서서히 물이 빠져나가 결국에는 독에 부었던 물이 한 방울도 남지 않게 된다.

이때 어리석은 사람은 그곳에 또다시 어렵게 구한 귀중한 물을 붓게 된다. 그러나 이 또한 시간이 지나면 깨지고 금간 부분을 통해 다 빠져나가고 만다. 이러한 것이 몇 차례 반복되고 나면 그다음에는 어떻게 물을 구해 더 채울 것인가? 또한 과연 채워 넣은 물이 남아 있을 것인가? 이것이 깨진 독의 딜레마이다.

현재 전 세계의 경제구조도 유동성 위기를 유발할 정도의 깨진 독이다. 이것을 일시적이라도 해결하겠다고 미국이 양적완화로 계속 물 붓기를 하는 것처럼 공적자금이나 국민의 혈세를 계속 무조건적으로 부어 넣고 있다. 이러한 방법의 종국은 뻔하다. 그래도 계속 미봉책으로 임기응변식의 땜질처방만 하고 있다.

깨진 독은 물을 붓기 전에 깨진 원인과 깨진 부위와 금이 간 부분을 빨리 찾아내서 보수하여야 한다. 그리고 완벽히 보수를 하여야 다시 물을 부어도 독으로서의 소임을 다할 수 있다. 그런데 급하다고 물부터 부어 넣는다면 그것은 밑 빠진 독에 불 붓기처럼 나중에 소중히 써야 할 물을 낭비만 하는 꼴이 된다. 그리고 정작 독을 다 고쳐도 그 독에 담을 물이 남아 있지 않을 수 있어 또 다른 만성적 위기를 맞게 될 수 있다.

이러한 밑 빠진 독에 물 붓기 상황을 만들지 않으려면 우리는 우선 독부터 정확히 고치는 노력을 하여야 한다. 그리고 그 과정에서 다가오는 고통을 감내해야만 비로소 맑은 물을 얻을 수 있다. 이와 같이 경제위기는 원인을 정확히 파악하여 경제체계를 고치고 공적자금이 투입되어야 한다.

2) 남의 떡이 더 커 보인다(부동산)

외환위기 이후 침체된 경기를 되살리기 위해 포퓰리즘 정책이라는 비난에도 불구하고 국가는 건설경기 부양에 힘을 썼다. 그러한 건설경기 부양책에 힘입어 부동산 경기가 되살아났다. 그러나 경기의 활성화가 가속화되면서 부동산 가격은 천정부지로 오르기 시작했다. 설상가상으로 금융기관이 기업대출보다 소매대출인 가계대출에 치중하였으며 특히 아파트에 대출을 치중하자 집값의 상승이 가속됐다. 그러자 집값이 오르는 것 때문에 걱정이 되는 내 집 마련 계층과 일확천금을 노리는 부동산 투기 세력이 합작하여 아파트 사재기를 하였다. 그래서 기름에 불붙듯이 아파트 값은 끝없이 상승하여 오히려 서민의 발목을 잡았다.

이렇게 아파트 가격이 상승함으로써 일부 투기지역의 재건축 아파트 값도 하루가 다르게 올라 또 다른 부동산 상승요인으로 작용하였다. 그래서 서민의 대출 폭은 더욱 커져만 갔다. 그리고 이것을 채우기 위한 은행의 대출도 늘어나 국민 개개인의 빚이 기하급수적으로 늘어났다. 다행히 아파트 가격의 상승은 건설경기를 활성화시켜 외환위기로부터 빨리 헤어날 수 있는 계기를 마련해주었다. 이것은 경기 활성화와 맞물려 국민 전체에게 부동산 가격상승에 대한 기대감을 주었다. 그리고 집값 상승에 의한 불로소득으로 얻어진 재산에 대해 맹신하게 만들었다. 그래서 이것을 통해 얻어진 재화를 향유하기 위해 해외여행이나 웰빙 또는 골프나 영화, 스포츠 등의 유흥비와 문화 생활비에 치중하였다. 이 때문에 자신의 빚을 생각지 못하고 주체하지 못할 돈을 쓰고 말았으며 고스란히 빚으로 남았다.

그러나 이것은 허상이다. 왜냐하면 우리는 재산이 부동산 투자를 통해 증식되었다고 생각하지만 면밀히 따지고 보면 하나도 증식된 것이 아니다. 우리는 대출을 받아 집을 샀고 그래서 은행에 빚을 지게 되었다. 그리고 그 빚을 매월 월급으로 갚아가야만 한다. 그렇기 때문에 해마다 은행 대신 재산세를 내면서 월세를 살고 있는 상황이 되었다. 더욱이 재산세는 실제 소유자인 은행이 아니고 자신이 내면서 경기하강에 따른 재산가치 하락에 대한 부담도 더불어 지게 되는 것이다.

부동산은 재산이다. 그러나 이제는 부동산을 통해 치부하며 투기를 조장하지 말고 '남의 떡이 더 커 보인다'는 관념에서 헤어나와야한다. 부동산을 소유의 개념으로 보지 말고 거주의 개념으로 보아야한다. 그래서 더 이상 은행에 빚을 지지 말고 불필요한 유동성을 키워 또 다른 위기를 맞지 않도록 해야 한다.

3) 주머닛돈이 쌈짓돈(증권)

증권은 자본주의 총아이다. 주식을 통해 회사들이 자금을 모으고 그것을 통해 설비투자 및 확장을 할 수 있는 여력을 갖게 된다. 이러한 주식이 거래되는 증권시장은 유동성의 한 축을 이루는 중요한 부분이 된다.

현대의 자본주의 경제논리에서는 주식이 재산축적의 수단으로 이용되기 때문에 주가의 오르내림이 주식시장의 가장 큰 관심사이다. 그리고 너도나도 주식을 이용하여 부를 축적하려고 한다. 그러나 주식시장에 아무리 외부 투자액이 증가되어도 그것은 정해진 크기의 파이와 마찬가지이다. 결국 주머닛돈이 쌈짓돈처럼 총액이 정해져 있어 누가 이익이 되면 반드시 누군가가 손해를 보게 되는 시장이다.

너도나도 모두 주식을 통해서 돈을 벌 수 있다면 그때 벌 수 있는 돈은 과연 어디서 나오는 것인가? 주식이 투기가 되는 이유도 여기에 있다. 내 돈 내고 다른 사람의 돈을 취한다는 것이 어쩌면 형식은 달라도 도박과 마찬가지이다. 그래서 결국에는 소액 투자자는 잘돼야 본전이거나 손해를 보게 되는 것이다.

주가가 올라서 일시적으로 이익을 보는 것처럼 보인다. 그러나 주가가 올라 투자자들이 이익을 볼 수 있는 한계는 외부유입 자금 없이는 불가능하다. 그래서 이익이란 그해의 물가상승률과 투자한 회사의 연간 이익배당률 이상은 될 수가 없다. 그런데 이때 들어온 외부유입 자금은 왜 들어왔는지 생각해봐야 한다. 그들도 한몫 잡으려고 들어온 것이다

그렇다면 액면가보다 터무니없이 오른 것은 결국 거품이거나 남의 몫을 취하여 오르게 된 것이다. 이때의 남의 몫이란 내 이웃이거나 동족의 돈을 주식을 통해 갈취해 먹는다는 의미 이상 아무것도 아니다.

증권에서 오가는 돈은 결국 주머닛돈과 같아서 누가 많이 취하면 다른 누가 손해를 볼 수밖에 없다. 그래서 경기에 따라 주식이 오르내릴 때 증권투자는 결국 도박과 마찬가지다.

주식에 참여하는 그룹을 나누면 기관투자자, 외국인투자자, 소액개인투자자로 구분할 수 있다. 그들 모두가 자신의 이익을 위해 증권시장에 참여하고 있다. 그러나 결국에는 기관투자자나 외국인투자자에 비해서 상대적으로 정보가 적은 개인투자자들이 희생양이 되어 유지되고 있는 것이 증권시장이다. 그렇기 때문에 증권시장의 원래 목적인 주식회사의 자금모집 수단으로 돌아갈 수 있도록 증권 부분의 구조조정이 필요하다.

4) 남이 시장에 가니 거름지게 지고 따라 나선다(펀드)

자본주의 주체는 자본이다. 이러한 자본주의 이념에 따라 모두가 자기의 자산을 이용하여 또 다른 재화를 창출하려고 하는 것은 당연하다. 자기의 자산을 증식해서 그것으로 삶을 윤택하게 하려고 하는 것도 정당하다. 그래서 남보다 잘살려고 하는 목적에서 자산의 증식

방법이 연구 개발되어 사회에 일반화되고 있다. 그러나 이러한 자산은 산업자본으로 흐르지 않고 돈에 의한, 돈을 위한, 돈의 움직임이 된다. 그렇기 때문에 이러한 돈은 우리 사회에 직접적인 생산적 기여 없이 단순소비로만 흘러간다. 그리고는 불로소득적인 성향을 띠고 종당에는 우리 사회에 심각한 손실을 준다.

금융상품으로 우리가 펀드라는 개념을 도입하고 있다. 지금은 마치 펀드를 모르면 시대에 뒤떨어진 사람으로 여기고 너도나도 참여한다. 그래서 있는 돈 없는 돈을 모아 펀드를 통해 이득을 취하려고 한다. 그리고 한때는 해외펀드, 곡물펀드, 광물펀드 등에 투자하여 수익을 올리기도 하였다. 그러나 펀드라는 것은 헤지펀드와 마찬가지로 투기성이 강하기 때문에 국제여건 변화에 따라 심각한 손해도 감수해야 한다. 상황 여하에 따라서는 회복하기 어려울 정도의 손해도 감수해야 하는 것이다. 이러한 점을 무시하고 금융산업 활성화를 위해 펀드를 육성하고 권고하여 선의의 투자자들을 울리는 경우도 생기게 되는 것이다.

펀드는 증권과는 달리 직접투자가 불가능하다. 중간에 은행이나 투자은행을 통해 간접투자를 하는 것이다. 그래서 증권보다 투기성이 훨씬 강하고 위기에 처했을 때 신속한 대비가 안 된다.

그러나 펀드에 투자하는 사람들은 금융기관만 믿고 이러한 위험성을 인식하지 않는 것 같다.

이러한 위험성을 잘 인식하고 '남이 장에 간다고 거름지게 지고 따라나선다'는 식이 되어서는 안 된다. 따라서 투기성이 강해 상황 여하에 따라 큰 손해를 볼 수 있는 펀드에 열광하는 투자자들은 펀드의 위험성을 되짚어 보아야 한다.

5) 언 발에 오줌 누기(금리)

항해를 잘하던 배가 침몰하는 것은 여러 가지 이유가 있을 것이다. 화물이 너무 무거워서, 배에 구멍이 나서, 높은 파도를 견디지 못해서 등 그 어떤 것이라도 바다 한가운데서 일어났다면 그 배는 반드시 침몰하게 될 것이다. 우리는 배의 상황을 보고 침몰할 것인지, 아니면 안전할 것인지, 구조될 수 있을 것인지를 알 수 있다. 그러나 어떤 경우에는 침몰이 예정되어 있고 또 침몰하는 중일 수도 있다. 그래서 생각이 짧거나 판단이 부족하면 모르고 침몰하는 배를 거꾸로 올라타는 경우도 생길 것이다. 침몰하는 원인이 무엇인지 간에 그 위에 올라타면 어쩔 수 없이 같이 침몰되는 것은 인지상정(人之常情)이다.

우리는 침몰하는 배에 올라타면 어리석은 사람이라고 이야기한다. 그러나 지금 우리의 경제는 또다시 국제적 변화에 따라 차츰 위기상황으로 가고 있다.

금리의 변동은 금리를 내리거나 올림으로써 경기활성화도 시키고 개인이나 기업의 은행대출에 대한 부담도 줄여주는 좋은 목적에서 시작했다. 그리고 남이 한다고 우리도 따라서 하고 있다. 우리도 미국의 상황을 본받아 금리를 변화시키고 있다. 다시 말해서 다른 나라가 오르내리니까 오르내린다는 당연한 명분에서 금리를 조종하고 있다. 이것은 남이 하니까 따라한다는 부화뇌동(附和雷同)의 행동이다. 마치 '언 발에 오줌 누기'와 같이 초기에는 다소 효과가 있는 것처럼 보이나 결국 오줌이 식으면 발이 더 얼어버리기 때문에 역효과가 일어난다.

다른 나라에 맞추어 금리를 조정하는 것도 좋다. 그러나 우리의 기준금리가 벌써 여러 차례 변화하고 있는 상태이다. 앞으로도 상황에 맞추어 더 변화시키겠다고 한다. 이렇듯 기준금리를 어떤 명백한 목적 없이 변화시키면 문제가 아닐 수 없다. 그것은 결국 우리의 경제가 혹시라도 좋아지지 않고 더 큰 위기로 빠져든다면 그때 가서는 경기를 되살릴 어떤 카드도 남아있지 못한다. 또한 경기가 활성화되어 오를 때 무엇을 이용해 힘을 보태줄 것인가? 침몰할 때는 배에 화물을 싣지 않는다. 오히려 침몰만 더 빠를 뿐 내가 올린 화물도 다 잃어버릴 수 있다.

6) 외상이면 남의 집 소도 잡아먹는다(외채)

우리는 20세기 말(1997)에 보유 외환부족으로 인한 외환위기를 겪었다. 그리고 2008년에는 미국발 유동성 위기도 경험했다. 앞서의 외환위기의 원인은 여러 가지로 분석되고 결론지었다. 그러나 그것은 원인을 외적인 것으로 책임을 돌리기 위한 노력의 결과이다. 우리는 외환위기의 잘못이 실제적으로는 우리에게 있다는 것을 알아야 한다. 다시 말하면 위기를 유발시킨 외적 요인보다 우리 자산의 책임이 더 크다는 것이다.

외환위기가 오기 전에 우리는 얼마나 흥청망청했는가를 살펴보면 알 수 있다. 해외여행이다, 사치품 수입이다, 불필요한 가구 및 전자제품구매다 등의 소비만능주의에 빠져서 지내왔다. 그리고 그 당시 국가정책도 소비촉진의 정책을 유지하고 있었다. 심지어는 중국에 놀러간 여행자가 술집여급들에게 100달러짜리 팁을 주곤 했다. 더불어 중국이나 동남아에 가서 흥청대며 놀다가 곰쓸개 등을 대량으로 밀수해 오지 않나 이루 헤아릴 수 없는 호사와 낭비의 극치를 이루었다.

이러한 터무니없는 몰지각한 과소비가 우리의 외환을 고갈시켜서 외환위기를 불러온 것이다. 다시 말하면 외적인 영향인 태국의 바트화 위기나 국내에 들어와 있던 외국의 투자자금의 이탈이 주된 요인이라기보다는 우리 자신의 과소비가 오히려 더 큰 원인이었다.

그 후 외환위기를 해결하였다고는 하나 그 또한 외국으로부터 많은 돈을 외평채 등으로 빌려와 공적자금으로 만들어 투입한 결과이다. 그리고 또다시 외환위기로 인한 고통을 잊어버리고 구조조정을 하는 과정에서 금융분야의 도덕적 해이를 불러왔고 또다시 우리는 흥청망청하기 시작했다. 그래서 우리는 너도나도 불로소득을 찾기 시작해 부동산, 증권, 펀드 등의 투기가 일상화된 것이다.

이러한 부동산, 증권, 펀드의 투기로 사회는 서로 간의 경쟁 속에 가두어 상호신뢰를 망치고 생산을 벗어난 허황된 소비에 치중하였다. 그래서 미국 등의 선진국을 뒤따라 우리는 또 다른 유동성 위기를 경험하게 된 것이다.

7) 신선놀음에 도낏자루 썩는지 모른다(포퓰리즘)

화투나 도박을 하는 사람들은 어느 누구나 자신이 잃게 될 것을 생각하지 않는다. 머릿속에는 항상 딸 때와 잘될 때의 망상에 사로 잡혀 있기 때문이다. 위기가 닥쳐와도 사람들이 희망을 잃지 않는 것은 이와 같은 경우일 것이다. 그러나 현실은 현실이다. 지금 당장의 고통이나 어려움은 지금의 상황이고 우리가 헤쳐나가야 할 현실이다. 과거에 잘 먹고 잘살던 시절에 연연해서 지금의 현실을 호도하거나 착각해서는 안 된다.

현재 우리의 위기에 대한 대응은 아직도 과거의 웰빙에 취해 있어 경기부양이나 거품내기에 치중하고 있다. 그래서 위기를 딛고 일어날 수 있는 뱃심 기르기와 허리띠 졸라매기의 적절한 시기를 놓쳐서는 안 된다. 방만한 방송연예 및 스포츠분야의 과도한 연봉, 경기상금, 부동산 투기 및 집값 상승의 기대와 증권, 펀드의 대박 등에 취해 있어 아직도 위기의 본질이 무엇인지 모른다. 지금 우리가 겪고 있었던 위기의 원인이 우리 자신에게서 나왔다는 것을 인식하지 못하고 '신선놀음에 도낏자루 썩는지 모른다'는 행태에서 복지 포퓰리즘을 일반화하는 것은 앞으로의 위기에 대한 대응을 불가능하게 한다.

자본주의가 자기 능력껏 벌어 치부하는 것이라면 기득권을 가지고 대중적 인기에 영합해서 천정부지의 개런티나 연봉을 받는 것은 잘못된 것은 아니다. 그러나 그것이 유동성 포퓰리즘과 영합하여 사회적 불평등을 초래하고 불로소득을 조장하는 경우는 이야기가 다르다. 다시 말해서 그러한 것들이 게으름과 나태와 방만함을 키워 우리에게 앞으로 다가올 위기를 헤쳐나가기 어렵게 할 수 있다.

이제까지 겪어왔고 앞으로 겪을 위기는 국가와 국민 모두가 합심해서 벗어나도록 힘써야 하며, 합심을 하려면 상생의 미덕이 필요하다. 그리고 상생은 서로의 나눔이 선행되어야 한다. 서로의 나눔이란 의도적인 부의 집중이 아니고 사회의식 속에서 부의 집중을 막고자 하는 자세에서 생겨나는 것이다.

8) 사돈 남 말 하듯 한다(빈부격차)

과거 우리가 외환위기를 거칠 때 우리 국민 대다수는 큰 고통을 겪었다. 경제위기는 그 특성상 고통의 분담 정도가 상위계층으로 가면 갈수록 가볍고 서민층으로 가면 갈수록 심해진다. 이렇기 때문에 고통의 대부분을 서민들이 부담하여야 한다. 그리고 고통 자체를 해결해야 할 몫도 대부분 서민이 지게 된다. 명예퇴직, 고용불안, 부도, 사업실패로 인한 자살, 파산, 신용불량이 모든 것이 서민의 몫이다.

외환위기 당시에도 정부의 고위직 공직자, 정치인, 재벌 등의 상위계층은 오히려 감추어둔 돈이나 재산으로 인생을 구가하며 살고 '이대로'를 외치며 축배를 들었다고 한다. 그 후 공적자금을 투입하였어도 그러한 계층의 사람들은 도덕적 해이의 의식으로 공적자금을 횡령하여 치부의 대상으로 삼았던 것을 우리는 잘 알고 있다.

앞으로 우리에게 닥쳐올 또 다른 경제위기는 어쩌면 과거의 유동성 및 외환위기와 같이 서민들만 고통을 받고, 정작 그 원인을 만들어놓은 계층은 또다시 '이대로'를 외치게 될지 모른다. 자신의 일이 아닌 남에게 닥쳐진 일로 보고 적당히 넘어가려는 행태를 우리는 '사돈 남 말 하듯 한다'고 한다.

같이 고통을 겪어야 할 사람들이 자신이나 가족이나 형제가 아니라고 남의 일 겪듯 접하고, 그 가운데에서 고통을 분담하지 않으려고 잔꾀를 쓴다면 우리는 또 다른 경제위기를 유동성과 외환위기 때와 같이 쉽게 넘어갈 수 없을 것이다.

이제부터 다가올 위기는 반드시 국민 모두가 계층 여하를 막론하고 고통을 분담하여야 한다. 특히 소득 상위계층은 서민의 고통을 줄여주는 차원에서 소득의 상당수를 내놓아야 한다. 그리고 정치인, 국회의원 등은 자신의 몫을 삭감하고 고위공직자들은 자발적으로 월급을 낮추어야 한다. 특히 금융분야, 재벌기업의 임원들은 연봉을 깎아서 그들도 고통의 대열에 참여해야 다가올 경제위기를 해결할 수 있는 것이다. 그래야 더 심한 고통을 받는 서민들에게 기운을 돋아줄 수 있는 것이다.

9) 돌다리도 두들겨보고 건너라(경제정책)

국가의 정책을 세우고 집행함에 있어 효율적이고 합리적이며 공리적 효과가 나타나야 한다. 이것은 집행 후 반드시 결과가 좋아야 한다는 말이다. 그러나 언제부터인지 국가정책을 세우는 사람과 집행하는 기관 모두 잘못된 결과에 대하여는 전혀 책임을 지지도 않고 묻지도 않는 세상이 되어 버렸다.

그래서 누구도 정책에 대한 책임을 지지 않기 때문에 쉽게 결정하고, 심사숙고 없이 집행하기 때문에 잘못 집행된 정책이 생기지 않을 수 없다.

한동안 서해안 기름 유출사고로 그 지역주민들은 엄청난 피해를 입었다. 그리고 우리 국민의 상당수가 자원해서 기름 제거에 나서 지금은 원상회복된 것으로 보인다. 그러나 이러한 위난 상황에 대한 일부 조처의 내면적인 것을 보면 적당주의가 엿보인다. 빨리 성과를 내려는 다급한 마음에서 해변 모래밭을 중장비로 뒤집어서 다져놓아 갯벌 생태계를 망가트려 놓았다. 그리고 자갈이나 바위에 붙어 있는 기름은 고압 살수기로 씻어내 어떤 미생물도 살 수 없는 환경을 만들어 생태계의 복원이 쉽지 않게 만들었다.

이것은 급하게 서둘러서 피해복구를 하려는 마음에서 집행한 정책적 오류의 하나다. 우리 속담에 '급히 먹는 밥에 체한다'는 말이 있다.

또 '급할수록 돌아가라'는 말도 있다.

미국의 유동성 위기는 아직 진행형이며 우리에게 절실하게 다가오지 않았다. 다만 간접적 영향을 받고 있는 것뿐이다. 그러나 조만간 우리는 유럽의 재정위기와 맞물려 더 절박한 위기를 맞게 될 것이다. 그때를 대비해서 우리는 마음의 준비를 갖추고 있어야 한다.

그리고 위기는 예정되어 있기 때문에 의연하게 맞아야 하며 결코 서둘러서는 안 된다. '서둘러서 행동하면 한가할 때 후회한다'는 것과 같이 국가정책의 오류도 없어야 하겠지만 뒤에 가서 후회할 성급함은 없어야 하겠다.

정책의 결과는 반드시 좋아야 한다. 서둘러서 잘못된 정책을 세워 더 길고 큰 고통을 국민에게 안겨줘도 안 되지만 그에 따른 무책임도 절대 안 된다.

그래서 위기에 대한 대책은 '돌다리도 두들겨 가듯' 신중에 신중을 기하여야 한다. 그리고 그 결과에 대해서는 철저하게 책임을 지는 자세로 세워야 한다.

10) 닭이 먼저냐 달걀이 먼저냐(물가)

고용이 경제해결의 중요한 화두가 되었다. 마치 고용만 유지된다면 모든 것이 해결되는 것처럼 오해를 하고 있다. 그러나 고용은 경제불안의 해결 단초일 뿐 필요충분조건은 아니다. 고용이 확산되어 모두가 직장을 갖게 된다고 쳐도 지금 진행형의 유동성 위기는 해결이 되지 않는다. 고용을 통해 생산과 소비가 진작된다고 하여도 고용 자체가 저임 고용이나 일시적 고용이 되기 쉽다. 그렇기 때문에 생산을 유발시킬 구매력이 확산되지 않아 내수소비 진작이 어렵다.

고용은 근로자의 임금의 원천이다. 임금이 높아지면 근로자의 생활에 여유가 생긴다. 그러나 임금의 향상은 생산원가를 높여 소비물가를 상승시키기 때문에 상승된 효과를 보기 어렵다. 그래서 임금이 올라도 물가가 더 올라 실질 임금상승이 안 된 것으로 느껴지는 이유가 이것이다.

그래서 우리가 경제불안을 해결하기 위해 고용의 증대도 중요하지만 일거리 나누기나 일자리를 나누고 임금 나누기를 효과적으로 잘하기 위해서는 저임금에도 잘살 수 있도록 물가를 잡아야 한다. 이러한 물가를 잡으려면 생산원가나 관련된 세금을 낮추어야 한다. 그중 생산원가를 낮추는 것에서 원자재비는 조정이 어렵기 때문에 임금을 낮추는 방법 외에는 뚜렷한 방법이 없다.

이렇듯 고용을 확대하려면 임금을 낮추어야 하고 임금을 낮추려면 물가를 내려야 하기 때문에 이 모든 것이 서로 하나의 고리처럼 엮어져 있다. 그래서 마치 '닭이 먼저냐 달걀이 먼저냐'와 같이 누군가의 희생이 선행되지 않으면 경제불안의 해결에 어려움이 따를 수밖에 없다. 그러면 과연 누가 먼저 희생을 할 것인가를 결정해야 한다. 공공요금과 물가를 쥐고 있는 계층은 주로 대기업, 공공기관, 공사 등과 같이 사회적으로 기득권과 혜택을 받는 그룹이다. 그리고 물가의 상승에 대해 피해를 받는 계층은 주로 근로자나 서민이다.

그러면 어디서부터 불안의 고리를 풀어야 할지는 명백하다. 기득권의 혜택은 사회에서 부여해준 것이기 때문에 지금과 같이 어려운 시기에는 사회를 위해 반납해야 한다. 다시 말하면 대기업등의 기득권은 물가 내리는 것에 앞장을 서야 한다는 뜻이다.

이제부터는 물가상승을 당연한 것처럼 받아들이지 말고 오히려 물가가 내리는 것을 자연스럽게 여겨야 한다. 그렇지 못하면 고용도, 생산성 향상도, 소비도 공염불이 될 것이다. 그리고 물가를 잡지 못하면 반복되는 유동성 위기의 해결도 요원할 것이다.

김성배

한양대학교 건축공학과 졸업
한양대학교 대학원(건축구조 전공)
서울대학교 대학원(도시 및 지역개발 전공)
한국기술사회 안전진단전문위원
서울시 강남구 건축구조자문위원
서울시 양천구 분쟁조정위원
서울시 품질시험소 전문위원
서울지방법원 건축 감정인
(주)효림구조안전기술연구소 대표이사

미래는 없다

초판인쇄 | 2012년 5월 31일
초판발행 | 2012년 5월 31일

지 은 이 | 김성배
펴 낸 이 | 채종준
펴 낸 곳 | 한국학술정보(주)
주   소 | 경기도 파주시 교하읍 문발리 파주출판문화정보산업단지 513-5
전   화 | 031) 908-3181(대표)
팩   스 | 031) 908-3189
홈페이지 | http://ebook.kstudy.com
E-mail | 출판사업부 publish@kstudy.com
등   록 | 제일산-115호(2000. 6. 19)

ISBN   978-89-268-3405-3 03330 (Paper Book)
        978-89-268-3406-0 08330 (e-Book)

이담 Books 는 한국학술정보(주)의 지식실용서 브랜드입니다.

이 책은 한국학술정보(주)와 저작자의 지적 재산으로서 무단 전재와 복제를 금합니다.
책에 대한 더 나은 생각, 끊임없는 고민, 독자를 생각하는 마음으로 보다 좋은 책을 만들어갑니다.